学在思维
——学教变革的回归与创新

主编　刘建军　欧方力

内容提要

本书共七章十六节，从“学在思维”课堂的内涵、特征、关键要素、实施策略、操作模式、意义价值等方面做全面介绍，并从问题、作业、技术支撑等关键要素入手，提出加强思维课堂教学改革的措施做法，提炼实践思维课堂的集中模式。力求实现课堂从“知识立意”向“素养立意”的转型，以思维发展促进学生核心素养的落地，让课堂教学改革走向未来。

图书在版编目（CIP）数据

学在思维：学教变革的回归与创新/刘建军，欧方力主编. —上海：上海交通大学出版社，2023.3

ISBN 978-7-313-28469-3

Ⅰ.①学… Ⅱ.①刘… ②欧… Ⅲ.①课堂教学—教学研究 Ⅳ.①G424.21

中国国家版本馆 CIP 数据核字（2023）第 052420 号

学在思维——学教变革的回归与创新

XUE ZAI SIWEI——XUE-JIAO BIAN'GE DE HUIGUI YU CHUANGXIN

主　　编：刘建军　欧方力

出版发行：上海交通大学出版社　　地　　址：上海市番禺路 951 号

邮政编码：200030　　电　　话：021-64071208

印　　刷：广东虎彩云印刷有限公司　　经　　销：全国新华书店

开　　本：710mm×1000mm　1/16　　印　　张：18.75

字　　数：357 千字

版　　次：2023 年 3 月第 1 版　　印　　次：2023 年 3 月第 1 次印刷

书　　号：ISBN 978-7-313-28469-3

定　　价：89.00 元

编 委 会

人因有思维而区别於万物，而思维、特别是超前思维，它要比提出思维的人更長久，且可傳播无限的空間。

滕吉文於
壬寅年秋

滕吉文
中国科学院院士
吉林大学教授
博士生导师
2022年10月于北京

序

21 世纪培养的学生应该具备哪些核心的知识、能力和态度，才能适应社会需要，推动社会健康发展？这成为国际组织和世界各国共同面对的课题，基于核心素养推进基础教育课程改革已成为国际趋势。

党的十八大以来，党和国家对教育提出了一系列新要求，其实质是在教育中落实立德树人根本任务。为全面贯彻党的教育方针，落实立德树人的根本任务，教育部启动了“立德树人工程”。其中，首要任务是深入研究如何把党的“德智体美全面发展”的宏观目标和“立德树人”的基本要求具体化，立足国情，结合时代特点，根据学生成长规律和社会对人才的需求，建构我国学生核心素养体系，推进基础教育课程改革。发展学生的核心素养，已经得到国内外专家的广泛认同，也是我国新一轮基础课程改革的重要特征。

学生核心素养的发展是衡量教育质量的关键指标。虽然改革开放以来，我国的基础教育取得了重大的成就，但就学生核心素养的发展来讲，身心素质不高、思维能力不强、创新能力不足、实践能力欠缺、内在动机缺乏等问题依然存在。究其本质是学生的学习缺乏深度思维。

为了解决学生深度思维缺乏的问题，我们经过 30 多年的研究提出了能够促进学生“深度思维”的思维型教学理论。该理论强调，教学的目标指向核心素养，特别强调知识与方法的深度理解和在真实情景中的灵活应用、批判性思维与创造性思维能力的培养、合作能力与交流能力的培养、内在的学习动机与自主学习能力的培养、创新素质的培养等，在这些素养中，思维能力处于核心地位，不论是学生发展核心素养还是学科核心素养，最核心的都是思维。思维活动是课堂教学中师生的核心活动，教学的本质是思维，学习的关键是思考。教学要遵循动机激发、认知冲突、自主建构、自我监控和应用迁移等基本原理。在此基础上，建构以思维型教学理论为核心，以教学实践为重点，以综合评价为引领，以教师专业发展为支撑的教学、评价与教师发展一体化的体系。

浙江省舟山市嵊泗县一直紧跟国家教育改革的整体趋势，不断深化课堂教学改革。从 2020 年开始，嵊泗县以思维型教学理论体系为依据，提出了“学在思维”的教学理念，把课堂教学改革的切入点放在提升学生思维能力和品质上，进而提出了区域推进基于学科本质的“学在思维”课堂教学实践研究，建构了理论框架。

与传统课堂相比，“学在思维”课堂育人从知识习取走向思维发展，从课本学习走向多维探究，从单向灌输走向学教共生，强调设计思维迭代的学习目标，创设问题意识的思维情境，突出知识形成的思维过程，注重思维品质的有效训练，让课堂真正走向“素养本位”，立足学生高阶思维的发展，最终以课堂为根基，促进学生创造力的提高，推动人才培养模式的创新，引领未来的发展。

在几年的时间内，嵊泗县基于思维型教学理论对“学在思维”课堂进行深入探索，取得了一系列具有创新性的实践成果：

其一，探索了“任务驱动”“导・学互动”“深度学习”等思维课堂变式应用，让“学在思维”课堂在区域内每一所学校落地生根。

其二，深入研究了“学在思维”教学问题设计，并将其运用在常态课中。

其三，聚焦学科思维，融合“高阶思维”培养的理念，探究出提升作业设计与实施水平的创新策略。

其四，基于“学在思维”理念，开展了跨学科综合实践。

其五，从思维导图、数据诊断、多元交互等多个层面实现了教育技术与教学实践的深度融合。

总之，“学在思维”课堂教学不仅有理论层面的整体建构，还在各个领域取得了良好的应用效果，有力促进了嵊泗县中小学教师专业能力及学生综合素养的发展，全面促进了区域教育综合质量的提升，形成了丰富的案例成果。

本书系统整理了“学在思维”教学的提出背景、探索过程及实践应用，理论严谨、案例翔实，在落实以素养为导向的课程教学改革的当下，能给区域和学校带来启发、提供借鉴。

胡卫平
陕西师范大学二级教授、博士生导师
现代教学技术教育部重点实验室主任
义务教育科学课程标准修订组组长
2022 年 11 月 16 日于北京

目　录

第一章 “学在思维”教学的区域实践

教学是由教师的教和学生的学所组成的一种人类特有的人才培养活动。通过这种活动，教师有目的、有计划、有组织地引导学生学习和掌握科学文化知识与技能，促进学生素质的提高，使他们成为社会需要的人才。“从历史来看，每当社会发生重大转型时，人们对教育的批判，往往是从价值批判始，以重新认识教育的价值和目的始，并且以此为依据和出发点，提出新的原则、方案乃至方式方法”。

第一节 学教变革的行动研究

一、课堂改革的时代背景

(一)知识的迭代

教育是培养人的过程，也是知识、经验和方法的传授过程。近代以来，自然科学一直是教育的基础内容。第三次科技革命是继蒸汽技术革命、电力技术革命之后，科技领域里的又一次重大飞跃，促进了现代工业社会向信息社会的转变，现代科技的迅猛发展，导致知识体量倍增，同时更新的速度大大加快，相应地，现代教育也要不断更新，以适应培养现代社会人才的需要。

教育是具有显著经济、社会效益的宏伟事业，是国家繁荣昌盛的根本。科学技术的发展，改变了人们关于教育的各种陈旧观念。在科学技术的冲击下，教育的目的和意义、教育的形式和内容以及教育的方式方法等方面，都出现了崭新的理论和观念。科学技术的发展与应用，也使教育发生了深刻的变化，教育不再是孤立的小教育，而是与生产、社会、科技密切结合、全面综合的大教育。教育还是“活到老，学到老”的终身教育，是面向社会、面向未来的素质教育。

(二)观念的更新

新时代对公民素质提出了新的要求，创新是一个民族进步的灵魂，是科学发展和国家兴旺发达的不竭动力。2001 年 6 月，教育部印发了《基础教育课程改革纲要(试行)》，其中把创新精神、实践能力的培养作为重要目标。2010 年 7 月，我国发布了《国家中长期教育改革和发展规划纲要(2010—2020 年)》，明确提出加快教育信息化进程，注重人才的创新能力和综合素质的培养。事实上，科学的本质就是不断探索和创新。科学认识是求知、求真、求实的过程，这个过程中贯穿着批判思维和创新思维的交互作用。

《基础教育课程改革纲要(试行)》指出："改变课程实施过于强调接受学习、死记硬背、机械训练的现状，倡导学生主动参与、乐于探究、勤于动手，培养学生搜集和处理信息的能力、获取新知识的能力、分析和解决问题的能力，以及交流与合作的能力。"为此，基础教育要正确处理继承与创新的关系，要"古为今用、西为中用、去劣存优"，保持强烈的创新意识和冷静清醒的头脑。科学的创新要重视信息的搜集、整理、分析和运用，这对于知识经济时代尤为重要。良好的合作意识也是培养未来社会所需人才的重要指标。纵观人类几千年的历史，人类创造了辉煌的古代文明，意大利、英国、法国、德国分别对近代科学做出了巨大贡献，一度成为科学中心。正是各国在科学文明领域的相互学习、交流、协作和对古今中外的科学文明的继承与发展，推动了人类文明的巨大进步。

实施素质教育将激发学生无穷的创造能力，它成为基础教育改革的当务之急。提高学生的思维能力、实践能力、学习能力、终身可持续发展的能力，成为基础教育课程改革的关注点之一。

(三)技术的飞跃

众所周知，百年大计，教育为本。经济的发展靠科技，科技的进步靠人才，人才的培养靠教育。当今世界，科学技术是第一生产力，要大力发展科学技术，就得优先发展教育。同时，经济的发展是教育发展的坚实后盾。经济的发展水平对教育的人力、物力、财力投入，人才的规格和数量需求等有重要的影响。经济的发展方式也极大地影响着教育理念和学习模式。合作、竞争、国民素质的提高成为国际上的普遍趋势。

信息技术的革命性发展使教育发生了巨大的变化。新的信息技术手段相比传统的教学手段，呈现出更好的教学效果。例如，在地理课堂中，如何有效培养学生的空间观念一直是让教师头疼的问题。传统的教学手段如挂图、幻灯片等，呈现给学生的只是平面的表象，动态的立体的变化较难展示。虽然可准备实物让学生观察，但条件的限制使能参与观察、实验的学生人数非常有限。而现代教育技术手段的普及使多媒体在课堂得到大量运用，为地理教师解决这一问题提供了很好的工具。

(四)教育的改革

教育具有基础性、先导性、全局性的战略地位和作用。教育振兴是中国振兴的重要基础,这是实现中华民族伟大复兴的关键所在,必须把教育摆在优先发展的战略地位。只有坚持教育优先发展,建设人力资源强国,才能把我国巨大的人口压力转化为人力资源优势。把教育发展放在更加突出的位置,确立教育兴国、教育强国,这是国家意志,是国家发展战略。

当前,基础教育课程改革在世界范围内受到前所未有的重视。近年来,世界上许多国家特别是一些发达国家,无论是反思本国教育的弊端,还是对教育发展提出新的目标和要求,往往都从基础教育课程改革入手,通过改革基础教育课程,调整人才培养目标,改变人才培养模式,提高人才培养质量。日本、韩国、美国、英国、新加坡等国家都于20世纪末进行了课程改革。日本每隔10年更新一次国家基础教育课程,注重个性化教育,以期顺应全球化、信息化趋势,培养学生终身学习能力。韩国于1997年开始课程改革,注重培养学生解决问题的能力,开展以讨论、实验、劳动、社会服务实践等体验为主的学习活动。进入21世纪以来,美国的基础教育课程改革开始面向每一个儿童,出台了《不让一个孩子掉队法案》,在课程内容方面重视基础学科,强调信息素养,通过英语、数学、科学、历史和地理等核心课程的学习训练,让孩子系统、扎实地学习基础知识和基本技能。2000年6月,英国中小学开始实施新的国家课程。英国新的国家课程标准强调自我成长,发展自己的潜能,认识优缺点,具有实现目标的意志。在我国,2001年5月出台的《国务院关于基础教育改革与发展的决定》指出:“基础教育是科教兴国的奠基工程,对提高中华民族素质、培养各级各类人才,促进社会主义现代化建设具有全局性、基础性和先导性作用。”因此,我们要站在科教兴国、民族复兴的高度,来认识和推进基础教育课程改革,始终高度重视培养学生树立远大理想和崇高追求,形成正确的世界观、人生观、价值观。全面传承中华优秀传统文化,使学生具有深厚的中华文化底蕴。特别强化学生对国家、对社会的责任意识,鼓励学生敢于创新、勇于实践,使学生具有强健的体魄和健康的审美情趣,促进学生德智体美劳全面发展。

二、课堂改革的目标取向

任何改革都有一定的目标取向,从一定意义上说,目标既是改革的方向,也是衡量改革成功与否的标准。课堂改革同样如此,成功的课堂改革一定有一个科学、正确的目标,回顾中华人民共和国成立以来的改革轨迹,可以清晰地看到这一点。

(一)“双基”目标的提出

1952 年 3 月,教育部颁发的《中学暂行规程(草案)》提出中学的教育目标之一是使学生获得“现代科学的基础知识和技能”,首次明确提出“双基”概念。同时颁发的《小学暂行规程(草案)》,把小学教育概括为“全面基础教育”。可见,20 世纪 50 年代初我国教育界已开始使用“双基”概念。“双基”是基础知识、基本技能的简称,主张把基础知识和基本技能作为普通中小学教学内容核心的课程理论,即“双基论”。这种课程理论植根于中国大地,对我国当代的课程实践产生了深刻的影响,现行中小学课程的优劣无不与“双基论”有密切的关系。

1977 年,全国中小学教材编写工作会议提出了编写教材需要正确处理的四个关系,其中两个是“十分重视和精选基础知识”“为了加强基础,必须重视基本技能的训练”。1978 年后,全日制十年制中小学教学计划、各科教学大纲和教科书先后出现,这时,中小学各科教学都突出强调“双基”教学。当时普遍强调,中小学的教学内容都是基础知识,是培养基本技能的过程,也是巩固基础知识的过程。此时,“双基论”成为具体指导中小学课程编制并为广大教育工作者所接受的主要理论。现行课程基本定型于 20 世纪 70 年代末。

“双基”教学理论作为一种教育思想或教学理论,可以看作以“基础知识和基本技能”教学为本的教学理论体系,其核心思想是重视基础知识和基本技能的教学。“双基”教学模式是一种教师有效控制课堂的高效教学模式。显而易见,“双基”教学重视基础知识的记忆与理解、基本技能的熟练掌握与运用,有其合理性,但也存在不足:教师的主导地位很强势,而学生的主体地位难以实现。

(二)三维目标的提出

2001 年,新一轮课程改革开始。在世纪之交,人们开始总结与反思我国基础教育改革的成就和挑战。为培养适应 21 世纪发展需要的创新型人才,必须进行深入的教育变革,其中包括课程改革。现实的基础教育课程在课程理念、课程体系、课程内容、课程评价、课程目标上还存在诸多问题,特别是在学生的主体地位以及创造精神和创新能力方面,已有的课程不能照顾到学习者的需要,因而还是不能适应国家对人才的需求。于是在世纪之交全球范围内课程改革兴起的背景下,我国开始了新一轮基础教育课程改革。

这次课程改革提出了三维目标——知识与技能(K,即 knowledge & skills)、过程与方法(P,即 process & steps)、情感态度与价值观(A,即 emotional attitude & values)。各门课程尤其关注学习方式的培养和学习能力的提高,关注学生情感、态度与价值观等品质的发展。三维目标是一个教学目标的三个方面，而不是三个独立的教学目标，是统一的、不可分割的整体。新课程改革提出的三维目标，是教育教学过程中应该达到的三个目标维度。这三个维度就是K、A、P，加上学习事件(occurrence)首字母O，也就是我们所说的KAPO模型。

三维目标的提出，不仅强调个人的价值，更强调个人价值和社会价值的统一；不仅强调科学的价值，更强调科学价值和人文价值的统一；不仅强调人类价值，更强调人类价值和自然价值的统一，从而使学生内心确立对真善美的价值追求以及人与自然和谐和可持续发展的理念。

(三)核心素养的提出

2015年3月30日，教育部提出了“核心素养体系”这个概念；2016年，核心素养总体框架出台，包括一个核心、三大维度、六个核心要素、十八个基本要点。从“双基”到“三维”再到“核心素养”，是从教书走向育人这一过程的不同阶段，也是一个伟大的变革。

今天，培养学生发展核心素养已经成为我国未来基础教育改革的方向，已经成了教育改革的关键词。那么，大家知道核心素养是怎么提出的吗？什么是核心素养呢？它和我们过去强调的知识、技能、策略、文化意识等是什么关系呢？它会对我们今后的教育、教学、教研产生什么影响呢？

我国提出的学生发展核心素养，主要是指学生应具备的，能够适应终身发展和社会发展需要的必要品格与关键能力。研究学生发展核心素养是落实立德树人根本任务的一项重要举措，也是适应世界教育改革发展趋势、提升我国教育国际竞争力的迫切需要。

核心素养指学生应具备的适应终身发展和社会发展需要的必要品格与关键能力，突出强调个人修养、社会关爱、家国情怀，更加注重自主发展、合作参与、创新实践。从价值取向上看，它反映了学生终身学习所必需的素养与国家、社会公认的价值观。从指标选取上看，它既注重学科基础，也关注个体适应未来社会生活和个人终身发展所必备的素养，不仅反映社会发展的最新动态，还注重本国历史文化特点和教育现状。在我国，社会主义核心价值观包含国家、社会、公民三个层面的价值准则。因此从结构上看，基于中国国情的核心素养模型，应该以社会主义核心价值观为圆心来构建。此外，它是可培养、可塑造、可维持的，可以通过学校教育来获得。

在三维目标基础上提出核心素养，这是对三维目标的发展和深化。核心素养更直指教育的真实目的，那就是育人。核心素养具有中国特色，包括能力、品格。核心素养的提出，对教学下一步的发展有了更明确的指向。有人问，什么是素养？素养，就是素质加教养。当你把在学校学的知识都忘掉的时候，剩下的就是素养。今天让学生在课堂上学物理，不是希望他们成为物理学家，因为这毕竟是极个别的事情，我们关注的是，学生毕业以后，作为公民，学过物理的和没学过物理的有什么差异，物理能留给他们并使其终身受用的东西是什么，这就是核心素养。据报道，此次制定课程及课程标准方案的时候，学科专家做的第一件事情就是思考：这门学科能够让学生产生哪些变化？对学生的素养有哪些贡献？后来就简称为"学科核心素养"。并且以此为纲，选择教育内容，确定教学要求，并将教育目标从追求分数转到育人为本、转到立德树人。

三、课堂改革的未来发展

当今世界科学技术日新月异，新鲜事物层出不穷，互联网、人工智能正在改变人类的生产生活方式。生产力的变革必然会影响上层建筑，教育信息化成为教育现代化的显著特征。然而，只从技术着眼考虑未来教育难以解决如何提高教育质量的问题。教育是培养社会主义建设者和接班人的重要途径，要从未来时代的发展着眼，从人类未来的发展着眼，从教育的本质着眼，从教育立德树人的根本任务着眼。

（一）培养学生思维

秉持对新时代如何提高教育质量的思考，笔者认为教育的一项重要任务就是培养学生的思维。人们通常说"乔布斯改变了世界"，因为他革新了手机使用方式，开发了智能手机；人们说"电商"的出现改变了商业模式。这就是创造思维改变了定式思维。再以集装箱为例，过去运输物资是散装的，运输效率很低。发明集装箱运输后，运输方式完全改变了，运输效率得到了提高。这就是思维变革引发生产变革和社会变革的例子。世界科技的进步，无一不是人的创造思维产生的结果。

一个人如果没有良好的思维品质，没有无定式的创新思维，就很难适应变革时代的生存要求。2012 年，国际经济合作与发展组织发布了一份题为《为 21 世纪培育教师、提升学校领导力：来自世界的经验》的重要报告。该报告指出 21 世纪我们要培养学生的基本技能，必须培养学生的批判性思维、创造性思维及生活方式等。

从国内情况来看，当下的教育面临着培训机构捆绑学校的问题：有些培训机构不是培养学生，帮助学生克服困难，而是为了帮学生应付考试，让他们一天到晚做题，这种做法导致学生普遍处于被学习、被教育的状态。要明白，教育的本质从某种意义上来讲就是培养学生的思维，促进学生思维的改变。

(二)创导思维课堂

培养思维的最好的场所是课堂。课堂教学是培养人才的主渠道,是落实课程的一个最主要的常数。此外,课程改革是当前教育改革的中心,深化课堂教学改革,上好每一节课,教好每一位学生,首先要把课堂教学做好。从我国当前的教育来看,最根本的问题是从教到学的转变问题。

实现从教到学的转变,首先要将学生放在主体地位,让学生自己学会学习、学会探索。孔子说过"学而不思则罔",即学了以后不思考、无思维,学习就是茫然的,不能获得真正的知识。

教师不应将知识灌输给学生,而要成为他们学习知识时的引路人。要充分相信学生的能力,让学生自己发现问题、提出问题、解决问题。过去也经常提倡启发式教学,提出问题让学生回答,但这些问题是教师提出来的,而不是学生自己提出来的。

要让学生自己去探索问题、提出问题,才能真正让学生的思维得到发展。当前无论是提倡学生参与式教学、探究性学习,还是基于项目的学习(project-based learning,PBL)、STEAM 教学,都是为了让学生在学习活动中勤于思考、学会思考、发展思维。

此外,提倡自主学习的同时需要克服一些误区。自主学习不是个人学习,而是自主的合作学习,形成师生之间、同伴之间的学习共同体;不是将教师的主张强加给学生,而是引导他们在思考中慢慢探索。

教师要考虑学生的差异。学生的天赋是有差异的,因为他们的生活环境、家庭背景都是有差异的。在教学过程中要注意到这些差异,课堂教学往往是按照中等水平进行设计的。为了适应学生的差异,课堂教学应根据学生不同的情况提供不同的方案,因材施教。当前,互联网的应用为个性化学习提供了条件,师生关系发生了很大变化,教师已经不是知识的唯一载体,也不是知识的权威。但这不是否定教师的引领作用。

为学生设计适合的学习方案,花更多精力指导学生在信息海洋中获得有益的知识、策略和方法,注意个别差异,帮助每一位学生成功地学习。因此,教师在新时代是学习设计者、指导者、帮助者。

(三)提倡个性化学习

教师要主动提倡个性化学习。个性化学习并不是个人的个别学习,学习不是孤立的个人行为,而是教师与教师、教师与学生、学生与学生共同的讨论与探索。

联合国教科文组织曾经发表了一份题为《反思教育：向“全球共同利益”的理念转变？》的报告。该报告讲到要重新定义教育、学习、知识，认为教育是人类共同的事业，学习不只是学生的事情，教师与教师之间、教师与学生之间、学生与学生之间都要互助式学习。

所以，我们提倡的个性化学习，不是一个人孤立地学习。个性化学习是适合每个人的学习方式，但在实践中还要共同学习，与同伴共同学习，与教师共同学习。

(四)注重思维活动

提倡“学生成长在活动中”，这里说的“活动”更注重思维活动。在课堂上，教师要激发学生思考，而不是把现存的结论传授给学生；在课外活动中，要通过鼓励学生动手动脑，启发学生思考。要让学生走出去，走向大自然、走向社会，让他们长见识。长见识对于培养学生的创造性思维是很重要的。见识广了，思维就具有开放性、广阔性，就能想出许多点子，这就是创造。但也需要教师引导、培养，遇事让学生想一想，学生在想的过程中就发展了思维。但是不要误解“学生成长在活动中”就是让学生热热闹闹、蹦蹦跳跳地活动，其是要让学生在思维活动中成长，课堂教学仍然是培养学生思维的主渠道。

其实，对于什么叫教育、什么叫学习、如何提高教育质量，我们可以下各种各样的定义，但从本质上说，教育的根本任务是让学生的思维得到发展，思维的变化、人的观念的变化，都是学生成长中很重要的部分。

第二节　“学在思维”的理论概述

在人类已有的各种教育改进、变革或革命中，最深刻的革命是思想深处的革命，表现为价值观和思维方式的革命。华东师范大学校长钱旭红院士在《改变思维》一书中指出：“重要的不是思想，而是思维和改变思维。”2019 年，中共中央、国务院印发《关于深化教育教学改革全面提高义务教育质量的意见》，该意见提出：要着力培养认知能力，促进思维发展，激发创新意识；优化教学方式，教师课上要引导学生主动思考、积极提问、自主探究。可以看到，我国教育教学改革经历从教育目标强调“基础知识”和“基本技能”的“双基”阶段向强调“知识与技能”“过程与方法”“情感态度与价值观”相结合的“三维目标”阶段的转变后，当前正进一步向强调“核心素养”的阶段发展。学术界普遍认可思维能力是核心素养的重要组成部分，这从客观上要求课堂教学更加注重学生思维之发展。思维品质、思维能力和创新精神是未来人才核心素养的内在表现，都需要借助课堂来培养。让课堂充溢思维的灵性，让思维之花在课堂绽放，已经成为当今课堂学教方式变革的时代洪流。

从 2011 年开始，嵊泗县全面推进区域小班化课堂教学改革，开展“学为中心”课堂建构，从“研教”走向“研学”，促使学教方式的变革。通过进行学习合作小组建设、前置学习任务设计、展示性学习探索与基于学情诊断研究，有了比较深入的认识和结果(见图 1-1)。

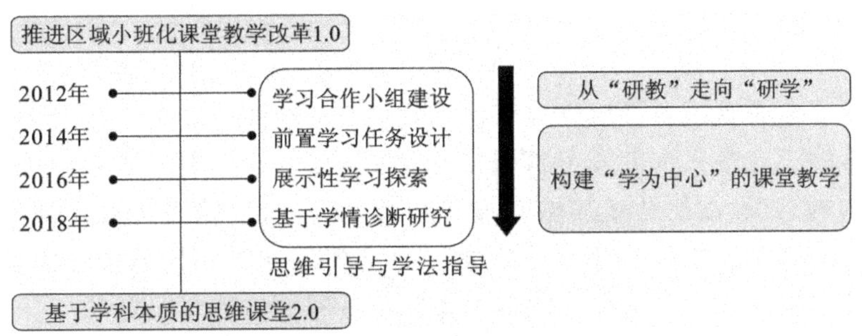

图 1-1 县域十年课堂教学改革的深度聚焦

而理性审视中小学课堂现状，目前还存在这样的问题，比如课堂思维力的缺失，以知识传递为根本目的，缺乏有意义的思维参与；注重模仿应用的能力训练，思维水平低下；教师思维教学设计与实践能力不足，重思维结果的呈现，轻思维过程的引导。

2020 年初，嵊泗县借力陕西师范大学胡卫平思维型教育团队面向辖区学校 2000 多名小学生开展了包括观察、想象、创造等 15 种思维能力在内的小学生思维能力测评，结果显示，全县小学生思维能力平均值为 68.31。从学校整体看，除一所学校学生处于思维能力等级三之外，其他学校学生的思维能力都处于等级二；从学生个体看，以外岛学校(嵊泗县 8 所小学，其中 4 所在县城，4 所在县城之外的小岛，这 4 所在县城之外小岛的学校简称“外岛学校”)为主的学生思维能力主要分布在等级一和等级二，以本岛学校为主的学生思维能力主要分布在等级二和等级三，等级越高，人群越少，全县小学生思维能力呈负偏态分布，整体水平不高，学生思维能力有待进一步提高(见表 1-1)。

表 1-1 县域各小学学生思维能力等级分布情况表(单位:%)

学校	等级一	等级二	等级三	等级四	等级五
X1	13.60	37.30	29.60	18.70	1.50
X2	21.30	46.00	22.80	7.20	0.00
X3	14.80	35.30	28.80	17.60	2.20
X4	20.90	41.30	23.70	11.10	2.60

续表

学校	等级一	等级二	等级三	等级四	等级五
X5	33.50	42.60	18.70	4.00	0.00
X6	34.60	27.90	24.50	9.70	0.00
X7	19.50	52.90	22.10	6.50	0.00
X8	30.80	41.40	19.60	8.80	0.00

注:由于四舍五入,各行的百分比之和可能与总数有出入。

课堂普遍忽视了对学生思维意识的唤醒和对思维品质能力的培养,导致课堂上学生并没有进入深度学习或真实学习的状态,学生不会主动地思考,缺少质疑批判的意识,往往是知其然而不知其所以然,归根结底是缺乏学习思维的有效参与。课堂上学生在想什么?学习思维如何推进?教与学思维发展的互动机制如何促使学习真实而持续地发生?这些问题值得我们思考。

基于对当前嵊泗县中小学课堂教学的回顾与反思,我们提出了"学在思维"的教学理念,把课堂教学改革的切入点放在提升学生思维能力和品质上,进而提出了区域推进基于学科本质的"学在思维"课堂教学实践研究。通过"学在思维"课堂的研究,区域推进,打破教学弱区。"学在思维"正是嵊泗教育人一直追求的课堂价值,是属于现在并通向未来的课堂范式,旨在探索教学本质,挖掘深度学习,提高学习效益,实现教与学的超越,为学生提供自主成长的空间。

一、"学在思维"课堂的内涵意蕴

什么是思维课堂?陕西师范大学胡卫平教授认为,思维课堂就是通过制订明确的课堂教学目标,重视学生已有经验联系与课堂反思,以促进教师和学生积极思维,提升思维品质,形成发展思维能力的课堂教学模式。纵观当今国内外教育,关于思维课堂有三种模式,一是与具体学科相独立的思维课程(思维技能训练课),二是与某一学科相结合的思维课程(如数学与逻辑、科学与辨证),三是与学校课程设置相融合的思维课程。"学在思维"课堂将第三种模式作为思维发展的实践路径,通过统整学校课程体系,用思维课堂模式解读每门学科,以此区域打造思维课堂,促进学生的思维发展,使其形成必备品格和关键能力。

"学在思维"课堂有着深厚的内涵。首先,思维是人的活力之光,也是教育创新之本。没有思维的过程,也就没有学习的真实发生。其次,思维能力的培养是深化课程改革的核心环节。美国教育学家克罗韦尔提出:"教育面临的最大挑战,不是技术,不是资源,不是责任感,而是去发现新的思维方法。"联合国教科文组织指出:"21 世纪的课堂教学,不能只是教会学生一些花哨、灵活有趣的技巧来适应信息时代，而是应教会学生利用高阶思维技能去有作为。”2019 年我国发布《关于深化教育教学改革全面提高义务教育质量的意见》，该意见提出“着力培养认知能力，促进思维发展，激发创新意识”。可见，思维是人的发展内核，是推动社会进步的原动力。最后，思维课堂是教育走向优质的必然导向，它能在一定程度上避免当下教育的华而不实倾向，使教育回归本质，实现学生的自我超越。“学在思维”课堂整体架构如图 1-2 所示。

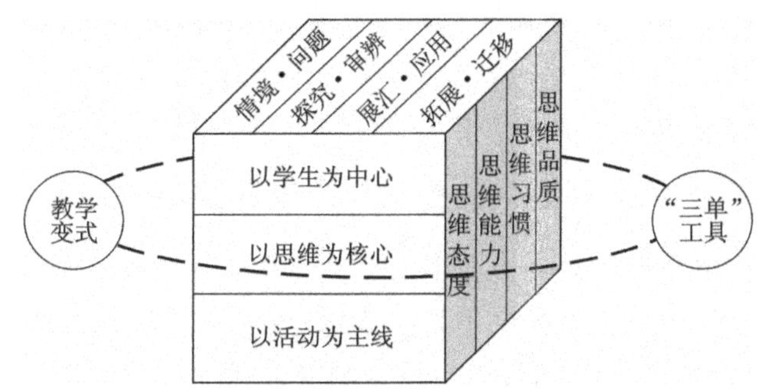

图 1-2 “学在思维”课堂整体架构示意图

二、“学在思维”课堂的主要特征

与传统课堂相比，“学在思维”课堂育人从知识习取走向思维发展，从课本学习走向多维探究，从单向灌输走向学教共生，具有如下主要特征。

(一)教学设计更强调有高阶思维的问题组合与学法指导

教师首先创设基于学生思维脉络的情境，生发认知冲突的“两难情境”或者看上去与生活经验不相符的情境，吸引学生主动参与思考，调动其思维神经，使其领悟方法策略、学会知识技能、发展素养能力，以完成认知建构。其次用问题铺设不同思维层阶的架梯，通过巧妙设计组合式“问题链”，分解核心问题，呈现从低阶思维向高阶思维的螺旋上升，适时跟踪追问，引发学生质疑审辨，产生思维共鸣，从而走向深度学习。

(二)互动生成更强调学生思维参与的深度广度与逻辑输出

“学在思维”课堂是一个深度对话的过程，因此课堂互动是最基本的显性组织方式，可分为情感互动、行为互动和思维互动。情感互动是基础，行为互动是外显，思维互动是核心。教师根据学生实际需求，结合教学主要内容和目标，实施动态互动的教学全过程，在“收”“放”教学中，适时地进行引导，给学生提供自主学习的空间，促使学生在欢欣快乐的活动氛围中收获知识，提高学生的思维参与度，使学生进行逻辑输出，让课堂充满“思维”。

（三）学习成果更强调以项目与作品等形式呈现所学所得

“学在思维”课堂与机械训练、应试教学的重要区别在于其具有丰富的过程性和鲜活的真实性，学生从已有经验出发，在复杂、真实的生活情境中借力于持续性的思维，借助项目式学习自主地进行问题分析与探究，通过呈现作品来完成自己的知识意义建构，这就让知识和学习变得更加具有现实意义。教师在预设学习成果的作品时，要与真实、开放的情境相结合，让学生在情境中灵活运用核心知识，推动学生核心素养的持续形成。

（四）工具应用更强调思维支架与信息资源的综合运用

在“学在思维”课堂实践中，利用模拟演示工具开展虚拟实验，或利用思维图示、思维导图、概念图等可视化工具和技术，对学习材料和内容进行图形化的整理，利用大数据技术采集学生课堂练习和学业考试信息，诊断学生的思维薄弱点，利用信息化平台开展多元评价、数字化教研等，通过思维支架工具的运用，把隐藏的思维路径、思维结构呈现出来，降低学生的认知负荷，生成问题解决策略模型，激发学生的学习潜能。

三、“学在思维”课堂的关键要素

“学在思维”课堂主要有以下几个关键要素。

（一）学生与教师

在“学在思维”课堂中，每一个学生与其他学习者及其助学者、任务活动、模拟环境等共同构成了一个强大的学习共同体，学生彼此之间协同倾听、思维碰撞、信息交融，分享各种学习资源，共同完成一定的学习任务，进行知识与意义的建构，实现思维能力的差异发展。教师则充当情境的创设者、活动的组织者、学生思维发展的助推者、问题探究的帮助者等新型角色。

（二）内容与问题

思维教学内容以问题形式呈现于课堂，即“内容问题化、问题思维化、思维活动化”。依据中小学生思维特征，问题呈现要注重层次性和延展性，设计出的问题要符合学生的学段特点，能激活他们的思维、拓宽他们的思路，促进把内容的学习与思考推向更宽广的领域。

(三)思维产品

思维产品主要指学习共同体各成员经过集体思维碰撞后产生的思想、观点和方法,是一种集体智慧,是“学在思维”课堂教学追求的目标。

(四)技术环境

作为学生感知获取信息、筛选处理信息、交流分享信息、即时评价反思的信息化教学平台,技术环境具有信息化、交互化、可视化等特点,能突破时空限制,实现师生互动、生生互动和资源共享。

四、“学在思维”课堂的实施策略

(一)设计思维迭代的学习目标

素养导向下,教师要进行教学思维的迭代转型,用新的教学思维设计学习目标,从平面化、单向性、割裂式思维转变为指向全面育人的发展性思维,指向立体层阶的结构性思维,指向方法运用的整体性思维,指向成果应用的探究性思维。明确单课学习与学科素养培育、大单元整体教学以及跨学科项目化学习等之间的关系,以成果或作品为导向,强调学习行为可视化、可检测、可评估,促使学生产生新思考、创造新成果。

(二)创设问题意识的思维情境

思维是有目的的活动,创设有利于学生积极思维的良好情境,提出恰当的问题,是激发学生积极思维、实施教学的前提条件。有关实验表明,与低冲突条件(传统说明文本)相比,高冲突条件(反驳文本)下学生的知识更新水平更高,概念转变得更好。因此,“学在思维”课堂要在创设的思维情境中产生问题,借助问题引发学生的经验冲突,帮助他们明确学教活动的目标,激发他们持续探究的欲望。

(三)突出知识形成的思维过程

在教学中,教师要突出知识的形成过程,注重传递给学生各种方法,重视概念、规律、理论等的建立过程,让学生掌握建立概念和规律、形成知识、分析问题、解决问题的策略方法,以及观察、实验等实践方法,在过程中掌握思维方法,训练思维品质,形成能力。

(四)注重思维品质的有效训练

思维品质的训练是发展智力、培养能力的突破口,课堂上要抓概括、推理能力训练,透过现象看本质,促进思维深刻性;设计一题多变、一题多解、一题多问等,训练思维灵活性;提供丰富材料,通过表象培养想象力,训练思维创造性;鼓励学生敢于标新立异,敢于挑战权威,提供质疑机会,创造审辨话题,训练思维批判性;在学科中加强速读、速算等,训练思维敏捷性。不同的思维品质必定表现出不同的思维能力。

(五)尊重个体单元的思维差异

由于思维和智力具有多元性以及个体间在学业基础、学习能力和个性品质诸方面具有差异性,在探究学习过程中应允许学生采取各自适宜的探究策略和方法,并进行有针对性的差异指导,形成性评价要分层次、有差异进行,要让各类学生都能体验到探究与发现的愉悦及成就感。

五、"学在思维"课堂的操作模式

"学在思维"课堂实践操作时,注重"内容问题化、问题思维化、思维活动化",即以关键问题为主导、以深度思维为核心、以任务活动驱动为主线。"以关键问题为主导",就是创设有思维含量的问题情境,引出核心问题,形成思维表象。"以深度思维为核心",就是对核心问题进行分析与综合、评价与反思,生成新问题,形成思维产品。"以任务活动驱动为主线",就是学习者在学习过程中,在教师的助推下,围绕一个共同的任务活动中心,在强烈的问题解决动机的驱动下,通过对课程内容、学习资源的主动应用,进行主体化学习、对话式学习和协同性学习,并在任务完成的同时,获得情感体验。其有问题发现、问题分析、问题生成和问题解决四个阶段。

"学在思维"课堂由"情境·问题""探究·审辨""展汇·应用""拓展·迁移"四个基本环节组成,结合课型和工具的应用,依据学习需要,可以依序实施或作变式调整。"情境·问题"是依据教学目标和内容,抓住思维发展的核心点,联系学生已有经验,创设能够使学生产生认知冲突的情境,产生问题,激发思维动机。"探究·审辨"是以促成探究为导向,组合能够激活思维的材料,以问答、讨论、辩论、例证、演讲、表演等多样化的方式将理想的思维能力与合理的思维方式融为一体,实现有思维进阶的对话,对知识进行有意义的建构。"展汇·应用"是以创生问题解决的成果或作品,回应核心问题,引导学生梳理已有知识形成结构、体系,产生新思考或创造新成果。"拓展·迁移"是引领学生复盘思维过程，检验思维收获，在举一反三中促进思维的达成与提升。

"学在思维"课堂在基本导学模式的基础上突出学科特点与教师特色，形成教学变式，体现对教学模式的灵活运用。比如嵊山小学"导学互动"思维课堂，强调以问题导学、变教为导、以导促学，将"互动"注入课堂，让课堂从知识传授的"双基话语"转向自主学习的"思维话语"，从"课堂控制论"走向"课堂互动论"。又如英语学科，根据英语学习的特点，建立了多样化学习模式，强调个体学习、合作探究、小组游学、展示表演等，在思维活动中促进语言运用能力发展。

六、"学在思维"课堂的意义价值

（一）面向未来视角的课堂

未来的课堂更注重综合性、实践性、开放性，学科壁垒被打破，学生的主体地位更为凸显，自主、合作、探究的方式成为提高教学实施质量的关键因素，课堂教学从关注知识传递转变为关注每一个学生的全面发展，从提升知识应用能力转变为意义建构，学生在对比中获取新的认知，在分析中解开思维结扣，打破思维定式，可以说，"学在思维"课堂就是教育改革成果的检验场。

（二）呈现素养立意的课堂

2016 年，我国发布了《中国学生发展核心素养》，该文件提出了培养"全面发展的人"的三大维度、六个要素和十八个基本要点，改变了当前"学科本位"和"知识中心"现象。2022 年发布义务教育新版课程标准，具体细化课程应着力培养的学生核心素养，体现正确价值观、必备品格和关键能力的培养要求。例如，小学数学明确了数感、符号意识、空间观念等十方面培养要求。因此，学教方式的变革决定了课程改革能否成功，决定了新时期学生能力素养培养能否落地，"学在思维"课堂是发展学生核心素养的跑道，若课堂场域停止作用，课程改革的意义和价值也就不复存在。

（三）强化高阶思维的课堂

长期以来，教师为一堂课准备几十张 PPT 和数量过多的练习题的情况并不少见，超过半数的课堂活动集中在听讲后回答问题、解题练习、阅读后汇报等围绕知识掌握的"理解""识记""模仿""应用"层面，使得学生的思维水平在低层次徘徊，避开了逻辑、辩证、创造等高阶思维，缺少有意义的思维参与，"学在思维"课堂指向当前教育短板，促进学生和教师在课堂上积极主动地进行思维互动和思维发展，引领学生通过学习活动，完成从低阶思维到高阶思维的有效转换，这是课堂育人的时代新要求，也是其核心价值所在。

恩格斯说过：一个民族想要站在科学的最高峰，就一刻也不能没有理论思维。“学在思维”课堂，打破了原来知识和权威垄断课堂的局面，是对原有课堂文化的超越与重组，随着研究的深入推进，嵊泗县域出现了许多可喜的变化，学校、教师深入学习课堂理念，凝聚共识，聚焦课堂最深层，向提升学生的思维水平这一核心难点出发，在这个向教育改革要质量的时代，必将促进学生创造力的提高，推动人才培养模式的创新，引领未来的发展。

参考文献

[1] 叶澜. 重建课堂教学价值观[J]. 教育研究，2002(5)：3-7，16.

[2] 钟启泉. 学校的变革[M]. 上海：华东师范大学出版社，2019.

[3] 裴娣娜. 为了每一个学生：中国课堂教学改革 40 年的实践探索[J]. 中小学管理，2018(11)：17-22.

[4] 王烨晖，辛涛. 国际学生核心素养构建模式的启示[J]. 中小学管理，2015(9)：22-25.

[5] 胡卫平，魏运华. 思维结构与课堂教学——聚焦思维结构的智力理论对课堂教学的指导[J]. 课程・教材・教法，2010，30(6)：32-37.

[6] 张俊珍. 学习理论视域下学生数学思维的发展研究[J]. 教育理论与实践，2017，37(19)：57-60.

[7] 联合国教科文组织. 反思教育：向“全球共同利益”的理念转变？[M]. 联合国教科文组织总部中文科，译. 北京：教育科学出版社，2017.

[8] 叶延武. 思维课堂：意蕴与实践——基于深圳市南山区第二外国语学校的课堂文化建设[J]. 教育研究，2012，33(7)：139-143.

[9] 孔晓玲. 教师教学思维转型：从学习目标的设计开始[J]. 中小学管理，2021(9)：17-20.

[10] 孔晓玲. 思维课堂：面向未来的学教变革[M]. 北京：现代出版社，2021.

[11] 王勇. 助力思维发展　提升课堂价值——在小学学科教学中构建“思维课堂”的实践研究[J]. 阅读，2016(79)：4-7.

第二章 “学在思维”教学的变式应用

在嵊泗县域“学在思维”教学整体理念的指导下，各校结合自身实际特点和基础，运用并延伸出各种变式应用，如“任务驱动”“导·学互动”“深度学习”等思维课堂教学范式，本章着重就这些变式应用进行阐述。

第一节 “任务驱动”思维课堂的教学实施

在长期的课堂教学改革探索中，基于教学评一致性理念，围绕情境、问题、任务、评价、思维等要素，从目标先行、评价跟进、任务驱动、思维生成四个维度，制定了任务驱动思维课堂评价标准，形成了任务驱动思维课堂的框架体系；基于学生立场，从学生视角进行课堂评价要素研究，通过学生课堂学习思维进阶、指向深度学习的课堂评价任务、影响学习品质的课堂评价等方面，形成了有效的实施策略。

一、“任务驱动”思维课堂的产生缘由

（一）“任务驱动”思维课堂的实施是实现深度学习的重要路径

当下教育界有两大热词：核心素养和深度学习。核心素养无疑就是目标，而深度学习则是促成核心素养有效落地的路径。

深度学习，是一场教与学的革命。所谓深度学习，是指在理解的基础上，学习者能够批判地学习新思想和事实，并将它们融入原有的认知结构中，能够在众多思想间进行联系，并能够将已有的知识迁移到新的情境中，做出决策和解决问题的学习。在这场革命中，如何真正实现“教师中心转向儿童中心”，如何实现“从聚焦‘教’转向聚焦‘学’、从重视‘个人学习’转向‘协同学习’、从‘教案’转向‘学案’”，如何实现从形式化浅层化的学习方式转变成理解性的“追寻有意义”的“深度学习”，实现主体化学习、对话式学习和协同性学习，是当下课堂教学改革所面临的挑战，也是必须回答的课题。

事实上，长期以来，教师受传统的课堂教学观的影响，教学设计和课堂教学往往只关注“教什么”“如何教”，往往以知识的掌握为目标，缺乏学习情境的创设，缺少问题的引领，使学生被“牵着鼻子走”，失去了“主体性学习”的机会，这样的教学成了学生思维的“屠宰场”，学生常常放弃“思考”，放弃“提问”的机会，更缺乏对问题的“质疑”。缺失了学生自主、主动的理解和批判、联系与构建、迁移与应用，就谈不上深度学习，谈不上“高阶思维”的培养。

（二）“任务驱动”思维课堂的实施有利于促进思维的进阶

深度学习意味着理解和批判，意味着联系与构建，意味着迁移与应用。深度学习的这些基本特征表明，深度学习在教学设计中，应突出整合性、发散性、冲突性、思辨性的问题设计，突出与学生已有知识的链接，突出与学生生活和经验的链接。在新的问题情境中，用任务驱动的策略，助推学习者对信息进行重新整合，透彻理解复杂定义，全面掌握内涵，积极构建个人知识系统，并能将其灵活运用到实际背景下处理综合问题，促使学生进行“有意义的学习”，在“绞尽脑汁”和达到“认知极限”的学习过程中，促进学生的思维进阶。

（三）“任务驱动”思维课堂的实践为学校的课改注入新活力

嵊泗县虽位于海岛，但课堂教学改革并没有“与世隔绝”。多年来，持续推进课堂教学改革，在课堂教学改革过程中，教师普遍感觉课堂教学难以转型，新的学习方式难以落地，学习活动解决的问题停留在浅表认知层面，低耗优质的教学追求依然任重道远。不囿于合作学习的范畴，深度把握思维教学特征；改革传统教案和流行学案，建构并实施现代“学习设计”；引入深度学习和学习性评价，直面核心素养和课堂品质……成为区域课堂教学改革的关键。我们认为，其根本的突破点在于教学设计。

崔允漷、雷浩提出了课堂教学过程中教学评一致性的三因素结构（见图 2-1），分别是“学与评一致性”“教与评一致性”以及“教与学一致性”，由此表明了课堂教学是教师的“教”、学生的“学”以及对学生的评价三个因素协调配合的统一整体，它的基础就是课程标准。这种基于课程标准的教学，要求教师思考并对“教什么”“为什么教”“怎么教”“教到什么程度”四个问题做出一致性的回答和决策。显然，教学评的一致性要求老师的教、学生的学、课堂的评是一致的。也就是说教、学、评必须共同指向学习目标：教师的教，是为学习目标的教；学生的学，是为学习目标的学；课堂的评，是对学习目标的评。这种基于标准的教学评一致性的行动策略，促使我们进入了基于课程标准的教学实践和探索阶段。

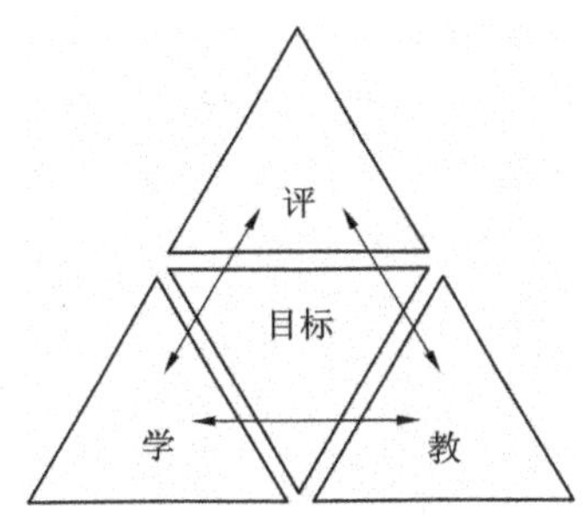

图 2-1 教学评一致性三因素结构模型

二、“任务驱动”思维课堂的建构模式

(一)“任务驱动”思维课堂的内涵

(1)界定核心概念。所谓“任务驱动”,就是指学习者在学习过程中,在教师的助推下,围绕一个共同的任务活动中心,在强烈的问题解决动机的驱动下,通过对课程内容、学习资源的主动应用,进行个性化学习、对话式学习和协同性学习,并在任务完成的同时,获得情感体验。“任务驱动”思维课堂以建构主义学习理论为理论基础,以问题为引领,以解决问题、完成学习任务为目标,以多维互动的学习活动为主要方式,旨在激发学习者的探究欲望,让每一位学习者都能根据自己对当前问题的理解,运用共有的知识和自己特有的经验提出方案、解决问题,使学习者在这个探究过程中,不断实现思维进阶,不断地获得成就感,不断地增强学习内驱力。

依据教学评一致性的理念要求,从“学什么”——厘清核心概念体系、“怎么学”——发展具体核心素养、“何谓学会”——将学习评价嵌入教学三个维度,对“任务驱动”思维课堂的内涵进行了界定和阐述(见表 2-1)。

表 2-1 “任务驱动”思维课堂内涵阐述

教学评一致性	“任务驱动”思维课堂内涵阐述
学什么	厘清核心概念体系:以终为始,厘清具体学习什么核心问题(抓点)、它们之间有什么逻辑关系(串线)等(从碎片化走向系统化)
怎么学	发展具体核心素养:设置问题情境,从教学走向学教,任务驱动,搭建学习支架,显化学科思维过程,明晰学生发展的关键能力和必备品格(核心素养)
何谓学会	将学习评价嵌入教学:评伴全程,实施多元评价,如分数与表现、形成与终结等相结合

(2)确立框架体系。“任务驱动”思维课堂在具体操作上,根据总体目标设计,结合学校探索,确立了核心内容框架体系(见图 2-2)。即以评价为统领,以问题引领、活动设计、任务驱动为核心内容,将教师的“教”、学生的“学”融会贯通,形成一个以学生素养落地、教师专业成长为价值追求的完整的学习系统。

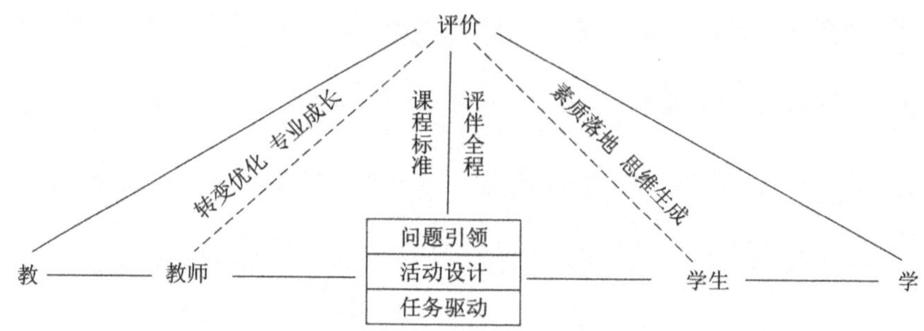

图 2-2 “任务驱动”思维课堂核心内容框架体系

(二)“任务驱动”思维课堂的要素

“任务驱动”思维课堂有两大价值追求:一是追求学习者对新知识与原有知识的有机链接和合理建构;二是追求学习者在主动探究的过程中,不断实现思维的进阶,优化思维方式,提升思维品质。“任务驱动”思维课堂重点强调四个关键要素。

(1)学习目标。学习目标是“学习中学习者预期达到的学习结果和标准”,具有鲜明的导向、启动、激励、凝聚、调控、制约等心理作用。具体、可评、可操作、可达成的学习目标,决定着学习者的学习方向。

(2)问题引领。问题是思维的心脏,是思维的引擎。问题设计既是学习情境的创设和营造,也是学习任务的提出和指向。根据学习者的需要,通过创设与学习主题相关的真实学习情境,选择与学习主题密切相关的真实性事件或问题(学习任务)作为学习的核心内容,让学习者在教师的帮助下,依托已有知识和原有经验,理解、分析并解决问题,进而促使学习者将新旧知识、新旧知识结构进行有机链接。

(3)活动设计。教师在提供学习情境、学习任务、学习资源等内容的基础上,依据学习目标,根据学习任务,设计、组织学习者的学习活动,包括针对性选择学习方法、选择匹配的活动方式,指导如何依据信息线索提取有效信息、如何确定解决问题的思路和方案,组织学生开展学习者的个性化、对话式和协同性学习,组织讨论和交流,通过不同观点的交锋,补充、修正和完善学习者对学习任务(问题)的解决方案。

(4)嵌入评价。一是对学习者学习过程的形成性评价,关注学习者的学习过程,包括学习态度、学习状态、学习策略的运用、思维品质、学习毅力等;二是对学习者学习任务(问题)的解决结果、目标的达成进行检测和结果性评价。

上述四个要素环环相扣,且都是以“思维进阶”为旨归的深度学习,是“任务驱动”思维课堂的主要价值所在。

(三)“任务驱动”思维课堂的设计流程

在学习任务单的探索与实践的基础上,“任务驱动”思维课堂的教学设计采用逆向设计。

第一步,依据课程标准、学情和课程内容,制订精准的学习目标,确保学习的方向正确。

第二步,依据确立的学习目标,设计可检测的评价标准,解决“如何证明学习者的任务完成与否和完成的程度”的问题。

第三步,依据学习目标和课程内容,提炼、设计用于引领学习者思考、探索的“主问题(核心问题)”或“学习任务”,并依据主问题(核心问题),设计体现思维进阶的问题链(或问题群),回答“学什么”的问题。

第四步,围绕学习目标,基于学习任务(核心问题),设计学习任务驱动下的课堂学习活动,检验学习策略的运用,关注学的过程,回答“怎么学”的问题。

这种逆向教学设计,强调以清晰的学习目标为起点,评价设计先于教学活动设计,指向目标的达成和思维层次、思维能力的进阶提升。

(四)“任务驱动”思维课堂的教学模式

“任务驱动”思维课堂以问题为载体,以任务驱动为学习策略,突出思维进阶。为此,根据学科特质和实际,通过以下几方面进行解读与实践以强化教学行为。一是解读“任务驱动”思维课堂内涵,梳理学校“任务驱动”思维课堂基本结构和操作要领;二是对“任务驱动”思维课堂进行个性化解构,厘清各学科课堂教学的核心要素,如教师、学生、课程、环境等,明确教学的基本要素间的关系与地位;三是对各学科课堂教学结构进行优化,进一步针对新授课、单元复习课、实验课、讲评课等不同的课型,提出了不同的、具体的基本操作流程;四是开展基于实证的分项目观课议课,进行课例研究和教学案例分析;五是通过课堂节等各类课例展示和评比活动,评选标杆课;六是立足学科任务单新版式和课堂教学实践,依据学科特质开展展课、磨课、循证医课等课例研究活动,聚焦目标、情境、问题、活动与评价(反馈)等课程要素的教学设计与实施研究,初步构建“先行预学—新知研学—迁移拓学—反思结学—达标测学”的“五学”思维课堂模式(见图 2-3)。

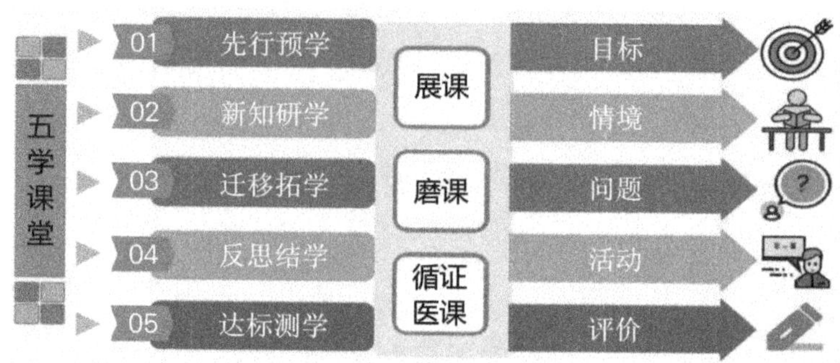

图 2-3 “五学”思维课堂模式

“先行预学”。学习者根据学习目标,依据学习任务单,对学习内容进行先行自主学习,解决自己能够解决的基础性问题,提出自己的疑难或困惑。这是进一步展开深入学习的基础。

“新知研学”。学习者个体在同桌、学习小组成员的帮助下,围绕学习主题或“主问题”,进行探究学习,突出学习者之间的对话与协同,求得共识与共鸣。

“迁移拓学”。学习者在教师的指导、点拨之下,对重点、难点知识进行深化、内化、迁移和拓展,开阔视野,提升思维层次和思维品质。

“反思结学”。学习者对整个学习过程,包括同伴对话、小组讨论和教师点拨等,进行反思和总结,完善知识建构。

“达标测学”。对学习者的学习效果进行检测,发现缺漏和不足,并及时进行补救训练,以求得学习效果最优化。

三、“任务驱动”思维课堂的实施策略

实施策略是在一个大的“过程”中进行的一系列行动、思考、选择。选择正确的实施策略,就能事半功倍,有效推进“过程”的顺利展开。在“任务驱动”思维课堂建构和实施过程中,采取的实施策略主要体现在以下三方面。

(一)评价先行策略

评价对学习者、施教者的行为和发展方向具有鲜明的导向作用。这种导向功能,是指教育评价本身所具有的引导评价对象朝着理想目标前进的功效和能力,这是由评价标准的方向性决定的。因此,在“任务驱动”思维课堂建构过程中,突出强调两个“评价先行”。

(1)坚持评价先行研究。即优先研究和制定课堂评价标准,发挥评价的导向作用。"任务驱动"思维课堂强调"证据"意识,突出基于"证据"的课堂教学评价。因此,在确定课堂改革的目标的同时,要引导教师在任务驱动课堂评价标准基础上,抓住课堂高效达成的基本要素,即情境、问题、任务、评价、思维等要素,基于教学评一致性理念,从目标先行、评价跟进、任务驱动、思维生成四个维度,制定和完善新的"任务驱动"思维课堂评价标准,指导教师的课堂教学。

(2)坚持评价设计前置。即在确立学习目标基础上,先于学习任务、学习活动的设计而设计评价办法和标准。引导教师基于学生立场,从学生视角进行课堂评价要素研究,制订基于实证的各学科分项目课堂观察量表;探索具有学科特质的"学科方法+学习习惯"学科素养提升策略,确定学规学力培养操作要点;探索教师进行课堂教学"规范理答+有效组织"的教学组织技巧,制定思维课堂教学行为改进指南。通过学生课堂学习思维进阶、指向深度学习的课堂评价任务、影响学习品质的课堂评价等方面具备的条件研究,进行归因分析,研究学力培养策略和教师教学行为改进措施。

(二)诊断前置策略

诊断前置的提出是由"学习"的本质共识和学情把握的重要性决定的。

围绕"学习"的本质形成的共识之一,就是"既有知识"。"儿童是带着丰富的既有知识参与教学的。"这是学习科学围绕人类终身持续的学习活动的本质所取得的第一个共识。在20世纪60年代,美国心理学家奥苏伯尔从两个维度梳理了"学习"的概念。其中一个维度为是否运用了既有知识。同既有知识链接起来开展的学习,谓之"有意义学习",而不同既有知识相互链接的学习,谓之"机械学习"。从这个意义出发,诊断前置,通过学习任务单的研制和使用,掌握学习者的已有知识情况,预测学习者的思维障碍,摸清学习者的"最近发展区",对于提升教学指导的针对性、提升"任务驱动"思维课堂的实效至关重要。

我们认为,深度学习背景下,学习者的思维能力、思维品质的提升,对于提升学习质量、教学质量越来越重要,基于此的教学设计,特别是用于学情诊断的思维课堂任务单的设计越来越重要和关键。因此,我们提出把思维课堂任务单的创编与应用研究放在课堂改革背景下系统推进,利用系统的力量形成推进变革的合力。组织骨干团队循序渐进推进任务单的编写,先后经历了从"无形"到"有形"、从"有形"到"有神"两个阶段。首先是让思维课堂任务单"有形",在原来任务单的基础上进行部分改版,形成思维课堂任务单的基本组成要素。在此基础上再经历教师理解自创、教研组集体讨论修改、骨干教师概况提炼、专家指导、骨干教师再示范,全员再推进,其间广泛征求教师意见,经历反复多次修改,第二次修订的思维课堂任务单逐渐具备了我们期待的“神”，教学评一致性的理念逐渐融入思维课堂任务单的编制，逐步转化落实为课改的文本载体。实践证明，这一探索对于助推“任务驱动”思维课堂建构起到了关键作用。

（三）教研保障策略

课堂教学改革是一个重要的外显行为，能否取得成效，一个关键的因素就是有没有与之相应的教研体系做保障。没有深度的研究，就无法推进课堂的思维进阶；没有有效的评价，就不能保证课堂思维进阶的效果。

1. 立足课例、整体推进、研修一体，构建强有力的研究机制

“任务驱动”思维课堂采取整体推进、全员参与、人人达标、智慧共享的策略，对“任务驱动”思维课堂达标工作进行定性、定位和定标。定性是指思维课堂全员参与、人人达标。定位是指将教学评一致性的“任务驱动”思维课堂教学改革作为学校未来3～5年的课改中心工作绝不动摇。定标是指思维课堂达标要有明确的工作目标和达成目标，即通过理论培训和实践探索，让教师们人人会设计与编制教学评一致性思维课堂课时任务单；通过对标上课，让每节常态课都能体现教学评一致性，人人都能得到提升。通过“三定”，教师群体达成共识。

搭建专家引领、同伴互助、自我反思的学习平台。我们多次邀请省内外专家对全校教师进行教学评一致性理念的通识培训和实操指导；教研组、备课组开展主题研修活动，提升“种子教师”的理论引领力和实践指导力；开展基于教学评一致性的“研磨为径　品质课堂”任务驱动思维课堂展示周、课例研讨活动；围绕思维课堂达标，开展备课组亮相课、专题研讨课、立标示范课等一系列上课活动。通过“立足课例、整体推进、研修一体”强有力研修机制的构建，浓厚了氛围，提高了认识，统一了思想，掌握了方法，解决了实践操作层面的实际问题。

2.立足个体、突出协同、智慧共享，完善高效率的设计流程

“任务驱动”思维课堂的高效益前提是优质备课，这是实现学习者思维进阶的关键一步。在探索实践中，总结提炼了“两备两思一改备课流程”（见图2-4）。“两备”即经历个人主备、集体备课两次备课，强化了个体的独立思考，更突出了集体的智慧共享。“两思”即两次深度思考：一是深度思考课标要求、内容选择、资源配置、设计优化等，二是对教学全程全要素进行反思。既规定“课标精准解读、教学评一体化设计、配套作业的精选”必选动作，也强调教学反思和优化改进。这些要求具体可操作，促进教师“从经验备课到专业备课”，有效助推了课堂建构。

图 2-4 两备两思一改备课流程

3. 立足改进、突出实证，推进基于实证的课堂观察

长期以来，“教师的课堂观察缺乏指引，课堂评价标准单调，只注重了知识的效果评价，没有对综合素质的全面评价；评价只针对教师的教学设计与实施，不包括对学生表现和收获的评价，无法起到改进教学的效果”。推动课堂教学转型，精心编制思维课堂任务单是前提，但最为关键的是课堂教学行为的转变。

为此，制定《基于深度学习的教学评一致性课时设计评价标准》，提出了教学评一致性课时设计的核心理念、基本原则、具体操作流程和评价标准，形成了“一个原则、两大指向、三个基于和四个原则”(一个原则：为学生发生深度学习而设计。两大指向：学科核心素养和学习质量提升。三个基于：基于课标解析、基于教材剖析、基于学情分析。四个原则：深度学习设计四要素原则、理解性学习的逆向设计原则、项目化学习的产品导向原则、目标教学评价一致性原则)，形成了较为完善的基本理论系统。

为避免任务单编写与课堂实施“两张皮”现象，要有效解决任务单“编得好”却“不好用”的问题。一方面在任务单的优化上，设计了“目标先行、任务驱动、思维生成”三个评价维度，在原有基础上融入教学评一致性的理念，每一个评价维度下，又分解 2～4 个评价要点，把思维课堂任务单及思维课堂各要素的基本要求，转化为课堂教学行为的评价要点，引导教师根据评价要点，实施基于思维课堂任务单的课堂教学。

以评价为导向，广泛推行基于实证的“思维课堂任务单课堂观察评价”的课例研究活动，制订“三维度十诊断”课堂评价量表，编制备课组公开课观课表，锚定观测点和观课主题，聚焦课堂观察收集到的事实和证据，提出课堂改进的意见和建议，实现了“从观教到察学”的行为改变。

四、“任务驱动”思维课堂教学案例

教学案例片段一：结构变革——情境创设，问题引领

实践中，科学教研组逐步形成了“嵌入评价引领下的探究思维教学”的学教方式与学教结构：一般来讲，嵌入评价引领下的探究思维教学就是围绕一个核心问题，从已有的经验出发，不断用探究的方式获得解决问题所需的知识和能力，最终解决问题、达成学习目标的一种学习方式。其特点表现为以核心问题为中心，以探究学习为问题解决方式并完成科学知识的建构。这是一种以学生的学习为中心，知识的建构和能力的发展并重的学教方式，其主要学教结构如图 2-5 所示。

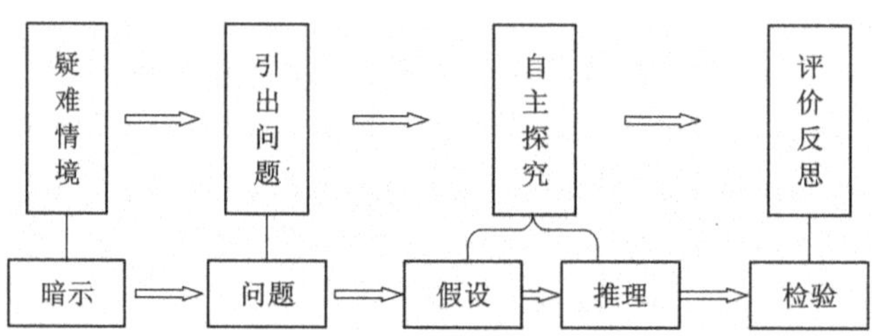

图 2-5　科学学科探究思维教学结构图

案例 2-1　以规范示意图为目标的评价标准设计

【任务】 指出“站立”在桌子上的鸡蛋涉及哪些力。

结合现代信息技术，采用抢答的方式，提高学生答题的积极性。

生：鸡蛋受到的重力，鸡蛋对桌面的压力，桌面对鸡蛋的支持力。

师：评价学生作图情况（可以请学生互评），强调作用点，一对平衡力和一对相互作用力。

小结：平衡力和相互作用力的不同点为平衡力作用在同一个物体上，相互作用力作用在两个物体上。相同点为等大、相反、共线。

【评价标准】

1. 能正确画出力的作用点和方向＋1 分。
2. 所用线段长度大致相等＋1 分。
3. 美观大方＋1 分。

亮点：在甲、乙两图（见图 2-6）中，分别作出平衡力和相互作用力的示意图。

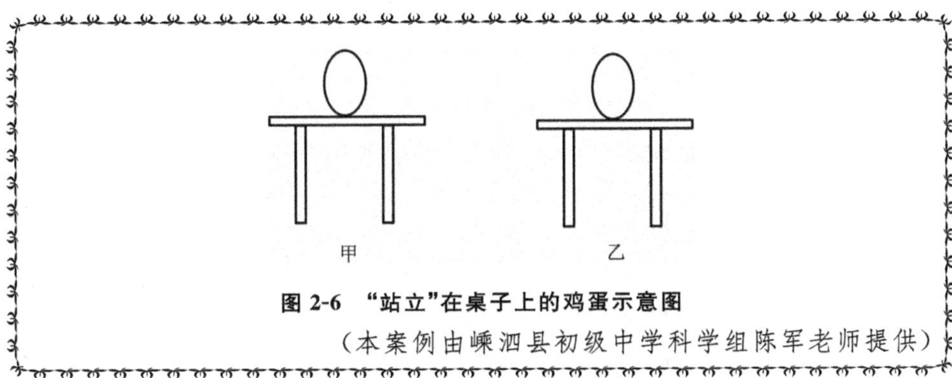

图 2-6 “站立”在桌子上的鸡蛋示意图

（本案例由嵊泗县初级中学科学组陈军老师提供）

教学案例片段二：先行预学——激活旧知，知识联结

“先行预学”指学习者根据学习目标，依据学习任务单，对学习内容进行先行自主学习，解决自己能够解决的基础性问题，提出自己的疑难或困惑。英语组在这个环节中一般采用创设真实的主题语境、搭建语言支架和链接新旧知识的方式，引导和组织学生预学，引发学生内在学习动机，为主问题解决做好铺设。一方面，学生将已有的知识背景作为与语言学习有关的一种资源加以开发利用，可以增加学生的熟悉感和自信心；另一方面，把学生的个人生活经历作为语言知识学习过程的媒介，能帮助学生更积极地认知和参与完成语言任务的活动，加深学生对学习内容的感受和体验，帮助学生建构其对语言架构、功能、语义及语用的完整认识。下面以人教版新目标英语七年级上册 Unit 8 任务驱动思维复习课为例。

案例 2-2　在课前任务单中设置两个小任务

【任务一】 Write down the school activities as many as possible.（尽可能多地写出本单元所学的学校活动。）

【任务二】 Talk about the activities in another way.（用其他不同的句型描述活动。）

【设计意图】 本环节为课前任务，主要目的在于让学生自主回忆相关的语言知识，唤醒学生的记忆，为学生在课堂上更好地参与学习做准备。学生用不同的句型对活动进行描述，是学生对句型结构的自主归纳和整理，是对任务一中所回顾的语言知识的进一步运用，是对重难点的梳理，也是为最后的写作输出做的进一步准备。

（本案例由嵊泗县初级中学英语组钱琰彦老师提供）

教学案例片段三：新知研学——任务驱动，评伴全程

“新知研学”是“五学”思维课堂任务单和学生学习的主阵地，这个环节的设计决定了一堂课的总体面貌，关系到整个学习任务的完成度。

根据教学评一致性，“教”“学”“评”必须达到高度一致，因此“教”和“学”必须紧紧围绕评价目标进行，“新知研学”整个环节更是如此，在这个环节中每个任务还要辅以嵌入式评价标准，以便对每个任务的完成度予以全程评价，从而让“教”和“学”的人能清晰认知自己在此过程中达到的程度。“教”和“学”必须紧紧围绕“评”进行，是“评价目标”的任务化、具体化。

案例 2-3 《驿路梨花》任务单“新知研学”环节的任务群设计

【任务一】 梳理内容、厘清顺序，分解为两个子任务如下：

1. 故事复述：

①根据“我”和老余的所见所闻，复述故事情节。

②按小茅屋修盖、维护的先后顺序，展现文中人物与小茅屋之间的故事，复述故事。

2. 小舟、小岱、小嵊展开了讨论：

小舟：小岱，我发现，阅读篇幅较长的文章可以运用“略读”的阅读策略，这样就能快速把握文章的主要内容，达到长文短读的效果。

小岱：小舟，你说得很有道理。通过同学们的复述，我也有发现。本文的线索是____________________。同时故事采用顺叙的记叙方式娓娓道来。

小嵊：小岱，我觉得文章的记叙方式应该是倒叙。

如果你是小舟，对于小岱和小嵊的争论怎么看？请阐述你的理由。

【评价目标】

1. 能运用略读的方式，掌握小说的主要故事情节。

2. 能联系旧知，探究学习本文综合运用顺叙、插叙、倒叙的叙述方法。

第一个子任务“故事复述”是评价目标1“能运用略读的方式，掌握小说的主要故事情节”的具体体现，同时也是对先行预学的检测，以双重视角对小说情节进行复述，还是思维从低到高的一次进阶，活动内容具有递进性。

第二个子任务针对评价目标2“能联系旧知，探究学习本文综合运用顺序、插叙、倒叙的叙述方法”创设情境任务，探究本文的线索和记叙顺序，制造认知冲突，引发学生内在学习动机。对小说记叙顺序的争论以及阐释看法这一活动任务的设置体现了审辩式思维的特质，有利于提升学生的思维品质。

【任务二】 写法探究设计成一个任务如下：

结合课文内容完成思维导图(见图2-7)。

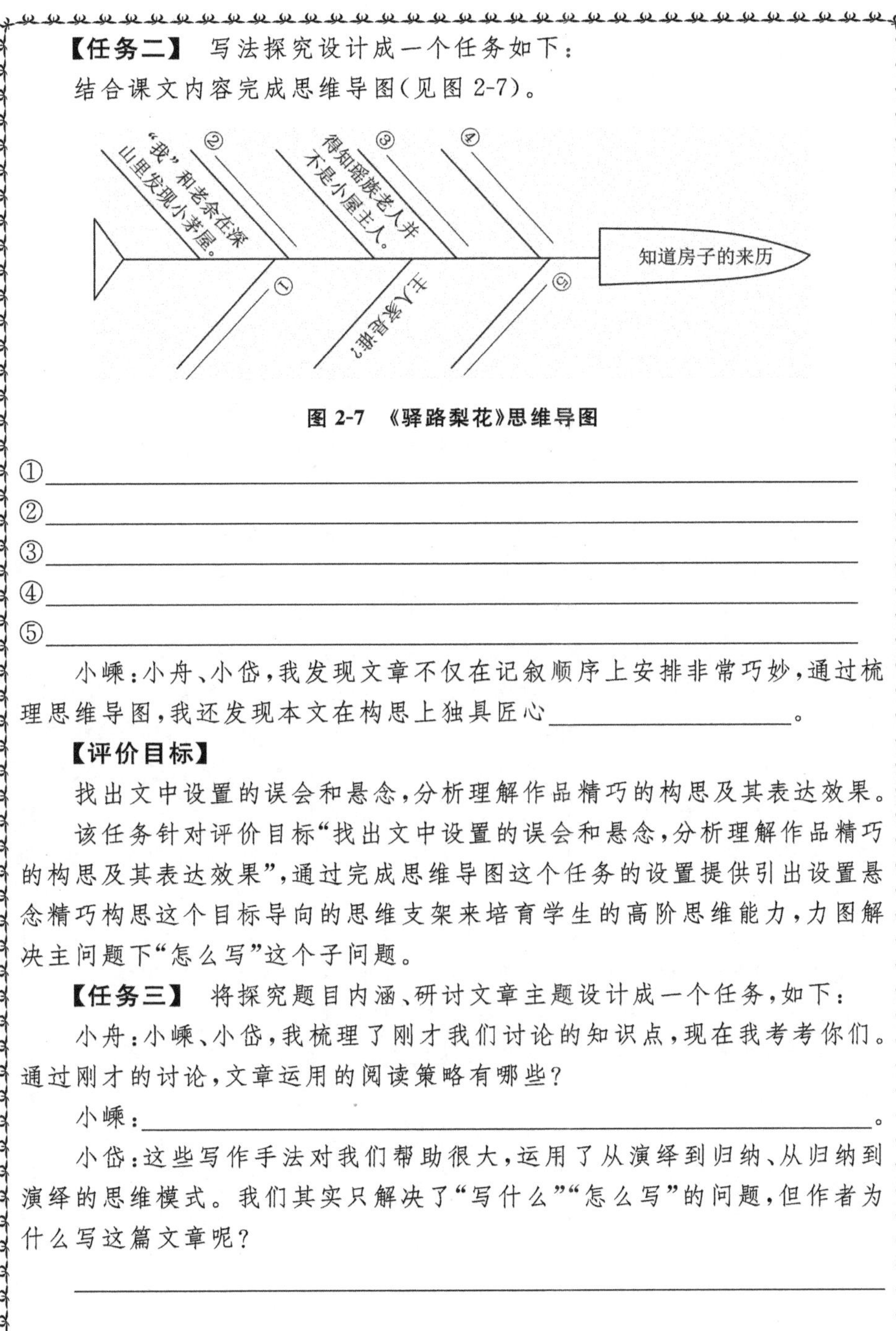

图2-7 《驿路梨花》思维导图

①____

②____

③____

④____

⑤____

小嵘：小舟、小岱，我发现文章不仅在记叙顺序上安排非常巧妙，通过梳理思维导图，我还发现本文在构思上独具匠心________________。

【评价目标】

找出文中设置的误会和悬念，分析理解作品精巧的构思及其表达效果。

该任务针对评价目标“找出文中设置的误会和悬念，分析理解作品精巧的构思及其表达效果”，通过完成思维导图这个任务的设置提供引出设置悬念精巧构思这个目标导向的思维支架来培育学生的高阶思维能力，力图解决主问题下“怎么写”这个子问题。

【任务三】 将探究题目内涵、研讨文章主题设计成一个任务，如下：

小舟：小嵘、小岱，我梳理了刚才我们讨论的知识点，现在我考考你们。通过刚才的讨论，文章运用的阅读策略有哪些?

小嵘：____。

小岱：这些写作手法对我们帮助很大，运用了从演绎到归纳、从归纳到演绎的思维模式。我们其实只解决了“写什么”“怎么写”的问题，但作者为什么写这篇文章呢?

____

【评价目标】

能结合内容探究小说题目的丰富内涵，从而感悟以梨花为代表的青年一代的优秀品质，弘扬助人为乐的雷锋精神。

该任务针对评价目标3“能结合内容探究小说题目的丰富内涵，从而感悟以梨花为代表的青年一代的优秀品质，弘扬助人为乐的雷锋精神”，以情景对话的方式力图解决主问题下“为什么写”这个子问题。

还比如《唐雎不辱使命》“五学”思维课堂任务单中“新知研学”环节设置了三个任务。任务一——我是大编剧。任务一分解为两个活动。活动1是“形式由我定”：根据知识卡片，结合课文内容，确定你的戏剧作品的形式。活动2是“剧本由我编”：根据剧本构思提纲，反复品味、揣摩人物情绪变化，想象人物说话时的神情与动作，可在作业本的基础上再添加。任务二——我是大导演。任务二分解为三个活动。活动1是“道具由我定”：围绕“唐雎要不要佩剑上殿”这个问题，同学们产生了争议，你的观点是什么？请简述理由。活动2是“演员由我选”：谁是你心目中的唐雎和秦王？你可以选择影视演员，也可以推荐班里的同学，并说明理由。活动3是“台词由我教”：一名优秀的演员除了要有精湛的演技外，台词功底也非常重要。为了让你选的演员快速走进人物，请你对演员的台词加以点拨，为所演的角色加分。任务三——我是大评委。任务三分解为两个活动。活动1是以剧本构思提纲为评价标准，小组内评选出优秀课本剧。课后排演，演员熟记台词，准备表演。活动2是表演组上台表演，评委组根据评价标准进行点评。所有这些任务都是为了实现三个评价目标：①能结合文下注解，忠于原作内容，根据剧本构思提纲改编课文；②通过品味台词，探微人物内心世界；③能够从语言、剧情、演员等角度评价戏剧，学会褒贬评价。这些任务和活动都是经过精心设计的，进而构成了一个完整的任务群、一条完整的任务链，完成这些任务和活动也就意味着达成了事先制订的评价目标。

可见，任务群或任务链的设置在动机上是为了实现评价目标的达成，在事实上也必须做到达成本课的评价目标，一切有利于达成目标的行为就要予以重点关照，一切不利于达成目标的行为则要加以修正乃至摒弃。这既是“教”的需要，也是“学”的需要，更是我们一切“教”和“学”的出发点和终结点。

（本案例由嵊泗县初级中学语文组朱孔飞老师提供）

教学案例片段四：迁移拓学——以“形”助“数”，思维进阶

数学课堂的“迁移拓学”是在教师的指导、点拨下，将课堂上学习的重点、难点，通过拓展迁移变式训练进行深化和内化，让学生形成初步的逻辑思维能力和空间观念，并将其运用于解决日常生活和生产中的实际问题，从而达到巩固知识、增强综合运用能力、激发学生潜力、拓展学生思维、提升学生技能的目的。以浙教版数学七年级下册第四章因式分解“利用等积变形进行因式分解”专题课为例。

案例 2-4　“利用等积变形进行因式分解”专题课变式训练

【任务】 根据课堂学习的经验，解决下列问题：

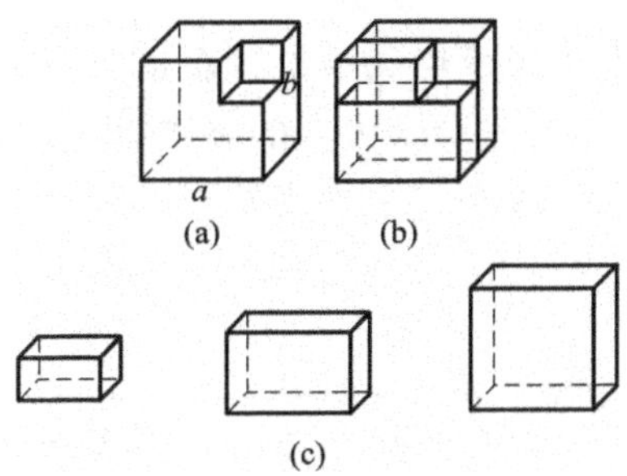

图 2-8　剩余的立体图形示意图

在一个边长为 a 的正方体中挖出一个边长为 b 的正方体，然后利用切割的方法把剩余的立体图形分成三部分，则这三部分长方体的体积依次为 $b^2(a-b)$，$ab(a-b)$，$a^2(a-b)$。

(1)分解因式：$a^2(a-b)+ab(a-b)+b^2(a-b)=$________。

(2)请用两种不同的方法求图 2-8(a)中的立体图形的体积(用含有 a、b 的代数式表示)：①________　②________。

思考：类比平方差公式，你能得到的等式为________。

(3)应用：利用在(2)中得到的等式进行因式分解：x^3-125。

师：用卡片拼平面图形能帮助我们将一些多项式因式分解。如果我们把平面图形拓展到立体图形，是否还有新的发现？

小组 5：图 2-8(c)的三个立体图形就是图 2-8(b)的分解图形，也就是说图 2-8(a)几何体的体积等于图 2-8(c)三个几何体体积之和。

小组 6：长方体与立方体图形的区别就是从平面图形到立体图形、从表示面积到表示体积，也就是等级变形中的等体积变形。

设计说明：学生在教师的指导、点拨之下，对重点、难点知识进行深化、内化、迁移和拓展，开阔视野，提升思维层次和思维品质。

设计意图：学生把提炼的方法经验进行提升运用，通过小组合作展示，构建“等积变形”的模型，加深对“数学结合”思想方法的理解，并进一步对其进行内化和运用，同时也促进思维进阶和思维发散。

教学说明：任务从平面纸片到立体图形，最大限度地发挥学生的主体作用，真正意义上让“数”“形”结合解决问题，让学生从“学会”走向“会学”。

（本案例由嵊泗县初级中学数学组苏洋老师提供）

教学案例片段五：反思结学——思维可视，知识建构

“反思结学”是学生在教师的引领下梳理各事件之间的联系，对所学知识与技能进行有效的总结，是学生对所学内容的高度提炼和自我产出。

在历史教学中，教师可以引导学生用多种方式进行课堂总结，比如，可以利用年代尺、历史事件关系图、知识树、思维导图等完善知识建构，这既是对课堂知识的总结，也是学生思维的展示，还有助于从知识碎片化过渡到知识整体建构。

案例 2-5　部编版历史八年级上册“从九一八事变到西安事变”

在本环节，教师以凝练的板书设计“合”字（见图 2-9）进行了课堂内容的有效总结。一是对本课中的重点事件进行有效的提炼，二是突出本课重点——“西安事变”这一历史事件的转折意义，三是将这节课最终的落脚点放在凸显民族危机严重的背景下国共走向联合上，既与认识近代中国国共关系的变化对中国革命的影响相契合，又能体现教学关键问题“评述历史人物、事件、现象，恰当说明他（它）们在历史进程中的作用”。通过这样具有深意的思维导图对本课的重点知识进行归纳，同时也为学生知识体系构建提供了范例。

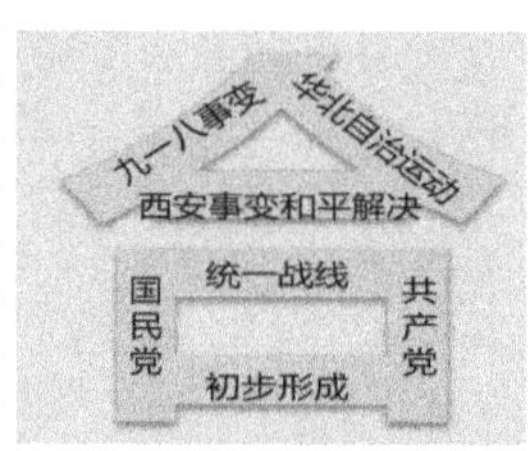

图 2-9　板书“合”字示意图

又如在学习部编版历史八年级下册“对外开放”一课时，学生四人小组共同完成了本课的反思结学。学生有效利用年代尺、地图进行总结，既有时间线上的对外开放的进程，又有地域上的对外开放的扩展，巧妙地从时间与空间两个角度诠释了对外开放（见图 2-10）。从中我们很欣喜地看到学生学会利用学科工具进行知识的梳理，学会从多角度进行知识的分析与总结，

将教材碎片化的叙述进行高效建构，这充分体现了反思结学的意义。

图 2-10 "对外开放"知识点总结

（本案例由嵊泗县初级中学社政组高翔老师提供）

第二节 "导·学互动"思维课堂的教学实施

一、"导·学互动"思维课堂概述

创新型人才的培养目标迫切要求在继承原有教育教学优势的基础上，着力培养学生的自主思维、审辩式思维和创新意识。在基础教育课程改革不断深入推进的今天，学生思维品质的提升、思维能力的发展是实现"五育并举"的重要基础性工程，也是促进学生核心素养落地达成的重要前提，这就对教师课堂教学方式的变革和学生学习方式的转变提出了新的要求。就海岛教学的现状来看，地域偏僻致使信息闭塞，部分教师观念落后，旧有的教学模式依然束缚着部分教师和学生的思想，其意识里仍然偏重于知识传授或者是教学技能的单向灌输。同时，学生结构相对复杂，以外来务工人员子女为主，他们无论是在综合素养还是在学业能力水平上都普遍偏弱。

为顺应这一社会趋势，促进师生学教方式的转变，实现学生的深度学习与深度思维，结合以"基于学生立场、体现学科本质、落实学科素养、促进深度学习"为核心理念的新一轮课改背景，积极探索基于学生学习方式转变、思维方式变革的"思维课堂"教学实践，促进教师教学理念和课堂教学样态的成功转型，"导·学互动"思维课堂教学模式应运而生。

思维是智力和能力的核心，思维活动是课堂教学中师生的核心活动。思维课堂以提升学生思维能力和品质为核心，促进学生学科思维的发展。它需要教师的"导"，更需要学生的"学"，唯有将思维课堂注入"互动"形式，才能变教为导、以导促学，才能让思维课堂从知识传递的“双基话语”转向自主建构的“思维话语”，从“课堂控制论”走向“课堂互动论”。

因此，“导·学互动”思维课堂是指在教师的引导下，通过师生之间、生生之间、文本与学生之间多形式、多渠道的交流对话、互相沟通，实现理解与欣赏的互补性、丰富性、深刻性和创新性，实现思维的相互融合、相互碰撞、相互升华，从而达到深度学习和深度思辨。

“导·学互动”思维课堂是一种以问题导学、变教为导、以导促学为主要特征的课堂样态。“导·学”是课堂教学的主线，“互动”是课堂教学的组织形式。“导”是前提，“学”是目的，“互动”是根本，三者合力，从而促进学生思维能力的提升和课堂实效的提高。

二、“导·学互动”思维课堂的教学模式和实施

“导·学互动”思维课堂以学生为中心构建课堂教学的基础，以激活学生的思维来凸显课堂教学的核心，以丰富的课堂活动作为提升思维品质的载体，实现问题导学与深度思维的统一、集体思维与个体思维的统一、教师研导与学生研学的统一。因此，确定“导·学互动”思维课堂可行的教学模式和系统的实施策略，从而拓展学生的学习与思维空间，提升学生的思维品质与培养学生的思维能力，形成有效的思维方法变得尤为重要。

(一)“导·学互动”思维课堂的教学模式

1. 基本思想

“导·学互动”思维课堂教学模式以胡卫平教授思维型教学理论为基础，着眼于课堂教学中学生的积极思维和核心素养的发展，以提高学生思维品质为核心，以让学生的学习真正发生为目的，关注学生的学习状态和生命状态，注重学生的自学、对学和群学，通过学生独立思考、小组讨论（合作探究）、展示互动等方式，问题导学、变教为导、以导促学，从而促进学生思维能力和学科核心素养的发展，形成了“导·学互动”思维课堂基本流程与活动支架（见图 2-11）。

2. 基本教学模式

(1)感知启思，目标导学（6 分钟）。

①感知启思（5 分钟）。课堂导入，根据教学需要进行情景启思、问题启思、复习启思，通过多种形式的启思情境创设、目标引导，来激励、唤醒、鼓舞学生，开启起始思维兴奋中心，定调课堂思维环境，为后面深度思维做好铺垫。

②出示学习目标（1 分钟）。出示学习目标就是要明确告诉学生学什么（内容）、怎么学（方法）、达成什么具体目标（结果）。

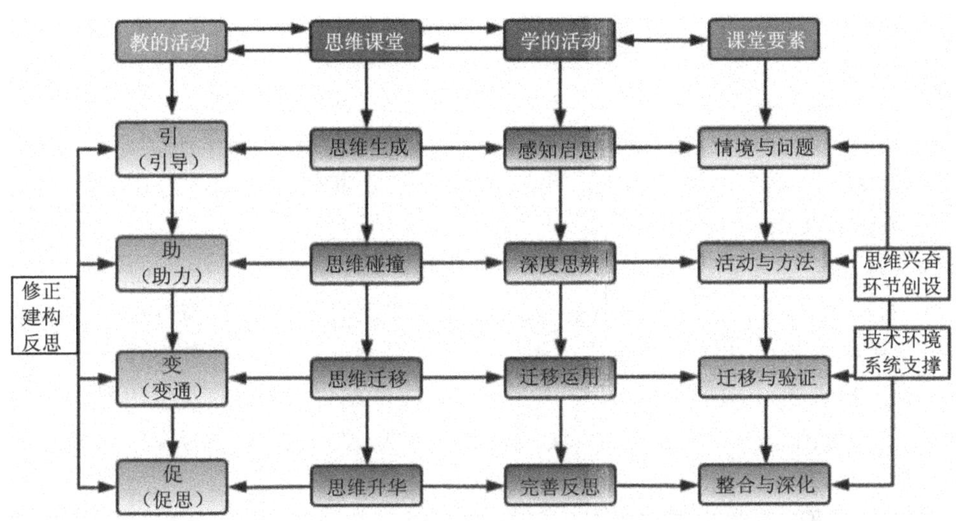

图 2-11 “导·学互动”思维课堂基本流程与活动支架

有效、简洁地导入新课，准确展示学习目标，引导学生明确本节课所学内容的具体目标，从而指导学生结合自我学情进行学习目标预设，这是一节课学生思维的起点，也是学生在本节课中开启深度思维的钥匙。

(2)深度思辨，过程导学(20 分钟)。

此环节包括独立思考、合作探究、展示互动三部分。

①独立思考(3 分钟)。围绕教学内容让学生以助学单为抓手、以问题为主线，进行独立自主学习。教师要高度关注每一个学生的思维状态，对个别学生尤其是学困生进行思维点拨，发现共性问题，作为下一步教学、集体研讨的重点。要给予学生一定的独立思考时间，也可根据课堂实际对独立思考时间进行调整。

②合作探究(6～10 分钟)。合作探究包括“对学”和“组学”。“对学”即同桌互学帮扶，“组学”即小组合作学习。在这一过程中，教师要以“核心问题”或“任务驱动”为引领开展小组合作学习，提供必要的思维支架，清楚小组合作学习的内容、要求说明，认真关注并适度参与小组合作学习，做好必要指点，对小组合作学习中的问题要跟踪追问。

③展示互动(7～11 分钟)。教师引导学生交流展示，学生个人或学习合作小组回顾讨论情况，通过小组发言、表述、演说、辩论、实验操作、类推论证、上台解答等形式，鼓励学生人人参与课堂展示，大胆展示合作探究的成果。同时，在学生进行小组展示时引导学生相互纠错，利用补充讲、更正讲、点评讲、总结讲等形式实现生生互动、师生互动。

在“深度思辨，过程导学”环节中，教师要基于问题导学和学生思维的差异性，在核心问题引领下，以不同性质的问题链为载体，通过多维对话、操作、交流的形式，形成二次思维兴奋中心，实现师生或生生思维互动、情感互动和行为互动；使学生在对话中深化理解，在争鸣中提升能力，在比较中学会反思，在碰撞中内化动力。要根据教学内容、学情、课堂走势认真调控时间的分配，关注“活动与方法的支持”。

(3)迁移应用，拓展导学(10 分钟)。

本环节是将学生经过思维碰撞后形成的知识、能力、方法等方面的学习成果，运用到其他情景的问题解决中去。通过加条件、减条件、换条件等方式设计变式题、拓展题，让学生举一反三、灵活应用，在新条件、新情景下应用所学的知识方法进行拓展导学解决问题，使总结出来的规律方法在“再实践”中得以应用，并上升为“再认识”。

“为迁移而教”“为迁移而学”，迁移应用要注意层次性，对不同的学生提出不同的要求，既要查漏补缺又要拓展延伸。为不同层次的学生创设发现问题、完善自我、展示才能的机会，要注重知识、方法间的渗透与迁移，形成三次思维兴奋中心。

(4)整理构建，反思导学(4 分钟)。

学生根据所学内容，进行知识的整理归纳，完成知识和能力建构，重点突出不同思维方法的对比感悟，促进思维升华，包括围绕“过程方法、思维策略、情感体验、经验教训”等思维层面的经验提炼，以及围绕“教学的重点、难点和关键点”等知识层面的总结反思，实现对知识的整理，对问题解决思路、方法、技巧、规律等的整理，完成自我整合。

(二)“导·学互动”思维课堂的实施

1. 以生为本，了解思维基础

(1)以生为本，构建“导·学互动”思维课堂的认知基点。

学生的学习现状是课堂教学的起点，包括已有知识与生活经验、现阶段身心发展水平等，所有课堂教学活动的设计与开展都要以此为依据。同时，学生的思维活动是课堂教学的核心内容，思维目标的预设与生成、思维产品的内化与展示、思维策略的反思与评价等都需要以学生的实际能力与水平为依据。

(2)以生为本，形成“导·学互动”思维课堂教学观念。

教学过程中，教师从课堂的“组织者”“协作者”变为学生“生命的呵护人”，需要无条件地积极关注学生；教学过程全纳学生，促进个性化学习；激活个性思维，营造人人参与合作、人人得到展示、人人获得指引的课堂学习氛围。教师为每一位学生个性化的学习和成长而努力，体现着课堂的人文归宿和教育的最终价值。

2. 营造氛围，创设思维环境

根据思维结构模型，建立积极思维的前提条件是具有良好的思维环境。课堂上，学生只有放下心理戒备，在愉快放松的思维环境中才能最大限度地发挥思维的潜能，而这种思维环境的创设需要教师确立民主型的管理方式和教学方式，平等地对待每一位学生，鼓励学生敢于标新立异、敢于挑战权威，积极营造鼓励学生质疑的课堂氛围。

3. 多元激发，培育思维核心

如何激活学生的思维，使学生积极的思维活动贯穿整个课堂教学过程，提高课堂思维效率，是课堂教学研究的一个重要方面。根据"导·学互动"思维课堂教学中的一个原则，建立"优势思维兴奋中心"(兴奋岛)，使其成为一节课中集中学生注意力、激发学生学习兴趣和积极思维活动的"中转站"和"加油站"，并利用其辐射作用，将学生的兴奋和积极的思维活动贯穿课堂教学过程，故称之为"场"效应。

教师可以从目标、情境、探究、兴趣、问题等方面建立优势思维兴奋中心，创设良好的思维环境，形成学生的思维场，从而激发活化学生的思维(见图 2-12)。因此，通过有效激发策略的运用，使每一节课都有吸引学生的地方，有学生感到惊奇的地方，更要有学生感到难忘的地方。

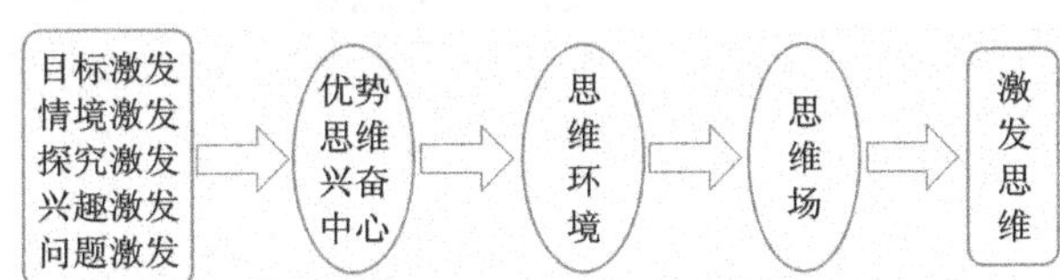

图 2-12 "导·学互动"思维课堂多元激发场域图

4. 问题导学，提升思维效度

问题是思维的发动机，问题导学是"导·学互动"思维课堂的重要载体，提高思维效度的关键是引发学生的深层次思考。这就需要"内容问题化，问题思维化"，要围绕重点、难点和疑点设计核心问题以及解决核心问题所必须的问题环或问题链。让学生在学中问、在问中思、在思中动，多用高认知的问题引发学生的深度思维，提升思维效度。

5. 课堂革新，凸显六个要素

在教学模式框架的参照下，"导·学互动"思维课堂的实施与推进，还需要有操作的"抓手"。围绕"有情境、有问题、有活动、有方法、有深度、有验证"六个操作要素,让教师对“导·学互动”思维课堂的认识从模式理念跨越到实际操作。“有情境”强调思维需要在一定的环境中进行,引导教师创设思维情境,引领学生在情境中有效思考,生成思维;“有问题”强调要设计一个有思维含量的好问题,以此激发学生思考;“有活动”强调作为思维载体的活动,要避免活动有余、思维不足,明确活动的思维目标;“有方法”“有深度”强调思维方法策略的引导以及对思维活动的要求;“有验证”强调教师对思维活动的目标达成情况进行监控、验证,形成有效的评价反馈办法。

“导·学互动”思维课堂教学是一种教学模式,但教师应关注的并非仅模式本身,而是模式背后教师对教学理念乃至育人思想等教学观念的把握。当然,作为一种模式创新,“导·学互动”思维课堂教学还需要在教学实践中不断完善。

三、“导·学互动”思维课堂教学案例

在“导·学互动”思维课堂教学实践中,首先应为学生创设良好的思维环境,同时不仅要强调教师的“导”,更要关注学生的“学”,注重引导学生利用知识、技能、方法的迁移去解决问题,从而培养学生的思维。接下来将从以下教学案例中进一步明晰“导·学互动”在各学科中的实践应用。

(一)“导·学互动”的语文口语交际课的教学设计

思维是人类特有的理解和解决问题的有目的的活动,而“导·学互动”思维课堂是以问题导学,在教师的引导下发展学生思维,促进学生全面而充分成长的课堂。因此在进行教学设计时,教师应积极寻求学生思维的创设与训练。让传统课堂的“育知”向“培思”改变,改变受困于标准模式而“千篇一律”的教学现状。

下面以小学语文四年级上册口语交际“说说历史人物故事”的教学设计为例,结合思维课堂的“导·学互动”模式的“引、助、变、促”四个方面来谈谈如何设计教学过程以有效落实学生思维的培养。

案例 2-6　小学语文四年级上册口语交际“说说历史人物故事”的教学设计

1. 教学目标。

明确教师的教学目标设定必须“基于课程标准,清晰可测,指向明确,可操作性强,必须体现思维目标,如通过什么方式学习什么,理解或会做什么,提高或体会什么”。因此,本节课设定的教学目标如下:

(1)能够借助“故事卡片”提示故事内容,讲清楚自己喜欢的历史人物故事,不遗漏故事的重要信息。

(2)根据故事内容,使用恰当的语气和肢体语言,把故事讲生动。

(3)感受中国古人的智慧与品质,为自己是中国人感到自豪。

当然,在教学过程中,教师要时时把控课堂教学节奏,根据学生的实际学习情况及时调整教学目标。

2. 实施过程。

(1)引:猜故事人物,明主题。

①看图猜一猜。根据插图,猜猜故事的题目和主人公,还能猜到什么?

②揭题:这节口语交际课,我们就来开一个故事会,请选择一个你最喜欢的历史人物故事,讲给同学听。

③勾连旧知。回顾三年级时候的课程要求。

在此环节中,教师根据学生的生活或学习经验设计了猜故事的游戏,充分调动了学生的学习热情。同时,在开一个“故事会”的真实情境下,教师能够根据学生的反馈通过提示帮助学生将新知与旧知进行联系,让学生对学习内容的掌握程度呈螺旋式上升,有助于学生在教师的引导下启发思维。

(2)助:解难点,定对策。

①交流讲故事需要做的准备。

②齐心协力,商议对策。

学习任务一:思考哪些属于重要信息,小卡片上可以写哪些信息。

小提示:小卡片上的内容不宜太多,排版要合理,形式可以多样。

学习任务二:制作卡片。为自己要讲的故事制作一张小卡片。

交流故事讲生动的窍门和对故事的评价。

要求:观看视频,学习方法。学生交流评价或建议。

评价:“点赞卡”(见表2-2)的高效“投入使用”。

表2-2 “点赞卡”评价表

评价内容	星级
讲述清楚、完整,表达流畅	☆
语气、语速恰当,动作、表情自然	☆
恰当使用卡片	☆
能做必要的补充说明	☆

在此环节中,教师在课堂伊始通过随机采访学生,拉近了与学生之间的距离,同时卸下了学生在口语交际课中的心理防备,又聚焦本课的重难点“你最担心的问题是什么?”经过多次的课堂实践,很多学生都会回答:不敢在同学面前讲故事,感到害羞或害怕忘记故事内容等。接着,教师就抓住这

个问题通过多个任务驱动，在师生的共同努力下让学生掌握建立概念、探究规律、获取知识、分析问题、解决问题的方法。

这样的教学设计就充分利用了问题导学策略，基于学生思维的差异性，以师生对话、生生对话的形式，达成多维的思维互动、情感互动和行为互动，并引发学生的认知冲突，从而顺理成章地让学生明确本次学习活动的目标，激发学生积极主动地思考。同时，教师重点关注思维过程，优化思维方法。本节课中，教师重视学生的“模仿—内化—创生”的过程，重视观察方法，从而让学生掌握表象转换、想象、联想等形象思维方法和发散思维、类比思维、迁移思维、头脑风暴等创造性思维方法。

(3)变：讲故事，互评议。

学习任务三：小组合作学习，讲历史人物故事。即“故事会”比赛，选手参赛，评委评议。

在此环节中，首先，教师通过小组合作任务，营造人人参与的学习氛围。接着，通过创设“故事会”比赛这一真实情境，让学生通过扮演讲故事的参赛选手或是评委，将本节课的“如何讲好故事”“如何评价一个故事”等学习成果，在“讲好历史人物故事”“评议故事”的真实情境中进行迁移运用。这样的学习活动，不仅增加了学习者的学习趣味与积极性，更是让“参赛选手”与“评委”的思维有路可走、有理可循、有据可依，即作为学习支架辅助学生思维能力提升的训练，促进提升，让每个人在学习过程中都将获得各自的成长。

(4)促：谈收获，勤反思。

学习任务四：学生说说获奖感言；推荐《中国历史人物故事》。

本环节，通过学习任务，围绕学习过程、思维策略、情感体验、经验教训等进行知识或经验提炼，充分调动了学生的思维。在还原思维过程的前提下重视师生的反思，从而达到本节课的既定教学目标，反映了思维活动的自觉性、有意性、方向性和能动性，并促使学生思维升华。

教学设计是课堂教学活动的蓝图，是落实有效教与学的“过程”与“程序”，只有课前精心预设，才有可能在课堂上实现精彩的生成。因此，教师应尊重学生“自我发现”“自我建构”“自由表达”的过程，在教学过程中通过情境创设来消除学生对于文本的陌生感，通过问题的提出捕捉学生认知的冲突感，在具体探究过程中寻求课堂张力，在课堂的完成阶段能提升学生的获得感，真正培养学生的成长型思维，使他们具备学习的能力与接受挑战的勇气。

(本案例由嵊泗县嵊山镇小学刘芯言老师提供)

(二)“导·学互动”的数学课堂中的审辩式思维的培养

《中庸》有言:“博学之,审问之,慎思之,明辨之,笃行之。”其中“审问”“慎思”“明辨”要求独立思考,提出疑问,并且思要“慎”、辨要“明”,与如今提倡的审辩式思维不谋而合。

因此,基于以“一中心、二主线、三原则、四结构”为主要特征的“导·学互动”的教学课堂模式,在“学的活动”和“教的活动”两主线引导下,以学科思维发展为导向,培养学生善于提问、乐于思考、勇于表达、勤于反思的能力,有效引导学生经历思维活动的全过程,从而拓展学生认识和思考的深度和广度,促进学生审辩式思维能力的发展。

现在就从四个环节说说如何培养学生的审辩式思维。

案例 2-7 从四个环节说说如何培养学生的审辩式思维

1. 感知启思,培养学生善于提问的思维品质。

创设有效的问题情境,让学生能根据具体的情境,获得信息,提出有价值的数学问题,是培养学生问题意识,使其学会提问题、提高数学学习能力的关键。因此,教师要根据学生的发展特性,想方设法地创设有效的系列情境,并将其作为探索新知的思维材料,以不同形式刺激学生与问题对话,强化学生对问题的观察、思维、记忆,从而让学生充分地思考、质疑、提问。

例如:在教学小学数学一年级“找规律 1”这一课时,教师首先告诉学生玩一个好玩的数学游戏,是考验记忆力的,规则是给 10 秒钟的时间让男生记第一行,女生记第二行,来比一比谁记得快。所有的学生都跃跃欲试,显得十分有信心。教师出示如图 2-13 所示的两组数,10 秒钟后,结果是女生赢了,男生直呼不公平。于是教师立即问道:“为什么不公平呢?”学生们马上答道:“因为第二组有规律。”于是,教师就问学生:“你们对规律有什么好奇的地方吗?”在教师的鼓励下,学生提出了如下三个问题:“什么是规律?”“找规律怎么找?”“我们为什么要找规律?”在问题的引领下,学生都非常主动地去思考、探究,整节课氛围都比较活跃。

1 2 3 2 3 1 3 1 2 3 2 1

1 2 3 1 2 3 1 2 3 1 2 3

图 2-13 找规律

2. 深度思辨,培养学生乐于思辨的思维品质。

教师首先要明确自己是“助学者”而非“主导者”,要让学生用自己的眼睛去看，要给出足够的时间让学生用自己的脑子去独立思考，有理有据地表达自己想表达的观点。让学生能在交流中获取知识，在对话中深化理解，在比较中学会反思，实现师生或生生思维互动和行为互动。

例如：在教学“两位数减两位数(退位减法)”这一课时，在利用竖式解决“51－38＝”这个问题时，学生先尝试独立思考再进行小组合作探究，最终出现了四种方法(见表 2-3)。这是课前没有预设到的，但是这表明学生的思维火花正在燃起，于是教师紧紧抓住了此次课堂生成，添柴加薪，期望让“火”旺起来。

首先，让学生来阐释自己是怎么做的、为什么这样做。其他同学对于看不懂的地方可以提问，对于自己觉得不合理的地方可以质疑。在学生你一言我一语的说明、质疑、解惑中，学生一致认为四种方法都说得通。此时，就有同学提出了疑问，我们要使用哪一种方法呢？无论使用哪一种方法都可以吗？最后，学生对四种方法做了进一步的比较，在不断辨析中，全班最终认为第四种方法更为简便合理。

表 2-3 “两位数减两位数(退位减法)”思维方法呈现

图例	学生自己阐述理由	不选择/选择的理由
51 －38 11 －8 3	我用的是爬楼梯的方法，1－8 不够减，向十位借 1，写成 11－8 个位得到 3，十位就变成了 4，4－3＝1，直接在十位上写 1，答案是 13	1. 书写不够方便。 2. 算十位的时候容易忘记退位
51 －$3_1$8 13	我也是 1－8 不够减向十位借 1，和加法一样写上小标 1 表示向十位借 1，然后算 11－8＝3，个位写上 3，然后 5 被借走 1 变成 4，4－3＝1，直接在个位写 1	容易和加法搞混，减法算着算着有可能会算成加法
411 －38 13	我用 1－8 不够减，向十位借 1，1 就变成了 11 把它写在个位，十位就变成 4，然后 11－8＝3 写在个位，4－3＝1 写在十位	如果不写横式，会让人觉得可能在算 411－38 或者 411－380，容易产生误解
· 51 －38 13	我的方法和上一位同学一样，就是我的退位是用一个小标来表示的，我觉得这样不会和加法搞混	选择它的理由： 书写方便、简单，与加法有所区别

在这样的学习氛围中，学生兴趣盎然，觉得数学真是有趣极了。同时，在教师的引导和鼓励下，学生能够大胆地表达自己的观点、质疑、说理、辨析，学生的思辨能力得到了培养。

3.迁移应用,培养学生勇于创新的思维品质。

知识、方法的应用迁移,对学生加深知识理解、提升思维能力都具有重要的作用。迁移可以建构新知识、解决新问题、产生新思想,不难看出迁移本身是一种创造性的思维方式。培养创造性思维,就是让学生掌握对比思维、重组思维、发展思维等创造性思维的基本方法。

例如:在此环节经常会运用到以下题型(一题多解、一题多问、多题归一等)(见表 2-4),抓住知识、方法间的渗透与迁移,教给学生灵活解决问题的方法。

表 2-4　知识、方法渗透与迁移例表

一题多解	一题多问	多题归一
车上原来有 35 人,下车了 10 人,上车了 12 人,现在有多少人? ★1 种方法 ★★2 种方法 ★★★3 种方法	3 名同学坐成一排合影,有多少种排法? 变式: ①如果 3 名同学任选 2 名拍照,最终产生的照片有几种呈现形式? ②如果 3 名同学任选 2 名拍照,有几种选法?	请先判断谁多,在多的量下画横线,并解决问题。 ①红花有 15 朵,红花比黄花少 7 朵,黄花有多少朵? ②红花有 15 朵,黄花比红花多 7 朵,黄花有多少朵? ③女生有 20 人,男生比女生多 10 人,男生有几人? ④女生有 20 人,女生比男生少 10 人,男生有几人? 我的结论:________________

4.完善反思,培养学生勤于反思的思维品质。

美国哲学家杜威曾说:“我们不是从经验中学习,而是从回顾自己的经历中学习。”事实证明,很多东西都是从反思中得来的,因此,教学中应该进一步完善认知,拓展延伸,重点突出思维方法的对比感悟,促进思维升华。

本学期学生多次通过绘制思维导图进行单元知识的复习(见图 2-14),在绘制的过程中学生查漏补缺,厘清了本单元的知识脉络以及思维策略等。在这一环节学生自我整合,“凝练反思”,关注到自己的思维变化的路径,进一步构建全面、系统的知识结构。

培养学生的审辩式思维不是一蹴而就的。教师要把课堂还给学生,保护学生的个性和创造力,让学生多问、多想、多说、多反思,让学生的思维真正地动起来,让课堂有“活力”,这样才能达到发展学生的审辩式思维的目的,才能够使学生有机会成为创新型人才。要培养学生的审辩式思维,首先教师自身需要培养审辩式思维并进行内化。因此,教师应该不断学习理论知识,再实践、反思,由己及生学习并培养审辩式思维。

图 2-14 借助思维导图进行知识整理

（本案例由嵊泗县嵊山镇小学陈孔玲老师提供）

(三)“导·学互动”的体育课堂中的思维情境设计

在“导·学互动”体育思维课堂中，教师应充分发展学生的思维能力，挖掘学生的思维潜能，从而提升课堂实效。因此，教师首先需要设置明确、具体、可操作、有层次、有弹性、有思维性的目标，并通过在感知启思、深度思辨、迁移应用、完善反思等教学环节中创设有效的思维情境，引导学生开展从易到难的学练，在边练边思中获得相关的学习和应用能力，从而达到解决实际问题的目的。

那么在体育教学中应如何创设有效的思维情境呢？

案例 2-8 在体育教学中创设有效思维情境的途径

1. 创造良好的课堂氛围，培养学生思维的兴趣。

有句话说得好：兴趣是最好的老师。试想一下，一个学生，如果他的思维得到老师肯定，获得成功，那他会多么高兴呢？在体育练习和锻炼中，必然形成师生共享成功的喜悦，老师为学生的思维而高兴，学生为思维的灼见而兴奋，慢慢地，学生就会从感到新奇到获得成功再到发展为兴趣。而当学生有了学习中思维的兴趣，那么他们的积极性就会越来越高，久而久之，就培养了学生思维的志趣，每当练习新的项目时，就不是等待听老师的“高见”而是先自己主动地去思考钻研，逐渐地，学生就摆脱了一味等待老师教的模式，打破僵化的思维模式，在体育练习中冲破刻板和呆滞，力求灵活和鲜明。

2. 设置有效问题情境，引导学生思维生成。

“立定跳远的动作方法”教学片段：

师：小朋友们，我们现在开始练习原地双脚起跳，双脚落地，每人练习5次。

学生开始练习，5次后结束。

师：刚才在跳的过程当中，我们怎么样可以跳得更高？

生：在跳起来的时候，双脚收起来。

生：用力地踩地，使劲往上跳。

师：同学们，接下来我们再练习5次，这次我们想一想在跳的时候，我们的两只手在干什么。

学生自主练习，5次后结束。

师：现在哪个同学来说一说，在跳的过程当中，我们的双手在干什么？

生：前后摆动。

生：上下摆动。

在这个教学片段中，不难发现教师没有对学生的回答进行及时回应，教师没有起到“导”的作用，学生没有达到“学”的目的，这样是不利于学生思维发展的。教师在向学生提问的过程中，即使没有得到自己想要的相关答案，也应该对学生思考后得到的答案进行及时的、相应的评价，并且要肯定学生的思考能力，并积极引导学生寻求解决问题的方法，从而使其掌握思维的方法，感受学习带来的乐趣和成功体验。

3. 设计有效合理的内容，挖掘学生的思维潜能。

依据课程标准，设计对接核心素养的审美能力与创造力培养的学习目标，体现大概念或单元化教学，目标体现审美能力与创造力的培养，重点内容教学能主动建立嵌入评价任务的教学行动，体现促进学习力的激励作用。教师应选取生活、文化等情境有效激发学生的兴趣和思维，并积极生发任务或问题，以任务或问题导学，让学习过程引发认知冲突与思辨，提升学习力，在了解学生基础的同时指明学习的重点；激发学习动机，促进课堂互动，明确合作交流的任务与分工，能用清晰的指令指导学生在自主探究的基础上进行合作学习。把握学情，合理调控课堂节奏，合理分配探究、完成作业、展示等的时间，发挥教师的示范作用，帮助学生在观察中形成思维能力，梳理基本表现方法，形成审美学习的规律；及时对学生的学习或合作质量做出评价，体现学生展示的主体地位，多元化评价的方式运用适当、有效，学生的知识和技能目标达成度较高，审美情趣在原有基础上得以提高，达到知识与方法的应用和转移。

4. 安排课外活动与指导，选择思维发展的“爆发点”。

①寻找素材：在“双减”政策与“教会、勤练、常赛”要求下，从实际出发，结合课堂教学内容，因地制宜，充分利用教学网站、远程教育课程等，提高资源的课堂使用价值。

②活动开发：发挥海岛优势，强化学校特色，开发校园个性化的体育赛事、大课间活动与课外体育锻炼活动，发挥课外体育锻炼的功能与价值优势，切实减轻学生课业负担。

③教体融合：根据教育与体育部门竞赛计划，结合学校情况，教师精心选取与教学内容关联度高的、学生喜闻乐见的体育业训计划，并作适当的改编与整合，让学生更好地训练和参赛。

因此，在教学中创设良好的思维情境，发挥其调节、导向、动力等作用，让学生通过观察、评价、讨论形成积极思维，是培养学生的思维能力的有效途径。

（本案例由嵊泗县嵊山镇小学林超老师提供）

从思维型教学理论到“导·学互动”思维课堂教学实践，教师们经历了理念改变，从关注知识技能到关注思维发展，从关注能力提升到关注素养形成，从关注理念理解到关注理念实践。同时，学生也从单一的单向学习向合作、多维的学习方式转变，提升了知识技能方法的迁移能力和高阶思维能力，从而引领课改向纵深推进。

第三节　“深度学习”思维课堂的教学实施

为进一步深化课堂变革研究，提升和丰富课堂教学品质和内涵，改善教与学关系，融合任务驱动和深度学习，立足常态课堂，尝试以“深度学习·思维课堂”拉动区域整体教学改革，提出了“深度学习”思维课堂的概念。这是一种基于学校教育教学本质内涵提升的选择，要求学校从深度学习的视角重新认识学习的本质，课堂重建是实施“深度学习·思维课堂”的中心目标。以促进学科思维的发展和学科思想的建立为追求，在“学为中心”的生本课堂实践操作层面找到方向。

发展学生的学科核心素养，关键是要走出“知识理解”的教学围栏，由“知识理解”向“知识迁移”过渡，再向“知识创新”提升。“知识迁移”的核心是“过程与方法”，“知识创新”的核心是学科思维与学科思想。要实现这些目标，需要关注课堂上学生是否有主动学习的意愿，是否真正开展了高质量的认知和思维活动。

通过对课堂教学活动进行调查研究,我们发现目前的课堂教学活动存在学习任务缺乏指向高阶思维的问题设计、课堂教学教师"扶持"过度、教研分离课后反思与研讨深度不够等问题。我们认识到深度学习既是作为一种先进的学习理念指导课堂变革,也是课堂教学变革的终极目标,即实现学生的深度学习;思维课堂既是课堂教学变革的主张,也是实现深度学习的实践路径。因此,教师应该思考深度学习的理念如何在思维课堂上得以体现,思维课堂又应如何落实学生的深度学习方式。要回答这两个问题,就必然要追问深度学习的内涵是什么,思维课堂的本质是什么。

一、"深度学习"思维课堂的概述

(一)深度学习的内涵

深度学习也称深层次学习,由弗伦斯·马顿(Ference Marton)和罗杰·萨尔乔(Roger Saljo)在1976年首次提出。美国威廉和弗洛拉·休利特基金会认为,深度学习是学生胜任21世纪工作和公民生活必须具备的能力,包括掌握核心学科知识、批判性思维和复杂问题解决、团队协作、有效沟通、学会学习、学习毅力六个维度的基本能力。

近年来,深度学习的意蕴日益丰富,已成为教育改革中的热词,被视为培育学生核心素养的重要实践路径。国家新课程改革提出聚焦思维,实现对学生思维的精细化训练。可见,发展核心素养,构建思维课堂,是当前基础教育课程改革的需求。"中国学生发展核心素养"课题组组长林崇德教授认为,核心素养框架下各项内容都强调发展思维能力的重要性。思维品质的训练是发展学生智力与能力的突破口,是各项核心素养落地的关键。

基于深度学习的思维课堂,是以促进学生思维能力发展为核心目标的新型课堂形态,它通过深层次的问题,活化知识,发展思维。教师通过创设情境与任务,引导学生提出问题、分析问题,并通过自主探究、合作交流开展深度学习,从而解决问题,在掌握知识的同时建立学科思想,最后通过归纳与拓展,进阶思维升华,所以我们认为"深度学习"思维课堂教学应是"扶放有度"的课堂教学。

(二)深度学习的要素

深度学习研究的兴起,是人们回应优质教育理念对基础教育发展要求的结果。2005年,上海师范大学的黎加厚教授对深度学习作出了清晰的界定,即深度学习是在理解的基础上,学习者能够批判性地学习新思想和事实,并将它们融入原有的认知结构中,能够在众多思想间进行联系,并能够将已有的知识迁移到新的情境中，作出决策和解决问题的学习。目前，这个定义得到了广泛认可。深度学习的理念旨在改变学生低效学习的现象，强调学生在知识和技能的学习和探索中，一步步达成理解、批判、整合、迁移，让学生产生高层次的思维。

为此，可以把深度学习分解为理解学习（强调学生在学习过程中展开积极的沟通合作，在此基础上达成个性化的理解）、批判学习（学生能够批判性地学习新知识和新思想，包括合乎逻辑的论证观点，善于提出新问题，并对他人观点提出疑问和猜想）、整合学习（包括新旧知识的整合和信息的整合，它提倡将所学的新知识与已有的概念、原理联系起来，整合到原有的认知结构中，并把新知识与个人的生活经验进行联结）和迁移学习（即将所学知识迁移到新的情境中，作出决策和解决问题的学习，即举一反三）四要素的学习。深度学习的四个要素是循序渐进的，每一个阶段的学习都是在前一个阶段学习的基础上内化和迁移的，是一种递进式学习方式。

（三）思维课堂的本质

思维课堂是以突出发展学生思维能力为宗旨，以培养学生思维层级发展为主线，激发学生的思维动机，发挥学生潜能，让学生在具体的情境中体验、感悟、经历思维的过程，进行有效的思维活动，实现深度学习，形成探究性、生成性、发展性的课堂。

在课堂上的思维过程，即大脑对信息内容进行接收、加工、保存、传递，在接受信息的同时激活学生原有的知识结构和个人经历，从而进行加工筛选。学生在知识获取过程中，会有理解性思维—批判性思维—开放性思维—迁移性思维这样一个层级变化。理解性思维侧重于培养学生深入地、逻辑清晰地思考问题的能力，帮助学生理解知识的深层内涵；批判性思维要求学生敢于质疑，要求教师通过训练提高学生的思维批判能力，即学生将自己的经历、已有的知识与文本中的内容联系起来，对信息进行筛选、分析、解释、评价等，然后拥有自己独特的理解；开放性思维强调启发拓展，提高思维的开放性，即学生能够激活与之相应的知识图示，进行系统、全面的思维；迁移性思维关注多重变式，通过转换角度、变换条件得出不同结论为学生注入灵活思维的活力。这四个层级发展与深度学习的四个要素是一一对应的关系，与深度学习的内涵不谋而合。

综上所述，建构指向深度学习的思维课堂，是指以问题为课堂教学核心引导学生深度思考，形成展示性、体验性和交互性的问题研究课堂。思维课堂的设计理念为“知识问题化—问题思维化—思维迁移化”。

（1）知识问题化：教师根据课程标准和对课本知识内容的理解，深入分析学生现有的知识基础以及最近发展区，设计富有思维化且有生活气息的问题情境,形成自主探究的知识主题,推动学生以自学或者合作学习的方式探究、实验、解决问题,达成深度学习的第一阶段理解学习和理解性思维。

(2)问题思维化:在学生自主探究、协作学习的过程中关注核心问题的展开、解决,并进行综合分析、反思并评价,让学生把思维过程展现出来。要求学生展示解决问题的思维路线,其他学生倾听并提出质疑,共同研讨生成的新问题,从而进入深度学习的第二、第三阶段,即批判学习和整合学习,达成思维层级的批判性思维和开放性思维。

(3)思维迁移化:教师以情境迁移为抓手,在生成新问题、解决新问题的过程中展开迁移性思维。同时,教师需观察学生的讨论是否存在问题并从不同角度适时介入追问,触发学生的新思维,完成知识的补漏和迁移。

二、"深度学习"思维课堂的教学设计与实施

课堂是师生互动、生生互动的场所,要想体现学生深度学习的思维品质,关键在于建构一个有质量的思维课堂。杜威曾经说过:"学校所能做的和需要做的一切,就是培养学生思维的能力。"他认为,问题是思维教学的主线,思维教学要通过问题的解决才能实现。布鲁纳也指出:"教学过程是一种提出问题和解决问题的持续不断的活动,思维永远是从问题开始的。"由此可见,以问导学的教学方式可以引发师生互动、生生互动的积极思维,通过围绕核心问题引导学生思考、探究,解决问题的过程就是深度学习的过程。

(一)指向深度学习的思维课堂的设计原则

(1)高阶性原则。"深度学习"思维课堂的设计要指向高阶思维能力的培养,要体现批判性思维、创造性问题解决、沟通合作等"高级素养"。这些素养不仅在认知上具有高层次性,往往还在内容上具有跨学科性,而且是对知识、技能、态度等的综合与超越,具有高阶性。

(2)整合性原则。"深度学习"思维课堂的设计要整体把握知识本质和知识间的联系,根据章节或单元中不同知识点的需要,综合利用各种教学形式和教学策略,努力促使学生实现深度学习,发展学生核心素养。

(3)情境性原则。学科核心素养的各种定义中,"情境"是共同的关键词,包括个人情境、社会情境或职业情境等。素养是由知识、技能和态度等整合而成的复杂的心理结构,具有内隐性,它在特定的情境中形成和发展,又在新的情境中得以应用。学习任务的设计若不与具体的情境相关联,素养则无从表现。

(4)进阶性原则。学习进程的设计应有层次性、进阶性,应根据学生对问题的认识逐渐加深,做到循序渐进,使学生意识到:要完成任务不看书不行,看书

看得不详细也不行；光看书不思考不行，思考不深不透也不行。

(二)基于深度学习的思维课堂教学建议

1. 基于学情的学期课程纲要撰写与实践

教师通过了解课程纲要的定义及内涵，从“课程目标”“课程内容和计划”“课程实施计划和建议”“课程评价方式过程和建议”四个方面对所任教的学科进行详细的分析和研究。视野从“一节课”扩展到“一门课程”，审视各阶段的学习目标、学习内容、实施与评价，力图在教学中体现“标准、目标、教学、评价”的一致性，使教学由经验型转变为专业型，由非理性转变为理性。把探究课程纲要作为构建思维课堂的切入点，引领教师思考课程价值、明确课程目标、整合课程内容、优化课程实施、关注课程评价，以课程标准为依据把握教材、设计教学。

案例 2-9　小学数学三年级第一学期课程纲要

一、课程背景

本册教材中除了“复习与提高”中部分内容是对二年级第二学期知识的复习与提升，其余内容都是全新的，学生是第一次接触。本册教材涉及的“数与运算”“方程与代数”“图形与几何”的部分内容，“拓展内容”的“几月几日是星期几的计算”，以及“专题研究与实践”的“年、月、日的规定”“平面图形的镶嵌”等内容，渗透数感、符号感、空间观念、推理意识等重要的数学思想和思维方式，在此基础上，我们根据学生的具体情况，对部分教学内容进行了整合，在应用题内容上更大限度地提高教学质量。

在三年级第一学期，要开始进一步培养学生的自学能力，因此在教学时要重视学生已有的学习习惯和知识、生活经验，慢慢在课堂中以贯穿活动引导学生去解决一些实际问题，从中获得对数学知识的理解。

二、学期目标

1. 比较熟练地口算积在一百以内的两位数乘一位数及相应的除法，能联系生活、生产实际学习加、减、乘、除法的估算。会初步用估算解决一些实际问题，养成估算习惯。从实际问题中归纳乘、除法的意义和它们之间的关系，会进行乘、除法的验算，同时形成认真、严谨的数学学习态度和习惯。

2. 联系生活经验，知道年、月、日及其进制，能判断大月、小月与闰年、平年。根据已知信息，学会推算某月某日是星期几。能够通过收集有关资料、与他人交流，了解年、月、日的规定的由来、演变，以及世界各地四季、昼夜变化的一些奇特现象。

3.会列综合算式解答两步计算、三步计算的各类复合应用题。通过学习，会分析、解答应用性较强的开放式应用题。理解复合应用题的结构特点，会从问题出发，寻找解决问题所需的条件；根据数量关系，能找到直接条件和间接条件，确定解题思路。通过应用题的学习培养有条理思考问题的学习习惯和解决实际问题的能力，感受数学与生活的密切联系，激发学习兴趣。

4.联系实际，认识长度单位分米(dm)、千米(km)。

5.识别轴对称图形，会找出常见轴对称图形的对称轴，感受图形的对称美。利用对称性知道等腰三角形两个底角相等、等边三角形三个角相等。

6.通过观察、比较等活动知道面积的含义，建立1平方厘米(cm^2)、1平方米(m^2)的实际面积观念。从数长方形、正方形所含面积单位个数，到计算长方形、正方形面积，归纳长方形、正方形面积计算公式。

7.综合运用平面图形的知识，通过拼摆，发现规律，并感受数学的美。运用适当的分割、拼补等方法搞清图形的组合关系，并寻找必要的条件进行计算。初步学会运用估测的方法估计面积的大小。

三、学期内容

小学数学三年级第一学期内容见表2-5。

表2-5 小学数学三年级第一学期内容

单元	单元专题	学习内容	课时	课程内容调整说明
第一单元(7课时)	复习与提高	小复习(登月)	2	计算、应用两块内容
		连乘、连除	2	
		正方形组成的图形——多连块	2	
		☆单元练习	1	
第二单元(10课时)	用一位数乘	乘整十数、整百数	3	
		一位数与两位数相乘	3	
		一位数与三位数相乘	2	
		小练习(1)	1	
		☆单元练习	1	

续表

单元	单元专题	学习内容	课时	课程内容调整说明
第三单元（5课时）	时间的初步认识（三）	年、月、日	1	年、月、日的认识可以在一节课内完成
		平年与闰年	1	
		制作年历	1	
		小练习(2)	1	
		☆单元练习	1	
第四单元（14课时）	用一位数除	整十数、整百数的除法	1	
		两位数被一位数除	5	
		三位数被一位数除（横式）	1	课堂中完成练习册，回家做补充卷
		三位数被一位数除	4	除法的应用可以安排在此处第四课时；单位、数量、总价调整到第二学期再学习
		小练习(3)	1	
		多位数被一位数除考核	1	增加一节计算考核课，考查学生对本单元计算的掌握情况
		☆单元练习	1	
期中阶段（5课时）	期中复习	计算、概念、应用、综合复习	5	
补充单元（18课时）	混合运算和综合应用	复合应用题例1～例4	2	新授
		复合应用题（练习课）	4	练习巩固
		复合应用题例5	1	新授、作业本第五册
		复合应用题（练习课）	3	练习巩固
		综合应用（简单的二步计算应用题）	2	2课时新授，作业本第五册
		复合应用题（练习课）	4	练习巩固
		实践活动	1	作业本第五册
		☆单元练习	1	

续表

单元	单元专题	学习内容	课时	课程内容调整说明
第五单元（16 课时）	几何小实践	千米的认识	1	之前已有学习长度单位的经验，千米的认识可用 1 课时
		长度单位之间的换算	1	
		分米的认识	1	
		轴对称图形	1	此内容 1 课时就可以完成
		三角形的分类 1	2	
		面积的认识	2	
		长方形与正方形的面积	2	
		平方米	1	
		☆单元练习 1	1	
		第五单元复习	1	此处做本单元一阶段的复习考查
		它们有多大	1	此内容在“整理与提高”单元，放在“几何小实践”单元合适
		图形的拼嵌	1	此内容在“整理与提高”单元，放在“几何小实践”单元合适，而且只需要 1 课时
		☆单元练习 2	1	本单元内容比较多，做 2 次阶段考查
第六单元（5 课时）	整理与提高	植树问题	2	
		周期问题	1	
		流程图(2)	2	
期末阶段（6 课时）	期末复习	计算、概念、应用、综合复习	6	

四、具体实施

☆课程资源

1. 人民教育出版社三年级《数学(上册)》教科书及教参。

2. 教师自制相关教学PPT。

☆教/学方法

1. 自主探索式学习——引导每个学生通过观察、实验、猜想、验证、推理等方式进行自由开放的探究,去发现、去"再创造"有关数学问题。在这个过程中,学生不仅获得了必要的数学知识和技能,还对数学知识的形成过程有所了解,特别是体验和学习了数学的思考方法和数学的价值。

2. 合作学习——学生独立学习后相互交流,合作研究或者共同解决一个问题。

3. 实践活动——通过实践活动,培养学生的创新精神和实践能力,挖掘学生潜能,让学生学有用的数学知识。

4. 习惯培养——无论是在计算教学还是应用题教学中,都必须注重习惯的养成,从而提升学习的效率。

☆评价方式

学期总评成绩=过程性评价成绩+阶段练习成绩+期末考试成绩

• 过程性评价成绩(40%)(见表2-6)

过程性评价成绩=学习兴趣(5☆)+学习习惯(25☆)+学业成果(10☆)

表2-6 过程性评价成绩

评价维度	评价内容	评价要素	等第描述	评价依据
学习兴趣	活动兴趣(3☆)	活动(3☆)	对日常生活中的数学现象具有好奇心并有探究欲望。 三个等级:3☆、2☆、1☆	速算盒记录:活动兴趣章。 标准: 3☆:认真正确制作年历并美化。 2☆:认真正确制作年历。 1☆:能够制作年历
	探究兴趣(2☆)	探究(2☆)	通过各种方法的探究,推出图形面积公式,探究周长面积相关几何问题,获得成功体验的情况。 两个等级:2☆、1☆	速算盒记录:探究兴趣章。 标准: 2☆:制作"1平方厘米"和"1平方米"。 1☆:只制作上述1项

续表

评价维度	评价内容	评价要素	等第描述	评价依据
学习习惯	课堂表现（5☆）	倾听与表达（5☆）	在课堂上认真倾听他人发言，能积极动脑并举手发言，用规范的数学语言，有条理地表达自己的思路。 三个等级：5☆、3☆、1☆	速算盒记录：专心听讲章、积极发言章。 标准： 5☆：两章数之和前25%。 3☆：剩余60%。 1☆：两章数之和后15%
	作业表现（10☆）	质量（10☆）	作业中书写规范端正；计算时能做到先估算后计算、有草稿并自觉验算。作业正确率高，能自觉找出错误原因并改正错误。 五个等级：10☆、8☆、6☆、4☆、2☆	数学2号本和数学练习册得星数。 标准： 10☆：星星数前25%。 8☆：星星数26%～40%。 6☆：星星数41%～65%。 4☆：星星数66%～85%。 2☆：星星数后15%
	实践活动（10☆）	动手操作（5☆）	能正确操作学具，并能通过活动得出正确的结论。 三个等级：5☆、3☆、1☆	速算盒记录：实践操作章。 标准： 5☆：正确按照要求操作学具摆三角形。正确制作多边形并镶嵌出图案。 3☆：能按照要求操作学具摆三角形。正确制作多边形。 1☆：上述两项活动只完成1项
		合作交流（5☆）	有合作学习的意愿，敢于提出疑问，遇到困难能积极寻求同伴解决问题。 三个等级：5☆、3☆、1☆	速算盒记录：团队合作章。 标准： 5☆：章数前25%。 3☆：剩余60%。 1☆：章数后15%
学业成果	单元测试（10☆）	习惯（3☆）	根据单元练习中习惯评价情况来评定。 三个等级：3☆、2☆、1☆	单元练习中习惯评价
		正确率（7☆）	根据本学期每一次单元练习中知识技能得分计算。 七个等级：7☆、6☆、5☆、4☆、3☆、2☆、1☆	单元练习中知识技能评价

• 阶段练习成绩(20%)

以阶段练习成绩为准,根据此成绩按20%比例再核算出成绩,算入学期总评成绩。

• 期末考试成绩(40%)

以期末测试为准,根据此成绩按40%比例再核算出成绩,算入学期总评成绩。

• 学期总评成绩结果呈现

共分四个等级:

优秀　≥90☆

良好　71～89☆

合格　60～70☆

须努力　<60☆

说明:根据学生的最后得分,按结果呈现的四个等级进行等级评定,并记录于成长手册。总评为"须努力"等级的学生,按学校规定,可申请补考,补考后按补考成绩进行等级评定。

(本案例由嵊泗县枸杞乡小学王君老师提供)

2. 基于深度学习的思维课堂备课要求

(1)厘清知识关联,精准学习目标。备课时围绕单元学习目标和课时学习目标,厘清单元知识与课时知识及前后课时知识的关联性,结合学习内容的特点和学生的学习基础、学习障碍点、发展空间、学习兴趣,制订出指向学生深度思维发展的教学目标。学习目标设置要具有层次性。一是所有学生通过自主学习能够达成的目标,即基础性目标;二是涉及学科核心素养、大多数学生能够达成的相关目标,即拓展性目标;三是学有余力的学生能够达成的目标,即挑战性目标。

(2)创建任务情境,实现思维发展。教师在备课中要将"知识内容"转化成"学习任务",通过创设情境与任务,引导学生提出问题、分析问题,并通过自主探究、合作交流开展深度学习,从而解决问题,在掌握知识的同时建立学科思想,最后通过归纳与拓展,提升学科核心素养。

(3)围绕任务要素,创建教学框架。内容——这一要素可简单地表达为做什么,任务的内容在课堂上的表现就是需要实施的具体行为和活动。程序——学习者在完成某一任务的过程中所涉及的学习方式与步骤,在一定程度上表现为怎样学。角色——任务的角色定位，促进任务更顺利有效地进行。评价——基于学习目标，让学习者反思学习中的得与失。教师围绕教学目标预设评价关注点。延展——基于学科核心素养和学科思维，在知识的内容逻辑联系、方法的拓展上做适度的延伸。

3. 思维课堂新常规

以学生思维发展为目标导向，从学生倾听、表达、合作能力培养入手，制定思维课堂常规指标，并针对相关能力的培养确定相应途径（见表 2-7）。

表 2-7 “深度学习”思维课堂新常规

课堂常规观察点	思维课堂常规指标		途径
	一级指标	二级指标	
倾听	1. 要专心，无论是听老师讲课，还是听同学发言，脑子里不想其他事。 2. 要耐心，不随便插嘴，要听完别人的话，再发表自己的意见。 3. 要细心，当别人的发言有错时，要求学生学会评价，做到不重复他人的意见，自己的意见要建立在他人发言的基础上或者提出更新颖的想法。 4. 要虚心，当别人提出与自己不同的意见时，要能虚心接受，边听边修正自己的观点。 5. 要用心，在听取他人意见时不能盲从，要有选择地接受，做到“说”“听”“思”并重，相互促进	1. 倾听老师讲课时，眼睛注视老师。倾听同学发言时，能尽量看着发言的同学。 2. 能复述别人的话，听出其他同学发言中用到的好词好句。 3. 倾听其他同学发言时，能积极思考，及时补充，在吸取别人的智慧的同时与别人进行思维的碰撞。 4. 能正确地评价别人的发言	1. 倾听、评价、帮助。 （1）猜想发言的同学会说什么。 （2）对同学的观点进行归纳。 （3）想想同学说的有没有道理。 2. 欣赏别人发言中的精彩部分。 3. 说与别人不一样的话。 4. 激励手段：一句话，一个眼神，一个微笑，评选“倾听之星”等

续表

课堂常规观察点	思维课堂常规指标		途径
	一级指标	二级指标	
表达	1. 能说完整的话。 2. 自然大方，声音响亮，口齿清楚，语言亲切，态度诚恳。 3. 质疑时，学会使用“为什么……”“我有一个问题：……”“请问××老师（或××同学）……”等句式。 4. 回答问题时，学会用“我是这样想的……”“我知道了……我还认为……”“我有不同意见……”“我补充……”等句式	1. 不重复别人的话，在别人观点的基础上有自己的想法，或有创新。 2. 能把自己的想法比较流利地表达出来。要求回答问题完整、清晰。比如：“因为……所以……”“原来……先……又……”“这道题我是这样想的，先算……再算……所以……”	1. 培养学生理解数学语言的能力。理解是表达的基础，要培养学生的语言表达能力，必须先培养学生理解数学语言的能力。 2. 教师要用规范的语言，对学生施以良好的影响。教师的语言应力求用词准确、简明扼要、条理清楚、前后连贯、逻辑性强。 3. 持之以恒地对学生进行说话训练。低年级可以要求学生先想后说，用完整的句子来表达。 4. 培养学生良好的说话习惯。要求学生说话要正确、完善、准确、精练。 5. 教师应有目的地经常安排数学语言口头表达能力的训练，要有耐心，舍得花时间，在各个教学环节中灵活安排，尽可能地为学生创设更多说话的机会
合作	合作分两人合作、四人合作等。 合作交流时：在行为表现上可以做到互相看着对方，说话时彼此靠近，专注听对方说什么。首先听明白对方在说什么，能够判断对方说的是否正确，达成共识。如果对方表达得不完整或说错，帮助其改正然后达成共识	能用上： 1.“你能再说一遍吗？我没有听懂”或是“可能你说错了……” 2.“我是这样想的，……你同意吗？” 3.“你可以像我这样再说一遍吗？” 学会一些沟通语言。交流不仅仅是传递彼此的想法，更是互相学习、取长补短的机会	1. 关于如何合作要进行专门训练。 2. 激发学生的合作兴趣，要让每位学生都有成就感

4. 基于深度学习的思维课堂教学原则

(1)适时讲解，适度探究。既然知识的意义、思想与价值具有内隐性，就要处理好探究与讲解的关系，将有指导的探究与启发性的讲解结合起来。

(2)充分思考,交流分享。既然深度学习需要深刻参与和学习投入,就要处理好思考与交流的关系,独立思考是师生交流的前提,师生交流又能促进思考和理解。

(3)注重迁移,发展思维。既然发展学生的学科核心素养,要由“知识理解”向“知识迁移”过渡,再向“知识创新”提升,就要处理好学科思想与思维在课堂上的落实情况。

(4)注重基础,素养立意。既然核心素养培育离不开知识载体又聚焦于高阶认知能力,就要处理好低阶思维与高阶思维的关系,低阶思维是认识基础,高阶思维是关键能力。

5.基于深度学习的思维课堂教学要求

(1)适切提问。核心素养背景下的课堂教学特征,即真实情境下的问题解决,强调知识的迁移和运用。问题要尽可能聚焦知识理解和运用,指向发展学生的高阶思维能力。我们提出了对课堂提问进行“立体优化”——入口宽、思路多、蕴意深。

(2)适时讲解。“深度学习”思维课堂试图通过创设情境让学生进行发现学习,学生进行发现学习不是件易事,因而我们反对“过分放手”探究学习。深度教学应是“扶放有度”的教学:学生的探究、发现,是教师启发、引导下的再发现,是适度探究;教师在关键的时候,要适时讲解、扶持。

(3)适度进阶。深度教学是指向提升学生高阶认知能力的教学,教学中需要学科知识与学科思想的逐步进阶。但基于学生的认知理解水平,我们强调适度进阶学习,不可不切实际地拔高学生的理解认知水平,设计要求过高的学习任务。理解是一个过程,初学的时候,让学生对内容及其思想或意义有一个适度的理解,以后再通过学习与训练,慢慢加深理解。

(4)适当训练。我们反对过分扶持、安排大量的重复训练的指向识记、模仿、理解等低阶思维的教学,提出适当训练是促成理解、应用、创造、评价等高阶思维的必要环节。而适当训练的关键,是优化练习的设计,我们提出了单元整体优化设计的原则与策略。

6.基于深度学习的思维课堂评价要求

各学科围绕学科评价标准制订具有可持续性的评价方案(见表2-8)。依据单元学习目标、围绕本单元学科核心素养的发展目标与课时目标,整体设计应用于深度学习全程的持续性评价方案和工具。即能随时了解学习目标达成情况、监控与调控学习过程、反馈与指导改进教学。确定可持续性评价反馈的内容与方式。要对学生在学习过程中的关键表现进行即时评价,反馈学生的学业情况和学习表现。反馈要结合单元学习过程中的不同学习活动形式、特点,选择多样化的评价信息反馈办法，要特别关注学生完成挑战性任务时的思维表现、问题解决能力，给出具体的反馈信息，促进学生自我调整，激励学生进一步探究知识与迁移应用知识。

表 2-8　深度学习视域下的“思维课堂”评价表

<table>
<tr><td>学科</td><td></td><td>教师</td><td></td><td>时间</td><td></td><td>课型</td><td>□新授
□复习
□其他</td></tr>
<tr><td>课题</td><td colspan="7"></td></tr>
<tr><td>要素</td><td colspan="3">描述</td><td colspan="2">要素达成</td><td colspan="2">等级分数</td></tr>
<tr><td rowspan="3">有适切的目标</td><td colspan="3" rowspan="3">要根据学生实际和教学内容制订适切的、具体的、可测的教学目标，体现“以学定教”和因材施教的理念</td><td colspan="2">教学目标适切，具体，可测</td><td>□A</td><td rowspan="3"></td></tr>
<tr><td colspan="2">教学目标较适切，表述模糊</td><td>□B</td></tr>
<tr><td colspan="2">教学目标不符合学生实际</td><td>□C</td></tr>
<tr><td rowspan="3">有巧设的问题</td><td colspan="3" rowspan="3">教师要根据教学重点、难点、关键点等设计恰当的问题或情境，激发学生学习兴趣，引导学生积极思考；且教师要在教学过程中，能针对实际情况进行有针对性追问或调整问题，帮助学生解决问题，体现“学为中心”的理念</td><td colspan="2">问题紧扣教学目标和重点，能引发学生思考。学生讨论、答辩能紧扣主题，教师理答、追问与释疑及时有效</td><td>□A</td><td></td></tr>
<tr><td colspan="2">问题比较零碎，目的不明确，答案单一。学生没有有效的思考，讨论不能聚焦主题，教师引导有效度和效率欠缺</td><td>□B</td><td></td></tr>
<tr><td colspan="2">缺少问题讨论、反馈总结的环节</td><td>□C</td><td></td></tr>
<tr><td rowspan="2">有科学的留白</td><td colspan="3" rowspan="2">课堂留白至少 10 分钟，从课堂形式上保证学生参与课堂的空间，体现“学生主体，教师主导”地位</td><td colspan="2">课堂留白 10 分钟以上，学生能有较深入的思考、探究的时间</td><td>□A</td><td></td></tr>
<tr><td colspan="2">课堂留白少（8 分钟以下），教师讲得过多，未给学生思考或是练习的时间</td><td>□B</td><td></td></tr>
<tr><td rowspan="3">有深度的交流</td><td colspan="3" rowspan="3">学生能在教师引导下参与到与文本、与同学、与教师的“对话和交流”中，交流不能仅停留在表层的低阶学习活动，而要多维度、深层次参与到高阶学习活动中去，体现发展核心素养的价值取向</td><td colspan="2">多维度、深层次、大面积参与，能有效激发学生积极参与</td><td>□A</td><td></td></tr>
<tr><td colspan="2">学生有参与课堂活动，但思维层次、参与面、参与有效性欠缺</td><td>□B</td><td></td></tr>
<tr><td colspan="2">缺少学生参与课堂活动</td><td>□C</td><td></td></tr>
</table>

续表

要素	描述	要素达成	等级分数	
有精准的达成	对课堂知识、技能等学习目标有练习巩固、总结提升的环节,体现知识的迁移运用和学习方法的构建。不同层次的学生有不同层次的学习收获和发展,体现个体差异和"质量导向"理念	教学目标有效达成,练习巩固环节设置合理,不同层次的学生均有不同的发展和提高	□A	
		教学目标达成一般,部分知识技能未能进行有效练习和巩固,学生获得感不强	□B	
		教学目标达成不理想	□C	

(三)促进"深度学习"思维课堂研究体系构建

构建促进学生深度学习的课例研究体系的理念架构(见图 2-15),将学生"深度学习"作为教学价值观贯穿课例研究的全过程,通过深度学习课例研究,达到引领教师深度研究、促进学生深度学习、打造深度课堂的教改目标。

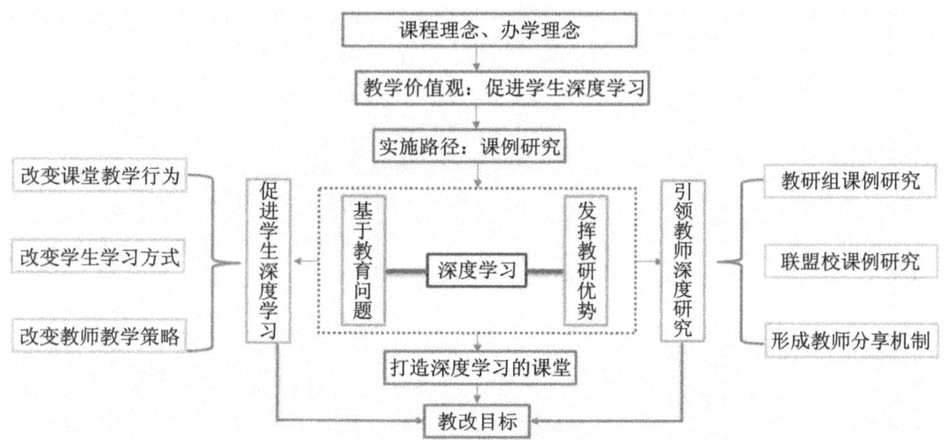

图 2-15 促进学生深度学习课例研究体系理念架构图

(四)"深度学习"思维课堂教学行为模式

深度学习旨在培养学生的问题解决能力,在课堂教学中引导学生经历发现问题、提出问题、分析问题和解决问题的过程。"深度学习"思维课堂教学行为可分为设置探究任务、促进认知建构、自主探究发现、外化思维过程和引导总结反思五步(见图 2-16)。

以教研组为单位进行研究,主要从不同的观课点加以体现,如深度任务、课

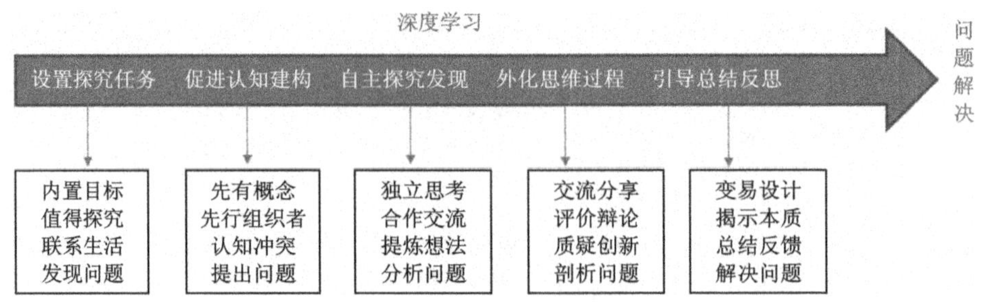

图 2-16 "深度学习"思维课堂教学行为模式

堂提问、任务目标指向、师生活动等，并要求在观课表（见表 2-9）中详细表述各观察点指向，通过研讨与评价，提出存在的问题和改进意见。

表 2-9 "基于学科思维发展的深度学习"观课表

<table>
<tr><td>时间</td><td></td><td>地点</td><td></td><td>观课者</td><td></td></tr>
<tr><td>课题</td><td colspan="3"></td><td>执教者</td><td></td></tr>
<tr><td>观察点 1</td><td>各教学板块中基于思维发展的深度任务</td><td>观察点 1 指向</td><td colspan="3">任务设计定位合理，符合学生学情，指向学科思维发展，利于高阶思维形成。任务设计具有情境性，构成要素完整，可操作性强</td></tr>
<tr><td>观察点 2</td><td>任务目标指向</td><td>观察点 2 指向</td><td colspan="3">任务目标定位合理：围绕教学内容、学生学情、学生学科思维发展制订。目标描述具有可操作性，利于评价展开。课堂任务目标完成度高</td></tr>
<tr><td>观察点 3</td><td>师生活动</td><td>观察点 3 指向</td><td colspan="3">在问题情境中，形成师生有效互动，运用评价语言、多种评价机制，形成学生独立思考、思维主动参与的过程</td></tr>
<tr><td>观察点 4</td><td>基于思维发展的提问</td><td>观察点 4 指向</td><td colspan="3">提问符合学生认知实际，激活学生学习，启发学生学科思维发展，不存在提问设置不当、随意等问题。具有指向学科概念的核心问题或问题串，形成以问题解决构建学科知识与概念样态</td></tr>
<tr><td>课堂实例</td><td colspan="5"></td></tr>
<tr><td rowspan="2">观课与研讨</td><td>存在问题</td><td colspan="4"></td></tr>
<tr><td>改进建议</td><td colspan="4"></td></tr>
<tr><td rowspan="2">评价与感受</td><td>整体评价</td><td colspan="4"></td></tr>
<tr><td>听后反思</td><td colspan="4"></td></tr>
</table>

(五)“深度学习”思维课堂教学范式

通过对课堂教学中的学生活动和教师活动进行深入分析和研究,我们对“深度学习”思维课堂教学范式有了一定的校本定义。

步骤一:教师通过创设情境给出学习任务;学生对情境进行分析处理,激活旧知,引发认知冲突,提出问题。

步骤二:教师将学习任务解读成活动串或问题串,并明确其内容、要求和做法等;学生理解和认同学习任务及实施程序,关注实施效果达成情况的检验要求,并在必要的时候作适当的调整,主动投入学习。

步骤三:学生根据任务导学进行自主学习,教师根据学习情况作适时启发和引导,学生通过自主学习达到低阶认识要求,完成基本学习任务。

步骤四:教师结合对知识内容的深度处理和理解,再次提出问题,引发学生的认知冲突,激发其探究和“再创造”的学习欲望,激活思维,引导学生深刻参与(自主探究、合作交流等),实现高阶思维发展。

步骤五:教师安排有层次的、围绕核心任务的适当训练,结合学生完成情况,抓住难点和关键点进行精评补缺,学生通过练习与应用进一步深化对知识的理解。

步骤六:教师从知识深入、学科思想、前沿发展等方面,提供多层次、多角度的延伸内容,引导学生进行拓展学习,使学生学会知识结构的构建,改变学习方法,发展核心素养。

(六)基于“深度学习”思维课堂的“五步精准”校本研训新样态构建

校本研训是教师专业发展的主要途径,是学校学科发展的助推器,是学生获得学习幸福感的转换器。“五步精准教研”模式通过精准聚焦教学问题、知识的深度处理和深度理解、基于高阶思维的问题设计、深度学习的过程与效果、学科核心素养的解读与落实等引发教师思考与讨论,并给出了明确的教研核心内容。在立足实际和研究的基础上,围绕学校办学特色、教师专业发展、学生素养培育三个基点,创新研训模式、提高研训质量、打造研训品牌,这是一项有意义同时也需要坚持的工作。

1. 基于深度学习重构“教学反思”新样态

为了使教学反思(包含集体反思与个人反思)更具有可操作性、指导性和推广性,能更好地作用于改进深度教学,我们初步建立了围绕学习目标、教学过程等要素的教学反思样态。通过行动学习与实践,提炼形成了基于深度学习的教学反思内容(见表 2-10)。

表 2-10 基于"深度学习"的教学反思内容

反思项目		反思内容与维度
一级项目	二级项目	
知识基础	课程内容知识	指对学科核心素养、课程目标、理念、教材内容、设计意图、知识本质的理解，对知识内涵与外延的理解，对学科思想的理解，对知识意义与价值的理解，等等
	教学理论知识	指对教学原理的理解与运用，并能用学科知识和教育学知识的综合区理解特定主题的教学并组织、呈现，以适应学生的不同兴趣和能力，关注是否将学术形态的学科知识转化为学生能够理解的教学形态知识
	学习心理知识	指对学生学习心理的理解和运用，清楚学生的学习过程，掌握学科学习方法，能指导学生有效学习、学会学习，特别关注学生是否能进行"沉浸式学习"
	教育技术知识	指能充分利用现代教育技术整合学科教学，借助教育技术启发、引导学生进行自主学习、探究学习
教学过程	学情分析	指对学生认识基础、认识能力的分析，对所学内容学习困难的分析，判断学生的理解程度及学生会产生的错误概念，等等
	任务设计	指根据对教学内容的理解与解析以及对学生的学情分析，设计学习目标和任务，关注目标定位是否合理(是否过高或过低)，学习任务的构成是否完整，程序是否明确，情境与问题的设计是否指向高阶思维的培养，师生角度定位是否恰当，等等
	课堂互动	指依据教学设计，通过课堂上的师生、生生的对话与交流，引导学生思维参与，通过问题解决，构建知识与概念的过程
	目标达成	指课前制订的学习目标达成度是多少；哪些目标达成不够理想，为什么；学生是否掌握一定的学习方法；学生的行为是否产生一定的预期变化
支持系统	教学信念	指关于学科知识、关于学科教学、关于学科核心素养、关于学习能力、关于学生差异的信念等
	教学态度	指乐于学科教学、能激发学生主动学习、鼓励学生独立思考、欣赏学生能力、耐心辅导学困生等教学态度

基于深度学习的课堂教学反思内容为教研组开展校本教研活动提供理论指导，为改进教研活动的形式、重构教研模式提供依据和支持。

2.基于深度学习重构"行动学习流程"新样态

校本研训以项目化管理的形式，采用"行动学习"流程，将学习、研究与反思融合到整个研训的过程中，再通过教学设计研究、课堂教学打磨和教学反思创新的循环，实现问题的解决，从而促进教师教学能力的提高。

(1)拟定研训主题。主题的拟定要采用集体交流诊断的方式。教师提出问题或困惑，按照迫切性、价值性与可能性三项标准来确定要研究的主要问题。最后，根据需要和思辨将问题转化成研训的主题。

(2)设计研训方案。由研训活动的负责人进行研究资源的配置和团队协商，选择确定“实施者”和课题方向，并研制研训目标，细化具体实施方案。

(3)实施行动探索。首先是探索尝试，根据主题提供的诊断信息和学习资料，由“实施者”进行教学设计；实施小组进行研讨，达成共识后，修改教学设计进行课堂教学。其次是评议反馈，通过主题观课、议课，依据教师教学知能模型和研训主题目标，对教学改进进行评议与反馈，梳理经验，形成结论，并将其作为下一轮起点。

(4)整理评估资料。通过集体反思，对一次校本研训的过程和效果进行评估，提炼经验和总结得失，厘清脉络和操作程序。对资料和文本进行整理与加工，形成课例资源，供后续教师专业学习使用。

3.基于深度学习重构“三维议课”新样态

评课是教研活动的关键环节，基于对深度教学的共同追求，以及促进教师的成长，在研修过程中，教师重构“深度学习”思维课堂的“三维议课”模式，实现研训模式的创新，使教师的隐性知识显性化，更容易发现问题，提炼教研主题，进而通过研讨反思、行动改进与智慧共享，实现教学相长。“三维议课”模式，即“教学赏析＋教学思考＋教学启示”的议课模式(见表2-11)。

表2-11 “教学赏析＋教学思考＋教学启示”议课模式

议课，重在赏析，贵在思考	
一、赏析，是对执教者的理解及对课的共同追求	
1.赏析精准的知识理解	对知识的深度处理和深度理解是上好课的根本前提，也是评课者首先应该关注和欣赏的
2.赏析精心的问题设计	问题设计既要抓住知识核心与本质，又要能让学生积极主动地对问题进行思考与探索，碰撞出的创新思维的火花，是使学生“沉浸”学习的关键，值得欣赏也令人回味无穷
3.赏析精辟的教材处理	教师钻研透教材，吃透教材中的概念、公式、定理等，并将其转化为学生易于理解的“教育形态”知识
4.赏析精彩的课堂生成	教师能机敏地捕捉课堂生成资源，或是虚心倾听，或是表扬肯定，或是纠错追问，或是合作探究……这是难能可贵的
5.赏析精致的教学艺术	在听课过程中去发现，去欣赏每个执教者的教学风格，帮助执教者扬其所长
二、思考，是为了使课和执教者更加完善及加强对教研的共同关注	
1.思考教材的设计意图	理解教材的编写意图是课堂教学的起点之一，是评课者与执教者都应该关注的
2.思考不同的教学设想	评课者与执教者对教学的理解和思考肯定存在差异，指出两者在理解上的差异及不同教学设想，从而产生一种对话与交流，努力使人与课更加完善

续表

3. 思考课堂的遗憾不足	“没有哪一节课是完美无瑕的”，这也是评课的生命力所在，课堂中的遗憾与不足不可避免，评课应变责难为课题
4. 思考今后的教学启示	思考一堂课背后的教学启示，引起教研的共同关注，努力使评课者、执教者、课更加完善才是评课的真正意义所在

教研活动是教学实施过程的优化与保障，教师通过教研活动，经历了“设计—教学—研讨—反思—再设计—再教学—再反思”的过程，从而将理论观点内化到自己的知识结构中去，从而转化为自己的教育理论，反过来指导自己的教学，实现教师自主发展。

4. 基于深度学习重构“五步精准教研”新样态

依据校本研训“行动学习流程”，结合校本研训操作的实际需要，在反复实践的基础上，提炼了“四环五步”研训的校本模式，该模式简称“五步精准教研”模式（见图 2-17）。

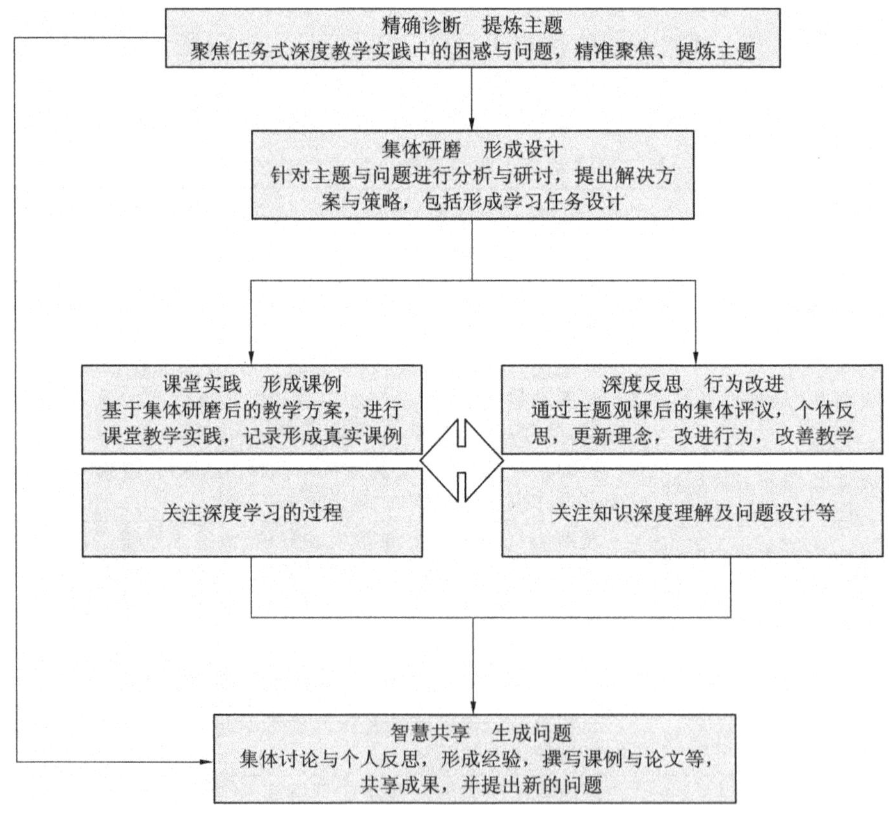

图 2-17　基于深度学习的“五步精准教研”模式

学校研训活动以“五步精准教研”模式为导向，根据基于深度教学的课堂教学反思内容，通过具体的学习任务设计、课堂教学和教学反思的循环，将学习、研究与反思嵌入教研过程中，使教师的隐性知识显性化，更容易发现问题，提炼教研主题，进而通过研讨反思、行动改进与智慧共享，实现教学相长。

案例 2-10 “诊断性示范，沉浸式研修”校本研训活动

◆活动设计◆

一、研训主题

以深度学习优化思维课堂——诊断性示范，沉浸式研修。

二、研训目的

以立足发展学科思维和深度学习的课堂教学追求，进一步改善教与学的关系，融合“任务驱动教学”与“深度教学”理念，通过对指向深度学习的“学习任务”优化设计研究、对课堂学习方式的优化与重构研究，促进学生学科思想的建立和学科思维的发展。

三、研训内容

（一）语文组课例展示“小猴子下山”。

（二）上课教师围绕课例进行说课。

（三）分组讨论，各组围绕观课表要素进行任务式深度课堂教学点评。

（四）各小组进行分组评课。

（五）教导处对本次研训活动进行总体评价，并对本次校本研训活动提出改进建议。

四、研训形式

集中学习、分组讨论、组长总结。

五、研训预设

（一）主持人进行点名，宣布本次活动的目的、内容等。

（二）语文组郑老师进行课例展示。

（三）各组进行分组讨论，围绕观课表要素进行任务式深度课堂教学点评。

（四）各小组进行分组评课。

（五）教导处对本次研训活动进行总体评价，并对本次校本研训活动提出改进建议。

◆活动小结◆

"诊断性示范，沉浸式研修"——以研启思　共研成长

校本研训是以校为本的教学研究与培训。它是为了学校可持续发展，为了教师继续教育并实现专业成长，从而促进学生素质提升、素养培养的一种重要形式。本学期我校校本培训的主题是"从'研'入手，有效开展思维课堂研究"。本次校本大研训，围绕课例研磨，在三研三磨中持续收集课堂观察资料，开展诊断性示范，为推进"深度学习"思维课堂的有效落地而展开研究。

初磨教案，搭建框架

5月初，语文教研组对"小猴子下山"一课进行了研讨交流。讲什么内容？怎么落实语文要素？如何提问，如何设计深度任务，让学生的思维有所发展？……教师们分工合作、畅所欲言。

根据前期搭建的语文课堂模型，教师们从"核心问题"入手，认真研读教材，首先确定了这节课的教学目标以及教学重难点。接着根据"枸杞乡小学深度学习思维课堂教案"展开教学设计，重点从深度任务、教学目标指向和基于思维发展的提问三个方面来思考如何有效地开展教学，引导学生深度思考，启发学生的思维。最后，经过激烈的讨论，搭建起了课堂的整体框架。

再磨课例，解决问题

5月下旬，我们又进行了磨课，全体语文教师参与了课例的观摩与研讨。课后，教师们根据"任务式观课表"针对课例进行了交流。教师们从任务目标指向、师生活动、基于思维发展的提问及各教学板块中基于思维发展的深度任务四个观测点出发进行了评课、议课。磨课是为了发现问题，解决问题。因此，为了更深入地发现这堂课的问题，教师们又根据"'研课助学'实践研究样表"，从聚焦问题、拟定策略、付诸实践和获得经验等方面进行了深入的讨论，针对课堂中存在的问题寻找原因、剖析原因，确定解决的办法。

最终展示，思维碰撞

6月初，在校本大研训中，语文教研组由之前授课的郑老师带来了反复打磨的课例"小猴子下山"。

首先由郑老师进行课例展示并说课。课后，各教研组分组讨论，围绕观课表要素进行任务式深度课堂教学点评。数学教研组从"基于思维发展的提问"观课点入手，认为郑老师能针对教学重难点设计问题，特别是核心问题"小猴子走到了________，看到了________，________(做了什么？)"抓住了切入点，但是回顾具体教学环节，没有循序渐进，有些走过场，特别是第一自

然段中对于核心问题的引导没有特别到位，影响了学生之后的学习。其他教研组从“师生活动”观课点入手，提出了几点建议：①教师反馈评价预设要更充分；②评价形式要更多样化；③评价关注点要围绕教学目标设定。最后语文教研组结合“任务目标指向”和“各教学板块中基于思维发展的深度任务”两个观课点，结合本堂课的产生过程，进行了交流，并对其他教研组提出的一些问题做了简单的反馈，特别是对于问题的设置以及深度任务的开展两方面。语文组认为本堂课的设计理念就是围绕核心问题“小猴子走到了________，看到了________，________（做了什么？）”，教师由帮到扶，让学生的学习方式从自主学习转变为合作探究的任务式学习方式，在学习探究中积极开动脑筋，启发学生的思维，让学生的学习真实地发生。

本次沉浸式教研活动，教师们深入研讨，深度融合，有效提升了思维课堂的建构意识和行动力。我校也将紧紧依托此次研训，进一步拓宽思维课堂构建思路，让“深度学习”思维课堂更为有效地支持学生开展深度学习，更有实效地助推教师的专业成长！

（本案例由嵊泗县枸杞乡小学娄祝芳老师提供）

5. 基于深度学习重构“一组一品”教学特色

教师们认识到深度教学要建立在教师对知识的深度处理和深度理解的基础上，追求从学科知识的占有到学科思想的建立。课堂上的“深度学习”是学生在教师引导下，对知识进行“层进式学习”和“沉浸式学习”。

在此基础上，专题研究小组概括了一些基本的课堂教学行为范式，例如，对于情境创设，提出了真实情境与指向高阶思维发展的原则和方法；对于课堂提问与理答，提出了“立体优化”与课堂留白原则；对于自主探究，提出了有指导意义的再发现原则；等等。通过反复的实践和研讨，教师们掌握了这些课堂教学行为范式，改进了课堂教学行为。各学科组依据学科特点及优势，围绕“任务式”深度学习，概括提炼了各学科的课堂教学范示，形成了“一组一品”教学特色（见表 2-12）。

表 2-12 “一组一品”教学特色

学科	“一组一品”教学特色
语文	基于核心问题链的深度学习
数学	基于审辩式思维的数学深度学习
英语	基于单元整体教学的深度学习
科学	基于学科素养发展的 STEAM 课程
综合实践	基于学习任务单的“问题驱动思维”教学

三、“深度学习”思维课堂的教学实例

基于“深度学习”的课堂教学转型，要求教师以学科核心素养发展为指向，以批判性思维能力发展为目标，注重学习目标与过程设计，强化高阶思维问题的情境创设，研究提炼不同学科特质的思维课堂教学关键要素。立足发展学科思维和深度学习的课堂教学追求，进一步改善教与学的关系，倡导教师以“深度学习任务”为重要抓手，通过任务串联课堂，提升学生思维品质与思维能力。

案例 2-11　小学语文六年级上册《桥》教学设计(见表 2-13)

表 2-13　小学语文六年级上册《桥》教学设计

课题	13.桥	类型	精读	课时	第一课时
教学目标	1.能读准课文字音，通过对词语进行分组，正确理解“清瘦”“咆哮”等词语的意思；借助作业本中小泡泡的提示，能正确书写“咆”“哮”“嗓”“哑”4个生字。 2.能正确、流利、有感情地朗读课文，能读好短句。 3.借助作业本鱼骨图，通过感悟山洪、雨水等环境描写的句子，梳理课文的情节发展脉络，并能连起来说说课文的主要内容。 4.通过品读句子，初步感悟环境描写的作用，为下文学习故事发展做铺垫				
教学重难点	重点：1.正确读写生字词。2.借助作业本的图示，梳理课文的情节发展脉络，初步了解小说的表达特点。 难点：通过品读句子，初步感悟环境描写的作用				

教学板块	深度任务	师生活动	评价关注点
一、创设情境，以“桥”导入	联系生活经验，感受桥的作用 自学单元篇章页 带着问题读课文	1.导入。 师：同学们，你们认识这座大桥吗？ 生：这是——(东海大桥)，它连接了(嵊泗和上海)，如果没有了这座桥，将对我们的生活产生哪些影响呢？(交通、医疗、旅游) 师：是呀，一座桥连接两岸，一座桥跨越天堑，一座桥甚至……今天咱们就来读一篇以桥为题的小说，这座桥又会有什么样的作用呢？ 2.这是第四单元的首篇课文，让我们读读单元篇章页，看看读小说要注意些什么。(读小说，关注情节、环境，感受人物形象) 3.情节、环境、人物就是小说的三要素，那么这篇小说会有怎样的环境，又写了哪些人物，发生了什么样的故事呢？让我们带着这些问题自由读课文，注意把字读正确，边读边思考	☆能勾连生活实际。 ☆能明确单元学习要求。 ☆能了解小说的特点，知道小说的三要素。 ☆☆能带着问题读课文

续表

课题	13.桥	类型	精读	课时	第一课时

教学板块	深度任务	师生活动	评价关注点
二、检查字词,梳理内容	自主学习生字词 自主观察、思考鱼骨图的特点,并交流 总结提炼,迁移运用	(一)学习字词。 1.出示:清瘦 沙哑 揪出 胸膛 咆哮 呻吟 狞笑 放肆 势不可当 师:这里有两组词语,请同学来读一读。(齐读)读着读着,你发现了什么?(第一组词语描写的是老汉,第二组词语描写的是洪水) 2.这篇课文中有许多口字旁的字,让我们一起翻开作业本第47页来看第1题。写口字旁的字的时候,我们要注意些什么呢?让我们也一起给它们搭一座桥,接下来请同学们根据提示各写一个。 (二)梳理内容。 1.接下来让我们走进小说,去了解小说的主要内容。你瞧,作业本第3题可以帮助我们。(出示鱼骨图) (1)这是什么图?(鱼骨图) (2)鱼骨图要怎么看呢?(横向、纵向)我们知道小说的三要素是情节、环境和人物,那么这些要素藏在鱼骨图哪里呢?请你仔细观察鱼骨图,从横向看,发现(上面描写的是环境,下面描写的是情节);从纵向看,发现(上面的环境和下面的情节是相互关联的)。 (3)再让我们聚焦小方框中的词语,你能不能说说提炼的好方法?(根据学生回答出示小锦囊:在课文中摘录关键词是概括课文内容的一个好方法) 2.接下来,就让我们用上这个方法,再次默读课文,试着完成鱼骨图。 3.根据学生回答呈现答案:人们惊慌、水深没腿、父子牺牲、洪水退去。(类似都可) 4.你能借助鱼骨图来说说小说的主要内容吗?(给开头:黎明的时候,洪水来临……)	☆能读准课文字音。 ☆正确理解“清瘦”“咆哮”等词语的意思。 ☆能正确书写“咆”“哮”“嗓”“哑”4个生字。 ☆☆能根据总结的学习方法,完成鱼骨图。 ☆☆能借助关键词和图示说清楚课文主要内容

续表

课题	13. 桥	类型	精读	课时	第一课时

教学板块	深度任务	师生活动	评价关注点
三、品读句子，探究山洪变化	自主学习 合作探究 朗读句子（读短句）	同学们，小说的环境对于情节的发展和人物的刻画都有着重要的作用，接下来就让我们重点品读课文中的环境描写。 1. 出示学习活动三。 自主学习： (1)找一找：默读课文，用“＿＿＿＿＿”画出描写大雨、洪水、桥的句子。 (2)说一说：选一句最有感触的句子，谈谈你的感受。[《作业本》第48页第4(1)题] 例：我选择的是描写雨的句子（　　　），从中感受到（　　　）。 合作交流： (3)读一读：在小组内读自己选择的句子，并交流自己的感受。 2. 自主学习、小组合作。 3. 交流反馈。 (1)请一个同学来交流，分享你找到的句子，其他学生补充。（根据学生交流内容即时画线） (2)出示所有句子： 黎明的时候，雨突然大了。像泼。像倒。 山洪咆哮着，像一群受惊的野马，从山谷里狂奔而来，势不可当。 近一米高的洪水已经在路面上跳舞了。 死亡在洪水的狞笑声中逼近。 水渐渐蹿上来，放肆地舔着人们的腰。 木桥开始发抖，开始痛苦地呻吟。 水，爬上了老汉的胸膛。 突然，那木桥轰的一声塌了。 一片白茫茫的世界。 (3)接下来，请同学们交流自己最有感触的句子，其他同学可以评一评。（出示评价要求：☆表达清楚☆感受丰富☆朗读到位）	☆能借助作业本的题目找到相应的句子。 ☆☆能在小组内有条理、有依据地交流自己的感受。 ☆能读好短句。

续表

课题	13.桥	类型	精读	课时	第一课时
教学板块	深度任务	师生活动			评价关注点
三、品读句子,探究山洪变化	品读句子感悟升华	重点指导句子: ★黎明的时候,雨突然大了。像泼。像倒。 •观察一下后面部分,这两个句子特别(短),这样的句子叫短句。 •出示对比句子:雨像泼下来一样,像倒下来一样,这就是倾盆大雨。 你觉得和这句话相比,小说中的短句让你感受到了什么?(渲染紧张气氛) •齐读句子,读出雨的大、气氛的紧张。 ★拟人句,感受洪水的可怕,可以加入适当的想象。男女生分角色读,再齐读。 ★这些句子能不能调换顺序?(不能,山洪由弱到强,层层变化,助推了故事情节的发展) ★是呀,我们从这些环境描写中感受到了(洪水的威力,气氛的紧张)随着环境的变化,故事情节也在一步步发展,那么环境描写对于人物形象的刻画又有怎样的作用呢?让我们下节课再来学习。同学们,再见!			☆能初步感悟环境描写的作用

(本案例由嵊泗县枸杞乡小学施思老师提供)

案例 2-12 小学数学六年级下册"圆锥的认识"教学设计(见表 2-14)

表 2-14 小学数学六年级下册"圆锥的认识"教学设计

课题	圆锥的认识	类型	新授	课时	第六课时
教学目标	1.了解圆锥的特征,掌握圆锥各部分的名称。 2.通过自学,掌握测量圆锥高的方法。 3.通过观察、动手操作等活动掌握圆锥形成的方法,知道圆锥的侧面展开是一个扇形,沿高垂直于底面切开截面是一个等腰三角形,知道截得的等腰三角形的底和高与圆锥之间的联系				
教学重难点	通过观察、动手操作等活动掌握形成圆锥的方法,厘清直角三角形的两条直角边与圆锥之间的联系;知道沿高垂直于底面切开得到的截面形状及截面三角形底和高与圆锥之间的联系				

续表

课题	圆锥的认识	类型	新授	课时	第六课时
教学板块	深度任务	师生活动			评价关注点
创设情境提出问题	根据课题提出问题，聚焦问题	出示课题：圆锥的认识。 师：看了课题你能提出什么问题？ 预设：什么是圆锥？圆锥长什么样？圆锥各部分名称是什么？圆锥的表面积怎么算？圆锥的体积怎么算？ 师：同学们根据课题提出了这么多值得探究的问题，真的很会思考。那这么多的问题我们一节课能研究完吗？大家觉得这节课我们可以先研究哪些问题？ 师：这些问题的答案在哪里可以找到？			鼓励学生提出问题
自主探究	掌握圆锥各部分名称，以及测量高的正确方法	任务一：自学课本31～32页，完成自主学习单后组内交流。 顶点：平放，最上面的点 底面：圆形　1个 侧面：曲面 高：从圆锥的顶点到底面圆心的距离　1条 (汇报时学生若补充到侧面展开是一个扇形) 师：到底是不是一个扇形呢？我们一会儿最好自己动手去验证一下。 (汇报时学生可补充圆锥高的测量方法) 随堂检测： 1. 指出顶点、底面、侧面、高。 2. 选择正确的测量高的方法			关注学生对高的测量方法的掌握情况
合作学习交流展示	在合作学习过程中进一步认识圆锥，掌握圆锥侧面展开图形、截面与圆锥之间的关系	师：那么关于圆锥我们还能探究些什么问题呢？ 预设：圆锥的侧面展开是什么形状？ 圆锥可以怎样形成？ 将圆锥按不同方式切开会形成怎样的截面？ 任务二：合作学习。 4人小组，利用学具袋中的学具，进一步对圆锥展开研究。 交流展示： (1)我们将圆锥的侧面展开，得到了一个(扇形)。这个(扇形)的(弧长)与底面的(周长)相等。			关注学生对扇形弧长与底面周长之间的关系的掌握情况。 我还发现部分可根据学生的实际发现填写，结论不唯一，学生有价值的发现教师需大力肯定，激发学生的学习兴趣。

续表

课题	圆锥的认识	类型	新授	课时	第六课时
教学板块	深度任务	师生活动			评价关注点
合作学习交流展示	在合作学习过程中进一步认识圆锥，掌握圆锥侧面展开图形、截面与圆锥之间的关系	我们还发现：半径相等的扇形，圆心角越小围成的圆锥底面积越小，高越高。（根据学生的实际发现填写，结论不唯一） (2)我们将圆锥平行于底面切开，截面是圆形。 (3)我们将圆锥沿高垂直于底面切开，截面是等腰三角形。 我们还发现：若沿高垂直于底面切开，得到的等腰三角形的底是圆锥底面的直径，高是圆锥的高。（平行于底面切开，切得越高，截面圆形越小等发现都可） (4)我们发现：将直角三角形以直角边为轴旋转可以形成圆锥。（追问补充：旋转轴所在直角边的长度＝圆锥的高，另一条直角边的长度＝圆锥底面半径） 将直角三角形以斜边为轴旋转不会形成圆锥，而是形成两个圆锥的组合体。（第二个空学生填写时可能会遇到困难，教师可适当引导帮助） 我们还发现：除了直角三角形外，等腰三角形以底边上的高为轴旋转也能形成圆锥（追问补充：旋转180°，底边长度＝圆锥底面直径，底边上的高＝圆锥的高）			重点关注学生沿高垂直于底面切开时对截面三角形与圆锥之间的联系的探究。 通过追问帮助学生厘清直角三角形与圆锥之间的联系。 关注学生对等腰三角形旋转形成圆锥与直角三角形旋转形成圆锥这两者之间的区别的掌握情况
总结反思	知识梳理	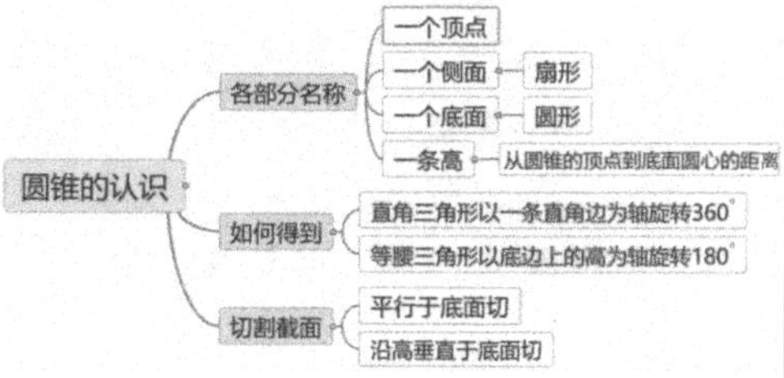 圆锥的认识 各部分名称：一个顶点；一个侧面—扇形；一个底面—圆形；一条高—从圆锥的顶点到底面圆心的距离 如何得到：直角三角形以一条直角边为轴旋转360°；等腰三角形以底边上的高为轴旋转180° 切割截面：平行于底面切；沿高垂直于底面切			学生需要梳理课堂所学知识，回忆并说出关键内容

续表

<table>
<tr><td>课题</td><td>圆锥的认识</td><td>类型</td><td>新授</td><td>课时</td><td>第六课时</td></tr>
<tr><td>教学板块</td><td>深度任务</td><td colspan="4">师生活动</td><td>评价关注点</td></tr>
<tr><td>迁移应用</td><td>将数学知识应用于生活实际，解决生活中的问题</td><td colspan="4">1. 工地上有一堆沙子，近似于一个圆锥。量得沙堆的底面周长约是 9.42 米，高 1.5 米。这堆沙子的占地面积有多大？
2. 直角三角形，分别以 4 厘米边和 6 厘米边为轴旋转，生成两个不同的圆锥。根据旋转要求完成表格。
<table><tr><th>轴</th><th>高(cm)</th><th>底面半径(cm)</th><th>底面直径(cm)</th><th>底面周长(cm)</th><th>底面面积(cm^2)</th></tr><tr><td>以4厘米边为轴</td><td></td><td></td><td></td><td></td><td></td></tr><tr><td>以6厘米边为轴</td><td></td><td></td><td></td><td></td><td></td></tr></table>3. 把圆锥沿高垂直于底面切割成两个半圆锥，表面积增加了 48 平方厘米，已知圆锥的高是 8 厘米，求原来圆锥的底面积是多少</td><td>学生需要说清楚解题思路</td></tr>
</table>

（本案例由嵊泗县枸杞乡小学陈飞老师提供）

参考文献

[1]钟启泉.深度学习[M].上海：华东师范大学出版社，2021.

[2]钟启泉.深度学习：课堂转型的标识[J].全球教育展望，2021，50(1)：14-33.

[3]奈须正裕.创造新型学习的智慧与技艺[M].东京：行政出版公司，2020.

[4]房超平.思维第一：全面提升学习力[M].北京：教育科学出版社，2018.

[5]默里.真实性学习：如何设计体验式、情境式、主动式的学习课堂[M].彭相珍，译.北京：中国青年出版社，2021.

[6]哈蒂，弗雷，费舍.可见的学习与深度学习[M].杨洋，译.北京：中国青年出版社，2020.

[7]高宏.核心素养导向的观课议课[M].天津：天津教育出版社，2018.

[8]卢明，崔允漷. 教案的革命：基于课程标准的学历案[M]. 上海：华东师范大学出版社，2016.

[9]余文森. 核心素养导向的课堂教学[M]. 上海：上海教育出版社，2017.

[10]叶延武. 思维课堂：意蕴与实践——基于深圳市南山区第二外国语学校的课堂文化建设[J]. 教育研究，2012，33(7)：139-143.

[11]林崇德，胡卫平. 思维型课堂教学的理论与实践[J]. 教育研究与评论(小学教育教学)，2010(9)：92.

[12]郭道胜. 做一个有思想的教师[M]. 太原：山西人民出版社，2003.

[13]郭元祥. 论深度教学：源起、基础与理念[J]. 教育研究与实验，2017(3)：1-11.

[14]郭元祥. 课堂教学改革的基础与方向——兼论深度教学[J]. 教育研究与实验，2015(6)：1-6.

[15]郭元祥. 知识的性质、结构与深度教学[J]. 课程·教材·教法，2009(11)：17-23.

[16]刘仪辉，刘晓艳. 设计面向高阶思维能力发展的教学[J]. 江西广播电视大学学报，2013(1)：63-66.

[17]贾志高. 有关任务型教学法的几个核心问题的探讨[J]. 课程·教材·教法，2005(1)：51-55.

[18]李运烨，李延好. 促进学生“深度学习”课例研究体系的构建与实践[J]. 上海教育科研，2020(10)：78-83.

[19]汤雪平. 建构指向深度学习的思维课堂[J]. 教育实践与研究(C)，2019(Z1)：64-66.

[20]王强. 基于深度学习的思维课堂构建策略[J]. 中国教师，2022(3)：72-74.

[21]舒兰兰，裴新宁. 为深度学习而教——基于美国研究学会“深度学习”研究项目的分析[J]. 江苏教育研究，2016(16)：3-7.

[22]卜彩丽，冯晓晓，张宝辉. 深度学习的概念、策略、效果及其启示——美国深度学习项目(SDL)的解读与分析[J]. 远程教育杂志，2016，34(5)：75-82.

[23]独家|林崇德：思维品质的训练对学生有多重要？[EB/OL]. (2018-10-25)[2022-01-05]. https://m.sohu.com/a/271212808_100194097.

第三章 “学在思维”教学的问题设计与实施

在课堂教学与学习过程中，由一系列问题引领学生开展自主学习和自主探究活动，在过程中培养学生独立思考问题的习惯、创造性解决问题的能力，发展学生的高阶思维能力。改变学生的学习模式，首先从改变教师的课堂教学开始；改变课堂教学，从改变教师的问题设计入手。本章主要讲述“学在思维”学习模式下课堂一系列问题如何设计与实施，引导学生在教师深度提问的前提下进行深入思考，达到一定学习时间内学科素养和思维能力双线提升的目的。

第一节 问题与问题链的设计

一、课堂问题链的设计与实施

(一)课堂问题链概述

学起于思，思起于疑。课堂教学过程中，教师往往围绕目标设置运用提问的方式让学生和学习内容对话、在课堂中互动，参与学习过程，在问题解决的过程中产生体验、思考，获得新知。课堂提问设计是教师在进行教学预设时，针对学科内容、学科素养及在课堂上要进行的思维方式的训练而设计的一种课前预设行为，是对课堂提问的主干问题加以整合性联系的前瞻性思考。课堂设计依托问题提出而展开，课堂互动随着问题的引领而进行。

“学在思维”课堂的预设是设计高层次思维水平的课堂问题，实践以问题为导向的课堂学程，让学生自主学习、自主探究，培养学生独立思考问题的习惯、创造性解决问题的能力，发展学生的高阶思维能力。设计课堂问题同时也能促进教师专业化发展，促进教师教学设计水平的提高，形成基于高阶思维发展的优质问题设计的思路、技巧和策略。提出高层次问题，更能激发学生的学习兴趣、增加学生的自主活动、优化课堂反馈、提升课堂教学效率。

课堂上一系列的问题通过一定的方法和思考进行有机铺排、串联。问题链顾名思义就是课堂上主要由教师提出的一系列问题由一条无形的线进行有机组合串联。这条无形的线就是教师对让学生掌握学科内容、使学生高阶思维提升的方法的思考和铺设;问题就是教师整个课堂教学思路中一个个环节的导引、任务布置和互动探究的切入口。通过问题链引导学生有序开展学习探究,产生思维碰撞,完成新旧知识衔接,形成新的概念、规律、方法和新的知识结构,从而达到思维训练和学科核心素养提升的双线课堂目标。

问题链在设计过程中不是杂乱无序的,应该是一个问题群的有机结合。这些问题不是胡乱编排的,而应该是以实现思维训练和学科核心素养提升为目的的问题群的集中,指向性明确。根据学科内容和受学习时长限制,一般在一堂课或相应时间内可以设计一个主问题和若干小问题组成的群。主问题是统领若干小问题的关键问题,指向课堂重点素养的突破或整体知识结构的掌握、课堂探究环节的引领,一般在一堂课内设置一个,至多两个。而课堂小问题群由多个小问题组成,一般由教师提前预设,也可以是课堂教学中生成的,由教师提出或者学生产生新疑惑时提出。小问题群围绕课堂主问题的突破、实现进行分层铺设,梯度安排,分解主问题的难度,最终解决主问题。

(二)课堂问题链的设计与实施策略

课堂问题链的中心无疑是主问题,它是一堂课或一个单位学习时段学习的主要目标和任务,指向学科素养的提升和重点知识的突破,也是引领学生在学习时段内自主学习、自主探究,培养学生独立思考问题的习惯、创造性解决问题的能力和发展学生高阶思维能力的切入口。所以主问题一般在课堂伊始提出,可以设置一定情境,驱动学生进入解决问题的状态、环境,这样往往可调动学生的学习积极性,让学生主动去参与学习,主动进入一种新知识的构建过程中,并最终获得思维的锻炼和新信息的认知。

1.设计含有本质核心问题的驱动性问题

驱动性问题的概念来自现今比较火热的话题"项目化学习",上海市教育科学研究院夏雪梅博士这样理解驱动性问题的概念:"驱动性问题就是将比较抽象的,深奥的本质问题,转化为特定年龄段的学生感兴趣的问题。本质问题比较抽象,而驱动性问题则嵌入学生更感兴趣的情境"。对于整个课堂学习来说,有时候把一堂课或几堂课当成一个小型学科项目来操作,在常态教学中提出驱动性问题的设计,不仅能激发学生的学习兴趣,更能把学生带入真实情境中去解决问题,使其积极参与听说、对话、实践、验证的活动,从而提升思维品质和学科素养。

在课堂中设计驱动性问题要注意几个方面:

(1)驱动性问题设计要依托情境设置。

兴趣是激发学生学习的原动力,特别是小学阶段,其是儿童较长时间参与学习并思考的保障。教师创设适当的驱动性问题情境,使学生把复杂抽象的知识和真实生活结合起来,让学生把学习过程转化为生活的真实体验,从而提取原有生活场景和技能,促进思考,提升解决问题的能力。

数学、科学等很多学科都可以比较容易地把课堂任务嵌入情境,唯有语文学科有特定的文本情境。但文本情境的单一性和文学性并不能让学生拥有真实的生活体验,所以教师在教学中设计驱动性问题要依托能引起学生生活共鸣的情境,这样才能问有所得,学有所获。因为统编教材的语文要素的设置往往以单元形式进行,我们的驱动性问题也可以依托单元语文要素的设定来设计。

案例 3-1　依托情境　设计驱动性问题

案例背景:我校篮球队在县内成绩优异,校内刮起了一场篮球旋风,以篮球为主要活动,热情高涨。正值教授到语文四年级上册第六单元习作语文要素:通过人物的动作、语言、神态体会人物的心情。在三年级下册语文第二单元词句段运用和四年级上册第五单元初试身手的教学背景下,此时进行一次专项训练:运用连续动词描写自己的某次篮球训练,并初步掌握运用动词及连续动词来描写活动场景,使文字更有画面感。

此课教师提出驱动性问题:学校要全面开展篮球训练,体育老师忙不过来,需要一批学生教练和助教,我们这节课是选拔也是培训,需要用文字和视频讲解篮球该怎么玩。课中首先进行视频演示,然后教授大家把画面转化为文字,通过观察、转化,教学如何运用多个动词记录一种打篮球的技巧。学会技巧后,通过迁移教学能让学生进一步掌握单元语文要素。

课堂中,学生努力学习写作技巧,把篮球选手的动作记录,演示再转化为文字,兴趣支撑着行动,学习活动由课中延伸到课外,任务完成得相当全面与出色。

(本案例由嵊泗县菜园二小孙雪君老师提供)

依托真实情境进行驱动性问题设计,把生活体验和学生兴趣联系起来,能充分调动学生的整体感官,提高学生的学习参与度,将学生的学习兴趣激发到最高点,事半功倍地完成学习任务,驱动性能非常强。值得注意的是,问题的设计也直指学科核心素养,并不是单纯因调动兴趣而设计问题。

(2)驱动性问题设计指向学生思维发展。

韩琴教授在《课堂提问能力实训》一书中说道:"教师提出的问题根据认知水平,可分为高认知、低认知和无认知三个认知水平。处于高认知水平的问题通常能培养学生的分析能力、练习能力、整合能力、创造能力、评价能力和判断能力。”课堂的学习不是单一为了储备知识，更多的是为了掌握知识技能，为了促进思维发展。教育不仅是为了当下，更是为了将来，我们必须帮助学生储备更多的解决问题的能力。所以课堂教学时驱动性问题设计不以得出答案为目标，而是以过程为重点进行学生思维方式和思维品质的训练。

案例 3-2 促进思维发展 设计驱动问题

课堂背景：课堂驱动性问题的设计不仅可以帮助教师诊断学生的学习现状，启发学生积极思考，还可以让学生学会构思，有效地表达自己的思想和观点，形成完整的认知结构。因此，驱动性问题的设计要考虑指向学生思维发展，以下是小学英语学科 PEP5“Unit 4 What can you do?”中“Read and write”教学环节的设计：

驱动性问题设计：What do you think of Robin? Why ?（你认为 Robin 怎么样？为什么呢?）

教学过程：小组讨论，分析归纳 Robin 人物个性特征并做评价。

本节课是语篇教学，内容是主人公 Robin 想要交朋友而写的一封电子邮件。文中 Robin 提到了自己的个性特点和才能（friendly，funny，I can speak English and Chinese...），此问题放在读后第一个环节提出，而读后环节重在语言输出，是对语篇的运用和拓展、延伸。在前面学过的三个单元中，关于 Robin 的情况都有介绍和学习，因此这个问题的设计引发学生们做出很多种回答：

S1：Robin is smart. Because he can speak English and Chinese.

S2：He is helpful. He can cook for Wu Binbin and grandpa.

S3：He is strict. He can make Wu Binbin finish his homework.

S4：He is hard-working. He can play ping-pong and do kung fu.

…………

设计意图：根据奥苏泊尔的理论，在新旧知识转化的地方进行提问，有助于学生在原有认知的基础上迅速掌握新知识。教师在这个教学环节中就是找到新旧知识的联系时机设计驱动性问题，引导学生积极思考探讨。而这种以旧引新的提问，不仅可以使学生充分利用原有认知结构中已有的知识来同化新知识，避免机械学习，还可以促进学生将新旧知识联系起来，丰富完善原有的知识结构，形成新的认知结构。

教师基于语篇核心和前几单元中对 Robin 的介绍，引导学生横向拓宽思路，纵向深入探究，学生在回顾、分析、归纳、比较中进行独立判断、评价，从而加深对语篇的理解。教师同时引导学生主动链接旧知，寻求支撑自己观点的论据，发展了学生的聚合型思维。

（本案例由嵊泗县菜园二小赵威老师提供）

(3)驱动性问题设计要有可操作性。

驱动性问题固然是一堂课或一个单位学习时间内的主要任务，指向学科核心素养提升和思维训练。驱动性问题有一定的难度，但如果过难，学生会望而生畏，无从下手，茫然无措。驱动性问题在引起学生探究兴趣的同时，要有一定的可操作性，引导学生去分析比较、综合概括、重组内容、提出疑问等，从而形成新的思考过程，建立新的知识架构，而不是普通阅读中的信息搜集、信息提取。过程比问题的结果更重要，更能锻炼学生解决问题的能力。比如从语文学科的角度来讲，小学阶段基础知识固然重要，但在课堂上一味进行基础训练，使学生掌握简单层面的知识并不是语文学习的真谛，我们要将教语文变成学生学语文，主动去发现语文的奥妙，锻炼学生的语文思维。其中驱动性问题设计就要能引导学生去操作，让学生明确下手的方法和步骤。

案例 3-3　设计驱动性问题需能具体实践

教学语文六年级下册《浣溪沙·游蕲水清泉寺》时，不希望学生只能通读背诵整首词，我们希望学生从被动地理解走向主动思考，做一个“小小研究者”。故设计驱动性问题为：都说平常写景的文章中通过景物描写可以读出作者的心绪，那么子规声声鸣叫是作者想告诉我们什么呢？试着做一个文学研究员，寻找更多关于子规的诗句，探寻一下苏轼的心情吧！

首先引导学生去发现问题题干中的指导——先搜集与整理，再分析与概括，接着得出自己的结论。经过小组合作查询和筛选，学生找到了一些诗句：

绿遍山原白满川，子规声里雨如烟。（南宋　翁卷《乡村四月》）

其间旦暮闻何物，杜鹃啼血猿哀鸣。（唐　白居易《琵琶行》）

万壑树参天，千山响杜鹃。（唐　王维《送梓州李使君》）

…………

通过朗读、联想、比较之后分析得出“子规”这个意象带来的是各种愁绪，明了这个意象给读者的大概感受，学生就会进一步感受到古人写景不是单纯写景，“景语皆情语”这个概念会大概渗入学生心头。

问题的提出给我们一些思考的痕迹，从低思维层次的搜集与整理，到高一层次的分析与概括，最后得出自己的结论，思考由低层次到高层次，操作步骤明晰。解决一个问题的同时也给学生一个解决语文问题的思路。

（本案例由嵊泗县菜园二小孙雪君老师提供）

单一文本或单个篇章知识点，无法推动学生进行比较分析或更深层次的思维活动，所以在单一文本的教学中很难利用驱动性问题开展学习。我们一般可以组合一单元的教学材料进行一次小型综合性学习，或者将同一主题下的文本组合成一个新的序列进行学习。在解决驱动性问题的过程中真正投入学习，产生深度思考、获得感悟和新概念的架构；有时候在问题解决的过程中并没有获得确定的答案，但学习过程中有思维的碰撞，探查纠错、分析辩解等过程便是思维活动的过程，其中的认知策略必是高阶的。因此，设计驱动性问题和一般阅读教学的区别就在于：学习过程中注重知识、能力和态度的整合，学习的目的指向发展高阶思维，指向真素养的形成。

2.设计指向本质核心问题的小问题群

课堂上随着教师的课堂引领会出现很多问题，有的问题是教师在预设中精心设计的，有的问题是随着课堂进程自然生成或以追问形式、理答形式出现的，有的问题是学生在学习过程中产生新的疑惑而提出的，还有问题漫无目的、比较随意地出现，没有教学收获。这里所涉及的小问题群的概念广义上是指在备课时教师预设好的、用来引领教学环节以实现教学目标的问题组。小问题群作为促进课堂教学目标的实现、实现素养和思维双重训练的重要因素，其设计必定有一定的方法策略，绝不是无序列无目标的。教师在设计小问题群时要注意以下几点。

(1)围绕核心问题或核心素养提升。

前文指出，在教师提出的问题中，能准确把握知识结构及内部关联性的问题，统领本节课的关键知识和重点内容的问题，是核心问题，往往蕴藏在驱动性问题中提出。除了核心问题以外，课堂中存在的其他问题都是和核心问题有逻辑联系的小问题群。

小问题群为核心问题的解决提供层层递进的桥梁。上课伊始，提出暗含核心问题的驱动性问题，引导学生进入自主学习。这个学习过程如何开展依靠小问题群。这些小的问题相当于通往核心问题的阶梯，通过小问题群的不断铺垫，达到最终解决高认知水平的主问题的目的。

案例3-4　围绕核心问题　设计小问题群

背景描述：统编语文教材培训谈如何教授课文的时候，培训老师几乎都强调了两个方面：抓住课后问题，抓住作业本。教学设计几乎都是按此主线来进行。《两茎灯草》是五年级下册13课的一个篇章，课后问题一：说说三个片段中的人物分别给你留下了什么印象，你是从哪些语句体会到的。问题二：举例说说三个片段分别用了哪些描写人物的方法，结合课文中的语句，体会这些方法的表达效果。

教学中，问题一的解决如下：按照传统的教学方法，我们往往为了分析人物形象，按照"两个指头"这一动作进行"找动作—理解动作—感悟动作"的过程学习，从而理解了严监生吝啬的形象。问题二的解决则抓住其他两篇课文所运用的不同描写方法——单一动作描写来区分。这种方式，教学记叙文时都在用，包括本册第二单元"走近中国古典名著"和第四单元"责任"都是如此教学。所以这个教学环节，好像抓住了篇章页的要素，但事实上，并没有在学生脑海里留下深刻印象。一篇课文讲授完，学生可能把故事情节记住了，对人物形象有了大概理解，语文素养可能有些微提升，也可能没有，但思维训练的痕迹丝毫没有留下。

基于以上思考，在教学中设计并出示核心问题和小问题群如下：

核心问题：

《两茎灯草》一文，是如何塑造人物的？

小问题群：

1. 课文中重点描写严监生的什么动作来表现人物？

2. 每一次的动作表示什么含义？

3. 从动作描写中可以体会到严监生的哪个特点？

课堂上，运用核心问题促使学生和文本发生初次接触，让学生带着问题链去阅读，提出核心问题"《两茎灯草》一文，是如何塑造人物的？"接着提出有层次的小问题群：课文中重点描写严监生的什么动作来表现人物？每一次的动作表示什么含义？从动作描写中可以体会到严监生的哪个特点？

学生在具体的自主学习过程中首先运用思维导图对文本内容——"两个指头的猜测""严监生的反应"进行梳理（见图3-1）。这是完成第1个和第2个小问题的学习。

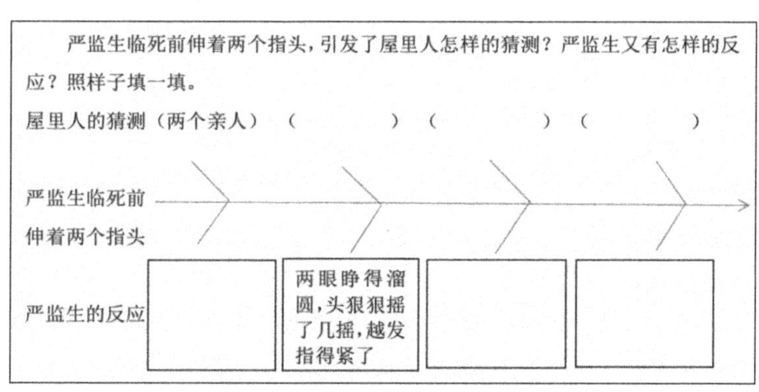

图 3-1 《两茎灯草》思维导图

接着解决第3个小问题，指引学生思考。《作业本》中思维导图之后的一个问题"严监生临死前始终伸着两根手指头，你怎么看?"这是对思维导图的剖析，引导学生去洞察思维导图背后的含义。适时追问理答，促使思维往深处蔓溯。教师的解读不能仅仅之于严监生"吝啬鬼"的形象，追问：大侄子、二侄子、奶妈、赵氏，人物的出场顺序有特定的安排吗？教师可以渗透吴敬梓这样表达背后蕴含的儒家传统文化的思想（长幼有序、家族亲疏）和写作的技巧需求等。人物的言语背后有着儒家文化的逻辑思想和文化观念。提升学生的思维品质离不开文化研习过程中的训练，而文化得以传承，也必须有基于深度学习而得到的思维品质。这样的教学，使学生感受到思维表达的严谨性，不断地拓展思考的深度。

（本案例由嵊泗县菜园二小孙雪君老师提供）

以上案例中，我们教给学生思考的方法。要想解决一个核心问题，要让思维可视化，让思考有迹可循，让学生有层次地解决问题，建立新概念，这样才能让学生在新的复杂问题前抽丝剥茧、解决问题。

(2)遵循认知规律层层深入，难易适度。

前面说到，小问题群是为了解决核心问题而设计的一系列问题的集合。这些问题不能是一个层面的并列式的问题，而应是为了解决核心问题而呈阶梯式的层级上升趋势，最终解决课堂核心问题。核心问题由于直指学科核心素养，难度较大，比较难解决，所以需要从学生的认知规律和教材内容出发，利用一个个小问题的设计，引导学生进行自主探究，充分讨论，展示自己的思考过程，经历分析问题、解决问题、方法整理等过程，使学生在轻松愉悦的活动中经历知识的形成过程，最终达到思维提升的目的。

小问题群是课堂环节的引领，是核心问题解决的若干分步骤，必须遵循学生认知规律而设计,层级逐步上升,不能好高骛远,否则会造成很大一部分学生对于知识和逻辑懵懂。下面以人教版三年级上册数学"运用周长解决问题"一课的教学步骤为例,来说明如何运用层级小问题群解决核心问题。

案例 3-5　层层深入、遵循认知规律的小问题群设计

课堂背景:本课学习目标:①会利用长方形、正方形的周长公式解决生活中关于周长的问题。②通过动手操作,摆拼不同的图形,再运用不同的方法计算出不同的图形的周长,会找使拼成图形周长最短的方法。③通过主动探究知识的形成过程,体会数学与生活的密切联系,感受成功的喜悦。

预设步骤:本课解决问题主要是通过"阅读与理解""分析与解答""回顾与反思"三个步骤,一步一步引发学生思考、深思,主动解决问题。

第一步:阅读与理解,明确要求。

问题设计:你能找到什么信息? 要解决的问题是什么?

教师设计提问的目的:确定学生是否理解特定内容。在组织学生操作探究之前,让学生认真读题,理解题意,弄清题中的要求和要解决的问题,在此基础上再进行探究活动,为学生的探究明确了目标。认真读题,找出题中的数学信息。

数学信息:要用 16 张边长 1 分米的正方形纸拼长方形和正方形。

要解决的问题:怎样拼才能使拼成的图形周长最短?

第二步:分析与解答,指导方法。

问题设计:比较三个图形形状与周长的不同。

在探究活动中,通过提问引导学生在明确了长方形和正方形的特征以后进行操作,这样可以提高探究的有效性。同时,鼓励学生选用不同方法进行探究,或摆或画,帮助学生拓展想象空间,发展空间观念。

在这节课中我采用的方法一是小组合作:用准备好的正方形纸拼一拼,或者在方格纸上画一画。动手拼一拼 16 张边长是 1 分米的小正方形图(见图 3-2～图 3-4),然后根据长方形、正方形周长的计算方法,计算出自己摆拼的长方形、正方形的周长。

(1)长 16 分米,宽 1 分米,周长 34 分米。

(16+1)×2−34(分米)

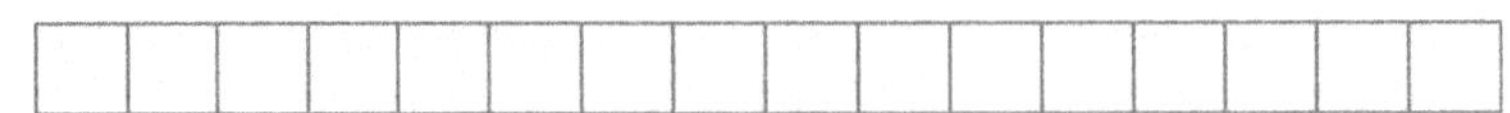

图 3-2　拼法 1

(2)长 8 分米，宽 2 分米，周长 20 分米。

(8＋2)×2＝20(分米)

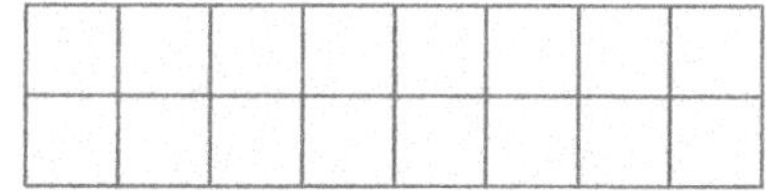

图 3-3　拼法 2

(3)边长 4 分米，周长 16 分米。

4×4＝16(分米)

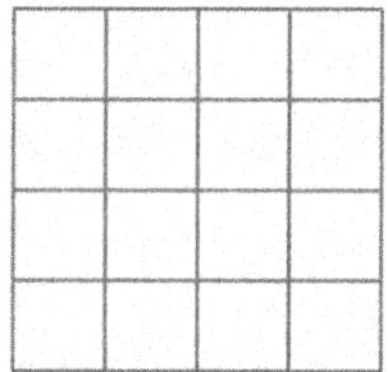

图 3-4　拼法 3

经过问题设计下的探究学习，学生发现两个区别。区别一：第一个图形和第二个图形都是长方形，第三个图形是正方形。区别二：第一个图形的周长最长，第三个图形的周长最短。最后师生共同总结得出：拼成的图形的两条边的和越小，拼成的图形的周长越短。

第三步：回顾与反思，总结规律。

问题设计：观察表格中的数据(见表 3-1)，思考、讨论，说一说你发现了什么。

小组合作完成表格后继续引导学生观察几个不同图形的长、宽、长与宽的差及周长的变化规律，从而发现并总结出解决此类问题的规律，提高学生把生活中的实际问题转化为数学问题的能力。

表 3-1　小正方形图摆拼总结表

摆法(行)	1	2	4
长(分米)	16	8	4
宽(分米)	1	2	4
周长(分米)	(16＋1)×2＝34	(8＋2)×2＝20	4×4＝16
观察比较	用 16 个小正方形拼成的长方形或正方形中(　　)的周长最短		

汇报交流后学生总结规律：用相同个数的正方形拼图，拼成图形的长与宽的差越小，周长就越短。

通过问题设计引领学生去拼摆、填写表格、观察讨论，让学生在原有知识经验的基础上，通过分析、合作交流、比较探究等形式，找到解决“用相同个数的正方形怎样拼图才能使拼成的图形周长最短？”这一问题的方法，突破了本节课的教学难点，完成了原先预设的目标。

（本案例由嵊泗县菜园二小董燕老师提供）

以上案例中的问题设计立足学生原有知识点和认知规律，将原有的知识经验与新知识结合，形成新的认知结构，同时培养了学生积极思维的习惯和学习能力。问题设计与学生现有认知水平和原有知识相关联，才能激发学生的积极思维，反之会使学生失去好奇心。

(3)适当挖掘深度内涵。

设计小问题群不能一味追求简单，使小问题群由若干低认知水平的问题构成；也不能一味追求难度深度，使解决小问题群需要长时间深入思考。小问题群设计需要难易适度相辅，让学生有“跳一跳摘桃子”的乐趣与动力，否则不能激发学习主动性和好胜心，不利于学习的开展和学生思维发展。课堂教学犹如探索新世界，教师在教学环节中，引导学生步步深入，有时候有一马平川式的大跃进，有时候又有艰难登山时的滞涩，这样相辅相成，整个探索过程才有趣味、有价值，不至于让部分学生因为觉得太容易而失去学习兴趣。

一般来说，课堂小问题群设计可以先易后难，先提出导入性问题引起学生思考，进而逐步将问题引向课程重难点。其理论如同砍伐坚硬的木材一样，先从容易的地方砍起，再砍木材的关节。因而教师设计课堂提问要遵循因材施教、因势利导的教学原则，依据教材特点，将知识转化为层次鲜明、具有系统性的一连串问题，形成问题链。课堂小问题群设计也要循序渐进、环环相扣、逐层深化，以此来挖掘知识的深度内涵。教师根据教学的目标和重点，提出一系列前后连贯的、有助于推进分析思考的问题，使学生在问题的诱导下，有节奏有起伏地学习。这样能够培养学生前后联系和整体把握的能力，引导学生层层深入理解本质。

案例 3-6　先易后难的小问题群设计

PEP7 “Unit 3 My weekend plan”中“Read and write”的小问题群设计：

教学背景：本节课是学习六年级上册 Unit 3 My weekend plan，本单元的重点是一般将来时，也就是 be going to＋do/地点。本语篇内容是主人公 Wu Binbin 写的一篇关于全家人对于即将到来的中秋节的计划。在引导学生细读语篇时，为促进学生感知、学习 Wu Binbin 一家人的中秋活动安排可以设置以下三个问题：

Q1：How many family members are there?

Q2：Who are they?

Q3：What are they going to do?

让学生思考后在书中圈出关键词，然后完成表格。

以中秋节情境为依托，教师多次以问题驱动——Q1 让学生论据 Wu Binbin 家庭成员的数量，Q2 训练学生获取关键信息的能力，Q3 引导学生关注细节，并考查其对一般将来时的掌握情况。这三个追问型问题由浅入深、由易到难，循序渐进地促进学生理解语篇，同时这种根据知识内外部联系设计出的问题链指向学生思维深处，能深化学生对于语篇的理解。三个问题解决之后再来做表格的填写有助于学生再次梳理语篇框架，实现语言的流畅输出。

案例 3-7　在小问题群设计中挖掘深度

PEP5 “Unit 6 In a nature park”中“Read and write”的小问题群设计：

案例背景：本节课是“Unit 6 In a nature park”的最后一节阅读课。本单元的重点是表达某地有某物——there be 结构的用法。本课的主题语境是主人公 Robin 在 Mr Jones 的家里，透过窗户看向附近的自然公园，Robin 要画出自然公园的样子。下面三个问题在阅读前提出。而读前环节目的是唤醒学生头脑中与语篇相关的已有知识，为学生充分获取和输出文本信息、建构知识和提高能力做好铺垫。

课前放一段“九寨沟自然公园”的英语短片，然后开门见山地提问：What was the video about? 直接进入主题 nature park，接着以问题链的形式针对 nature parks 进行提问。

Q1：Have you been to any nature park?

Q2：What's in the nature park?

Q3：What do you like doing in the nature park?

Q1 让学生讨论去过的自然公园，联系自己的生活经验，主动参与话题讨论。Q2 带领学生看大量自然公园的照片，通过真实的语言情境引出本单元的核心词汇和 there be 结构。Q3 引发学生探讨自然公园给人带来的美和快乐。

以三个小问题引领，同时呈现鲜活的语言情境，让学生在充分的视觉听觉感受中体会目标语言，在激活学生知识储备的同时，让学生经历主动再现、记忆的思维过程，问题由易到难，由浅表观察到深度思考、活跃学生的思维，拓展学生思维的深度。

（本案例由嵊泗县菜园二小赵威老师提供）

3. 指向学思维方法训练的问题设计

韩琴教授在《课堂提问能力实训》一书中提出:“思维课堂教学理论提出的认知冲突、自主建构、自我监控、应用迁移等基本原理和基本模式在应用于课题教学时,需要借助课堂提问来实现。”胡伟平教授和他的团队开发的“学思维”活动课程,提出了 20 种思维方法:观察、比较、联想、想象、推理、分析综合、分类、问题提出、问题解决、抽象概括、类比思维、空间认知、辩证思维、故事创作、创意设计、发散思维、科学探究、重组思维、突破定势、臻美思维。我们拜读两位教授及其团队的著作后,把高水平思维方式运用到基础学科的常态课设计中,运用问题设计将思维训练融入其中,希望在教授学科知识的同时教授思维方法,让学生进行自主建构,一定程度上将学到的思维方法迁移到更多学科和实际生活中去。

首先,教师要有思维训练意识。备课环节是我们进行教学预设的环节,在这一环节我们就要树立思维训练的意识,让学科素养提升和思维训练双线并行,让课堂更有活力和学力。我们可以这样做:教学目标中确定需要培养的思维能力指标;根据各部分知识或活动的特点,确定它们所能培养的思维能力方面的指标;确定培养和迁移各种思维能力的主要环节;根据各部分知识或活动培养思维能力的任务,选择适当的教学方法、教学手段;根据教学效果,在课后进行思维培养的反思。基于以上的思考,我们可以着手把各级问题链和思维方式结合起来,进行有意识的训练,提升学生的思维水平。

其次,问题设计要蕴含思维方法的训练。每一个问题的提出都不是随意而为,必有其提出的目的性,或为学科知识掌握而提,或为思维训练而提。“学在思维”课堂改革对于问题设计必然要求精简、目标明确。教师设计的问题有思维方式的训练,也有思维提升的目的。下面列举几个常用的思维训练策略,阐述如何在常态课中设计蕴含思维方法训练的问题。

(1)类比和分析的运用。

这两种方法在很多学科中都有应用,且常共同出现,相辅而成。一般在拓展提升环节,把课本学习的思维过程迁移运用,努力从新的信息群里发现自己的洞察。教师可以在问题的题干中使用“比较和对比、解释原因、分析、分类、推断”之类的动词,引导学生去更好地思考问题、解决问题。这样的类比分析,可以借助图表、思维导图呈现思维过程。

如案例 3-4 中《两茎灯草》的拓展环节就可以运用此项。

案例 3-8 常态课中运用类比和分析策略设计问题

案例背景：已经完成了对“两个指头”重点的深层剖析——运用问题“严监生临死前始终伸着两根手指头，你怎么看？”指引学生思考，引导学生根据《作业本》思维导图洞察背后的含义。

教学过程：

拓展与迁移环节——建立新的分析表，第一个问题设计：《两茎灯草》和其他两篇课文相比，运用的描写人物方法有什么不同？

《两茎灯草》是五年级下册第五单元“人物描写一组”中的第三篇文章，从单元整组教学的理念出发，进行组内文本的对比，建立分析表(见表 3-2)。单元整组课文和拓展文本进行多文本类比，在分析过程中掌握描写人物的不同技巧，感受单一写作技巧的极致魅力。

表 3-2 五年级下册第五单元文本对比分析表

题目	侧重的描写人物方法	表达效果	人物的特点
《摔跤》			小嘎子：
《他像一棵挺脱的树》			祥子：
《两茎灯草》			严监生：

再次类比和分析，第二个问题设计：和第四单元的文章《青山处处埋忠骨》《军神》《清贫》相比，本课三篇文本的描写方法有什么特别之处？

引导：本课侧重于单一表达技巧的描写方法会更立体地存在于学生的脑海，达到阅读指导也是为了写作指导的教学目的——优秀的文章可以专注于单一技巧的层层深入。

(本案例由嵊泗县菜园二小孙雪君老师提供)

以上案例中两个问题的设计组成了一个小问题群，拓展与迁移环节中这两个问题的设计指向整个课堂核心问题“《两茎灯草》一文，是如何塑造人物的?”

教学过程没有停留在教材上，而是意识到了过程中要巩固和强化语文素养学习成果，提升思维训练方法，让学生知道通过类比和分析，能更清晰地认识和掌握人物描写方法。由此类推到通过类比和分析，可掌握学科本质和规律。

(2)推断与辩证的运用。

推断必须借助一定的中间媒介物和相应的知识经验来实现对事物本质属性和内在规律性的了解与把握，也就是说依赖于已知信息和学生已有语言智力来进行，往往使思维往更深处蔓溯，其在各学科中均有应用。辩证更是学生运用语言把思维外显的过程，反映了思维的深刻性、敏捷性、批判性等特性，直接推动学生的课堂学习，让思维更有层次。教师可以在问题的题干中使用“想象、预测、创造、评价、设想、比较归纳、概括、辨别、列举”之类的动词，让学生过程性地去追溯线索，逻辑推理，分辨解说。推断是个体思维的蔓溯，而辩证是思维的外显和多种思维的碰撞。

与传统课堂相比，“学在思维”课改下的课堂需要教师努力地由关注“教”向关注“学”转变，由“教会知识”向“教会学习”转变。利用推断策略可以让课堂中的问题设计体现趣味性和可操作性，能够激发学生的探究兴趣且易于学生通过动手、动脑，让问题从抽象变为具体。通过感悟方法从而掌握思维的方式、方法。

案例 3-9　常态课中运用推断策略设计问题

案例背景：教学数学“不规则物体的体积”一课时发布学习单：观察实验一，做好记录（见表 3-3），回答自己的发现。

表 3-3　实验一记录表

原来水的体积	现在梨和水的体积	水上升的体积

问题链中第一个问题设计：你从数据变化中可以推断出什么？

教学过程：

环节 1：让学生自己通过观察、记录，发现梨和水的体积变化情况，从而初步理解梨的体积是多少。这为接下来的学习做了很好的铺垫。

环节 2：推断后学生的反思。

教师进行小问题群中第二个问题的设计：刚才我们解决了问题，现在我们来回顾与反思。用排水法求不规则物体的体积需要记录哪些数据呢？

生 1：需要记录水的体积，还要记录放入不规则物体后的总体积。

生 2：我们还可以记录容器的底面积和放入物体前后的水面高度差，也可以求出不规则物体的体积。

师：那可以用排水法测量泡沫、冰块的体积吗？为什么？

生：用排水法不适合测量泡沫和冰块的体积，因为泡沫轻，不能浸没在水中，而冰块又会与水融合在一起。

师：像泡沫、冰块这样的物体，我们可以使用排沙法、排米法，这样它们的体积就转化成了上升部分沙子、米的体积。计算方法和排水法相同。

（本案例由嵊泗县菜园二小董燕老师提供）

推断首先需要基于材料的收集,即通过观察、实验等获得数据和实证,其次需要通过分析、综合、比较等排除无关因素,概括出本质因素,得出自己的结论。当学生有一定的思维方法后,教师就要及时让学生运用所掌握的思维方法,解决实际的问题,使感性认识上升到理性认识,再从理性认识回到感性认识。让学生真正体会到使用方法进行思考的好处,真正让学生从感性认识上升到理性认识,再从理性认识回到感性认识。

辩证顾名思义就是以辩论的形式证实自己思维的运动。其在课堂上的外显是这种对话式学习,就是师生或生生之间不断地询问,质疑学生(同学)对某个问题的解释和认知,使其处于思维的应急状态并在学习的过程中学会质疑自己及他人的观点,并找寻解决的策略。教学时问题设计要尽量引导学生质疑一些熟视无睹、习以为常的东西。许多在生活中似乎是理所当然的命题,其实经不住追问。可以要求学生养成辩证习惯:

①凭证据讲话;

②合乎逻辑地论证自己的观点;

③善于提出问题,不懈质疑;

④反省自身,包容异见。

案例 3-10 常态课中运用辩证策略设计问题

案例背景:"倍的认识"这一课中学生对"倍"有了初步认识的时候再次出示:胡萝卜有 3 根,把它看成 1 份,那么红萝卜就有这样的 2 个 3 根也就是 2 份,所以红萝卜的数量是胡萝卜的 2 倍。

教学过程:问题引入——为什么是 2 倍? 都是 6 根红萝卜,也都是跟胡萝卜做比较,为什么一会儿是 3 倍的关系,一会儿是 2 倍的关系呢? 让学生去"审辩"(见图 3-5)。

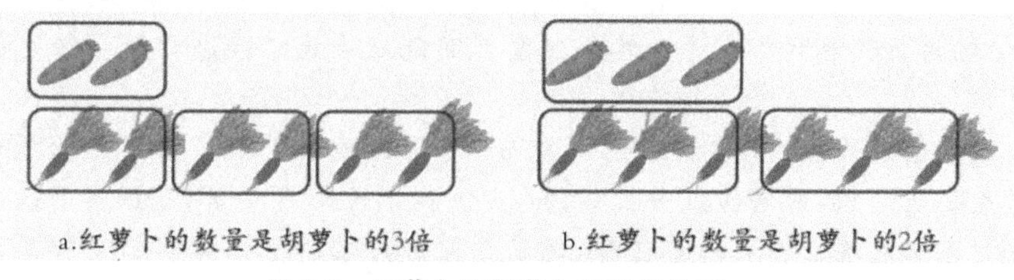

图 3-5 红萝卜和胡萝卜的数量关系

设计阐述：这个情景设计就是给学生创设了"审辩"的机会，让学生不仅能感悟到"倍"的概念，而且能感受到"倍"中的变与不变的关系。这样能进一步感知数量间的依存关系，引导学生初步建模，也促进学生对"倍"的本质属性的认识和理解。同时在问题设计时"审辩"过程可以加强对学生思维方法的训练，如：①化抽象为直观，促进学生"审辩"思维；②联系新旧知识，发展学生"审辩"思维；③进行说理训练，推动学生"审辩"思维；④坚持启发教学，调动学生"审辩"思维；⑤加强逆向应用公式和逆向思考的训练，提高逆向思维能力；⑥加强分析、综合、类比方法的训练，提高逻辑思维能力。

（本案例由嵊泗县菜园二小董燕老师提供）

(3)问题提出和问题解决的运用。

此处提出的问题并不是教师预设的核心问题和小问题群中的任何一个问题，而是课堂上根据课堂情境在学习过程中产生或发现的新问题，提问主体一般是学生，也可以是教师在教学转折点或思维生成点发现新情况后引导学生去发现的问题。新的问题产生意味着学生开始沉浸于学习过程，有着独特的思考，那么教师要适时停止原先的脚步，把新产生的问题并入问题链之中的小问题群，跟随学生的思绪解决现有的问题。通过学生发现问题、组织语言提出问题，引导学生思考学习内容、思考解决问题的过程，实现师生新一层次上的交流。而问题解决过程就是一场思维风暴，学生根据困惑思考解决路径、构思解决思路、讨论和检验成果等都是思维活动的过程。这时结果并不是重要的，学生思维能力和解决问题的能力得到提升才是真正的收获。

案例 3-11　常态课中运用问题提出和问题解决策略

案例背景：二年级下册道德与法治"我们有新玩法"一课，承接上一课"传统游戏我会玩"，在课堂教学中重点突破对传统游戏进行新玩法的创新设计。

教学过程：我们重点关注"跳格子"这项游戏的创设。首先由教师带领学生提出问题：对用传统方式画的"格子"进行 1.0 版设计，在原有的基础上进行适当的难度升级。验证时，玩了几遍后虽然学生兴趣盎然但教师感觉重复而无新意，仅能打发时间，于学生创新和思考无多大助力。这时问学生玩的体验，学生有的说好玩，有的说还不够刺激。那么适时追问：怎么样才能更好玩？

学生适时提出自己的新的想法：“把格子设计得更难一点。”这就是面对情境提出了一个新的问题：怎样把格子设计得更好玩一点，更难一点？把问题抛给学生，进教室以小组为单位进行问题的解决。

学生在小组内快速分工，有创意人、画图人、实践人等，分工复杂却别有趣味，虽然到最后可能会出现分工和实践不明的情况，但粗略分工确实完成。接着小组内交流—设计—验证—修改，组际交流—比较—评比。最后的成果是“跳格子”的设计跃升到 2.0 版、3.0 版，难度逐渐加大。

课后思考：历时 3 堂课的课内和课外的思考与实践，大大超出了原有的时间预设与问题链预设。学生在课内跳得神采飞扬，思维也“跳”得火花四射。课中让学生学会自己设计格子、跳格子、跟同伴们实践格子的难度，让学生在实践中思考，在失败中汲取经验。所用的思维方法是依托情境提出问题并解决问题，过程中涉及发散思维、重组思维和突破定式的运用。

（本案例由嵊泗县菜园二小孙雪君老师提供）

此处问题的提出依托情境而产生，目的是玩得更尽兴，隐藏的任务是通过情境激发思维提出问题；通过问题的提出，进行创新设计、过程体验、成果交流；解决问题的过程就是思维蔓溯和碰撞的过程，让思考延续，让思想和实践结合，验证自己的思考正确与否，是否能更进一步，在交流比较中学生的思维会实现飞跃，解决问题的能力也会得到进一步提升。教师要注意观测学生在行进过程中的困难，发现学生思维停滞、摒弃重复机械学习，及时提供支架和选项，引导学生提出新的问题和困惑。“学在思维”的课堂是指向核心素养提升和高阶思维能力提升的过程的课堂，知识的学习并不是唯一任务，学生在课堂上的思维训练应该和知识获取并重。解决问题的过程，允许失败，允许重现，过程比结果更重要。

第二节 深度提问的有效实施

2016 年北京师范大学研究团队提出了我国学生发展的核心素养，核心素养以“全面发展的人”为根本出发点和最终归宿，是新时期教育的育人目标。为深入实施核心素养背景下的深度学习区域课程改革，积极推进思维课堂教学，打造“学在思维”教育品牌，嵊泗县以区域推进的模式全面启动“学在思维”课堂教学改革，并进行基于学科本质的思维课堂教学实践研究，研究提炼不同学科特质的思维课堂教学关键要素，建构思维课堂基本范式，优化课堂教学策略，帮助学生搭建思维桥梁，促进学生学习真正发生，提升学生的思维品质和思维能力。

本节从学科角度开展体现学科思维特点的课堂教学，开展基于学生思维能力发展的课堂深度提问有效实施的实践研究。

一、思维课堂深度提问概述

1.深度学习

美国著名学者弗伦斯·马顿（Ference Marton）和罗杰·萨尔乔（Roger Saljo）提出的深度学习，是有关学习层次的概念。深度学习也被称为深层学习，与浅层学习相对。浅层学习是指学习者在学习时处于较低的认知水平和思维层次，这时学习迁移不易发生；而深度学习则是学习者处在高级的认知水平和思维层次，可以发生学习迁移。深度学习是指学习者在学习新的内容时，能够在理解的基础上将新的知识纳入原有的认知体系，并可以将已有的知识迁移到新的情境之中的一种学习。区别于浅层学习，深度学习是重点关注培养学生高阶思维的一种学习理念。由此可见，深度学习更注重学习过程，更强调理解、探索和创造，而不是死记硬背、浅尝辄止。

有研究者认为："深度学习是一种基于理解的学习，是指学习者以高阶思维的发展和实际问题的解决为目标，以整合的知识为内容，积极主动地、批判性地学习新的知识和思想，并将它们融入原有的认知结构中，且能将已有的知识迁移到新的情境中的一种学习。""深度学习，是指在教师引领下，学生围绕着具有挑战性的学习主题，全身心积极参与、体验成功、获得发展的有意义的学习过程。""深度学习（deep learning）是'学习者能动地参与教学的总称'，亦即通过学习者能动地学习，旨在培育囊括认知性、伦理性、社会性能力，以及包括教养、知识、体验在内的通用能力。"由学者提出的概念可以看出，深度学习涉及的关键理念包括理解知识、解决问题、提升思维、积极参与、主动体验等。因此，问题学习、发现学习、调查学习和体验学习等都属于深度学习范畴。

2.有效提问

提问是教师最常用的教学手段，也是课堂互动最常用的方法。高效的提问不仅可以激发学生的学习兴趣，还能激发学生参与课堂的热情，活跃课堂氛围，从而达到提高课堂教学效率的效果。由此可见，问题有效性对课堂教学起着关键的作用。有效提问是指教师在课堂教学中采取的能引起学生紧张情绪的提问方法，这种提问不是简单的教师发问、学生回答的过程，需要教师在课前做好充分准备，精心推敲所提问题，提问过程中，当学生有困难时能适时指导，能引导学生独立思考，准确回答，甚至生成新问题。教学内容是由问题构成的，教学的一切都离不开问题，问题解决能力的好坏决定着学生学习能力的高低。因此，问题的质量水平影响着课堂教学的质量和教学成果。课堂有效提问不仅是面向全体学生的，同时也是面向整个教学过程和整个课堂的。有效的课堂提问既要关注教师提出的问题本身，也要关注学生回答问题的情况和参与度。

3. 思维课堂深度提问

深度学习和问题解决密切相关，深度学习并不是从传递特定知识内容的教科书开始，而是从揭示内在思维发展的各种问题开始。在深度学习时，学习者围绕问题，进行种种思考，提出多种解决方法。由此，教师可以判断学生们此时“知道了什么”“能够做什么”，从而及时调整、规范学习规则，并展开一系列解决问题所需的知识与技能的探究活动。深度学习意味着学习者产生了自己的理解与想法，可以顺利进行知识迁移与应用，而这些必须从问题入手。

提问是“教学的生命”和“有效教学的核心”。教师的课堂提问直接关系教学的质量和效果，影响学生的发展和心理成长。为深入实施核心素养背景下的课堂深度学习，有效推进“学在思维”的课堂教学改革，我们从“离岛”小学孩子们普遍存在的思维能力差、质疑精神弱、表达缺乏自信等实际问题出发，大力开展小学思维课堂的深度提问策略研究，让“质疑”成为课堂教学的灵魂，帮助学生搭建思维桥梁，提升思维品质和能力，让学习真实发生。

二、思维课堂深度提问设计

古语有云：“学起于思，思源于疑。”思维往往是从疑惑和问题处产生的，但问题是，我们的课堂教学是否有发展学生高阶思维的意识，是否可以根据教学目标将教学内容与课堂提问整合起来，为高阶思维的产生和发展提供必要的条件支持。

纵观当下我国的中小学课堂，教师的课堂提问存在一些问题：其一，课堂提问缺少规范性和科学性，提问的目标不明确、要求不规范，对问题的设计缺少科学的依据；其二，课堂提问缺少价值性和主体性，提问随意性较强，问题回答往往是一部分优等生的轮番表演和展示，成绩在中下游的学生不敢也不愿回答问题，师生间缺少有效的互动交流；其三，课堂提问缺少层次性和逻辑性，提问多停留在具有事实性或客观性的高阶思维取向下课堂提问的策略研究层面，缺少对方法和途径的深度思考、追问，使得学生的创造性思维无法展开；其四，课堂提问缺少趣味性与启发性，教师提问时不注重语言和非语言行为的使用技巧，提出的问题没有深度，热衷于唯一答案或标准答案，缺少合理的反馈等。因此在我们的思维课堂变革中，做好思维课堂深度提问设计至关重要。

（一）认识课堂提问与高阶思维的关系

思维过程极其复杂，国内外许多研究者从不同角度对思维的内涵与本质进行了不同的诠释。加涅等人将学习结果的表现划分为言语信息、智慧技能、认知策略、态度和动作技能，认为“认知策略”以及“智慧技能”中的“高阶规则—问题解决”属于高阶思维。哈拉戴诺将高阶思维划分为四个层次，即理解、问题求解、批判思维和创造性，作用于事实、概念、原则、程序四类内容，形成复杂、反复、系统性的过程。美国教育家布卢姆根据认知的复杂程度，将思维过程具体化为六个教学目标，即学习时需要掌握的六个类目的行为表现，由低到高包括记忆、理解、应用、分析、评价和创造。其中，记忆、理解、应用属于低阶思维；分析、评价和创造归属于高阶思维。低阶思维是高阶思维发展的前提，从低阶思维到高阶思维的转变是从量变到质变的过程。高阶思维技能的价值在于它能帮助学生更好地为将来的工作、生活、学习做准备。高阶思维应围绕问题分析与求解展开，主要包括分析性思维、评价性思维和创造性思维。高阶思维集中体现了迅速发展的知识时代对人才素质提出的新要求，是适应信息与知识时代发展的关键能力，也是新课程改革的主要精神。

（二）深度提问设计原则

1.问题由浅入深、由易到难

教师提问必须符合学生的认知规律以及知识的逻辑性。如果教师不做循序渐进的引导，学生的头脑在进行知识的建构时会是混乱的。在问题设计的阶段，教师应该注重问题的层次性，遵循由浅入深、由易到难的原则。教师在课前准备课堂问题时，要从学生的实际情况出发，在他们原有的认知水平、知识经验的基础上，有针对性地提问。所提出的问题要注重发展学生的潜能：教师不能只提出一些不需过多思考就可以解决的问题，可以向学生提出一些具有一定难度、需要经过一定的思考或集体的讨论才能解决的问题，促进学生在最近发展区发展。这样可以激发学生思考，使其思维得到发展。

2.注重新旧知识之间的联系

知识之间并不是相互割裂的，它们联系紧密。在设计问题时，教师可以选择从学生已知的内容出发，寻找新旧知识之间的联系与生长点，导入新课。这样提问，可以让学生迅速找到新旧知识间的联系和衔接点，方便学生从已有知识出发，迁移到新知识。这样，每节课的内容就不是分散的，而是可以相互联系起来的。

3.注意明确问题设计的针对性

在设计问题时，应注意明确问题的类型与层次，增强问题设计的针对性；提问时，教师要注意提问方式，提问要表述清晰、简洁、富有启发性，问题量少，候答时要留有足够的时间并灵活运用，叫答时要尽量提高学生的参与度；在提问后要关注理答，理答要注意澄清、追问、转问、悬置等策略的运用。策略一定是在具体的情境中才能够体现其优越性。

(三)深度提问策略提出

提问是教学的一种手段，深度提问则是聚焦注意、促进思考和促进学习的过程。新课程强调学生是课堂学习的主体，课堂教学中不应该仅仅有教师的“精心提问”，更应有学生自我建构下的有感而发，有疑而问。在这次“基于学科本质的思维课堂教学”的变革中，我们从打造“思维课堂”出发，培养学生“学贵有疑”的品质，通过师生合作、生生交流，共同走上学习探究之路，让“质疑”成为课堂教学的灵魂，让课堂有实实在在的改变，让师生在“提问”中成长。

这里的“深度提问”还是相对于学校学生的实际水平而言的，通过深度提问策略的实践研究逐步解决“离岛”小学的孩子们普遍存在的独立思考能力不强、质疑问难能力不强、语言表达不够自信等问题。

策略一：课前质疑，激疑存疑。培养学生课前提问的习惯，初步形成问题意识。

策略二：课中质疑，生成探究。运用探究策略解决课堂中生成的问题。

策略三：追问质疑，评价跟进。在解决问题的过程中，一定要进行有针对性的评价。

策略四：拓展提升，导图提炼。课堂中的拓展延伸环节要给学生留有思考的余地，产生新一轮的质疑，提高学生深度学习的能力。

三、思维课堂的深度提问策略的有效实施

(一)课前质疑，激疑存疑

“课前质疑，激疑存疑”，即课前引导学生提问，激发学生提问的兴趣。激疑存疑策略的运用是为了激发学生去思考，在思考中产生问题、积累问题，形成初步的问题意识。

针对某校学生提问水平不高的现象，我们专门设立了课堂“前置质疑环节”，开展“提炼思维课堂驱动问题”的行动研究。第一个行动要求每个孩子必须提一个问题；第二个行动要求必须提和本课教学有关的问题且不能重复；第三个行动要求提更高层次的具有开放性的本学科问题。教师通过对课前质疑问题的系统归纳整理，把有价值的问题反馈在课堂导入环节，并将其作为本课教学的驱动性问题，引领思维课堂教学。

深度提问思维课堂课例展示活动中，吴××老师执教“植树问题”时，在上课之前通过前置质疑“通过观察路边种的树，你有什么发现或是有什么问题?”收集了学生的“提问”后，提炼了有价值的问题：

生1：我发现每棵树之间的距离是相同的。

生2：相邻树之间的间隔是多少米?

生3：如果街道总长140米，每隔2米种一棵树，可以种多少棵?

…………

导入环节从问题情境入手，通过观察学校门口的大树引导学生进行前置质疑，教师从学生的问题中提炼出植树问题的概念，如间隔长度、间隔数等，为接下来的教学做好铺垫，从学生自己提出的问题中引入新课，自然有吸引力。

(二)课中质疑，生成探究

“课中质疑，生成探究”，即在教学过程中启发学生质疑并进行提问，教师预设学生的问题，设计驱动性问题，通过探究活动解决问题。

探究(自主探究、合作探究)策略是课堂改革的主旋律，在思维课堂的教学实践中，课堂要更具灵活性，一定要启发学生质疑，产生疑问的过程就是问题生成的过程，自主探究、合作探究在思维课堂中更要灵活地加以运用。

STEAM背景下“怡情海钓”项目化学习课例展示中，某校的科学课和信息技术课、美术课联动，学生自己动手设计、制作一款私人定制鱼竿，在“探究鱼竿中的杠杆原理”环节，教师通过问题“鱼竿中蕴含了怎样的科学知识?”引导学生通过自主探究学习和了解“三点两臂”的杠杆相关知识。思维课堂教学设计见表3-4。

表3-4 思维课堂教学设计(一)

<table>
<tr><td>年级/学科</td><td>融学科</td><td>授课时间</td><td>2021年6月9日</td><td>授课者</td><td>范××</td></tr>
<tr><td>教学内容</td><td colspan="3">制作鱼竿</td><td>课时</td><td>1课时</td></tr>
<tr><td colspan="3">教学目标：
科学概念目标：
1. 了解鱼竿蕴含的杠杆原理。
2. 知道杠杆三要素。
科学探究目标：
1. 学会鱼竿的制作方法。
2. 学会打鱼钩结和鱼竿结。
科学态度目标：
1. 在制作过程中体验小组合作的重要性。
2. 养成认真倾听、细致观察的习惯</td><td colspan="3">达成评价：
优：小组积极合作，组内成员有明显的分工，学会打鱼钩结和鱼竿结，小组能独立完成鱼竿的制作。
良：小组成员能相互配合，在老师的帮助下应用鱼钩结和鱼竿结，完成鱼竿的制作。
一般：不能完成鱼竿的制作</td></tr>
</table>

续表

<table>
<tr><td>年级/学科</td><td>融学科</td><td>授课时间</td><td>2021 年 6 月 9 日</td><td>授课者</td><td>范××</td></tr>
<tr><td>教学内容</td><td colspan="3">制作鱼竿</td><td>课时</td><td>1 课时</td></tr>
<tr><td>教学重点</td><td colspan="5">了解鱼竿中蕴含的科学知识</td></tr>
<tr><td>教学难点</td><td colspan="5">制作鱼竿</td></tr>
<tr><td>学前准备</td><td colspan="5">小组准备:竹竿、鱼线、鱼钩等。
教师准备:教学课件</td></tr>
<tr><td colspan="3">教师活动:
一、鱼竿中的杠杆原理
导语:在刚才的信息技术课中,我们在虚拟世界中开展了一次钓鱼活动。请同学来谈谈自己的感受。那么,在现实生活中,我们自己能否动手制作一根鱼竿去体验钓鱼的乐趣呢?
1.作为一种钓鱼的工具,鱼竿中蕴含了怎样的科学知识呢?
2.学习了解杠杆的相关知识——"三点两臂"。
3.比较两种剪刀,加深对杠杆的认识。
4.找出鱼竿中的杠杆三要素,想一想:鱼竿是一种省力还是费力的工具?</td><td colspan="3">学生活动:
1.学生说感受。
2.小组同学手拿竹竿,找一找鱼竿上的三点,思考鱼竿是省力的工具还是费力的工具。
3.上台交流,相互指正</td></tr>
<tr><td colspan="3">教师活动:
二、制作鱼竿
1.思考:鱼竿的制作要解决什么问题?
(1)全班交流;
(2)教师引导。
2.学习鱼钩结。
(1)播放鱼钩结视频;
(2)小组合作固定鱼钩。
3.学习鱼竿结。
(1)播放鱼竿结视频;
(2)小组合作固定鱼线</td><td colspan="3">学生活动:
1.小组交流、讨论制作鱼竿需解决的问题。
2.小组合作制作鱼竿</td></tr>
<tr><td colspan="3">教师活动:
三、拓展延伸
导语:怎样让我们小组的鱼竿具有海洋特色?能不能对小组的鱼竿进行后期的美化?
1.欣赏美化后的鱼竿。(幻灯片 6)
2.让我们的鱼竿具有海岛特色、海洋品位。
3.鱼竿是一种费力的杠杆,能不能对鱼竿进行改进,让它不仅能省距离还能省力呢?</td><td colspan="3">学生活动:
1.学生欣赏美化后的鱼竿,激发美化鱼竿的欲望。
2.课后去了解新式鱼竿</td></tr>
<tr><td colspan="6">拓展质疑:怎样改进鱼竿,让它既能省距离又能省力?</td></tr>
</table>

在教学的过程中学生会产生很多疑惑(问题);然后通过探究活动,包括师生交流、生生交流,知道鱼竿是费力杠杆;最后通过小组学习,明确分工、积极合作,学会鱼钩结和鱼竿结,能合作完成鱼竿的制作。活动任务设计见表3-5。

表3-5 "怡情海钓"项目化学习小组活动任务设计

小组成员	明确分工任务	鱼竿制作要解决什么问题?	固定鱼钩、固定鱼线的做法	怎样让我们小组的鱼竿具有海洋特色?(设计图)
1号:		1. 2. 3.		
2号:				
3号:				
4号:				

(三)追问质疑,评价跟进

"追问质疑,评价跟进",即在思维课堂的教学过程中,教师发挥自身的专业能力,引导学生提问和质疑,并在学生提问或质疑的时候进行适时的追问,并做好点评和评价。

追问评价策略是对教师教学能力的综合考验,教师在教学过程中组织课堂,引领课堂,在学生的质疑、答疑中"穿针引线",做好点评和评价工作,并进行适时的追问,这是对教师综合能力的考验,既考验教师对教材的理解和设计运用的水平,也考验教师的课堂执教能力和驾驭课堂的能力,若做得恰当,必将是智慧的生发点。

刘××老师在执教义务教育课程标准实验教科书人教版语文二年级下册《开满鲜花的小路》(第二课时)时,围绕两个驱动性问题"从哪里看出这是一条开满鲜花的小路?""美好的礼物是什么,为什么说是美好的礼物?"来展开教学。在教学的过程中适时地进行追问,并在关键问题上嵌入及时、具体、量化的评价,教学效果显而易见。教学设计见表3-6。

表3-6 思维课堂教学设计(二)

年级/学科	二年级(下)语文	授课时间	2021年3月8日	授课者	刘××
教学内容	3.开满鲜花的小路			课时	第二课时
教学目标:(经历学习过程后应达到的目标和学生能够做到的事情) 1.指导学生深入探究"美好的礼物",联系生活实际谈谈生活中有哪些美好的礼物,从而受到"赠人玫瑰,手有余香"的思想教育。 2.能借助课文的插图讲讲这个故事					

续表

<table>
<tr><td>年级/学科</td><td>二年级(下)语文</td><td>授课时间</td><td>2021 年 3 月 8 日</td><td>授课者</td><td>刘××</td></tr>
<tr><td>教学内容</td><td colspan="3">3.开满鲜花的小路</td><td>课时</td><td>第二课时</td></tr>
<tr><td>教学重点</td><td colspan="5">1.能正确朗读课文,能分角色朗读课文。
2.图文结合和结合生活实际,了解课文内容,能说出课文中“美好的礼物”指的是什么,感悟春天是个鲜花盛开的季节</td></tr>
<tr><td>教学难点</td><td colspan="5">1.参照“美好的礼物”,说说生活中还有什么是美好的礼物。
2.能借助课文的插图讲讲这个故事</td></tr>
<tr><td>前置质疑(本课学习问题收集)</td><td colspan="5">1.课文哪些句子让我们感受到这是开满鲜花的小路?
2.“这美好的礼物”是什么?为什么说是“美好的礼物”?生活中还有哪些美好的礼物?</td></tr>
<tr><td>学前准备</td><td colspan="5">生字卡片、多媒体课件、学生课外积累的有关花的词语、古诗句、图片等</td></tr>
<tr><td colspan="4">解决质疑(梳理、讨论、解决)</td><td colspan="2">嵌入式评价</td></tr>
<tr><td colspan="4">环节一(根据课堂教与学的程序安排)</td><td colspan="2">学生学习活动表现评分标准</td></tr>
<tr><td colspan="3">教师活动:
驱动性问题:从哪里看出这是一条开满鲜花的小路?
1.学习课文第七至十自然段。
2.随机出示:
门前开着一大片绚丽多彩的鲜花。
门前开着一大片五颜六色的鲜花。
门前小路上花朵簇簇。
3.图文理解:绚丽多彩、五颜六色、花朵簇簇。
4.积累描写花的四字词语(见词语手册)。
5.延伸问题:面对这样的景色,刺猬太太、狐狸太太、松鼠太太有怎样的表现呢?你能通过朗读来体现吗?</td><td>学生活动:
1.学生自由读第七至十自然段,用“—”线画出句子。
2.交流反馈。
3.交流更多的表现颜色多而美的词语。
4.齐读四字词语。
5.学生自由练读—指名读—分角色读,体会惊奇、好奇</td><td colspan="2">1.能积极参与到自主活动之中,自由流畅地朗读自然段,并用“—”线划出句子(1 分);
2.能够交流更多的表现颜色多而美的词语,从他人角度思考问题,并能有条理地阐述自己观点(2 分);
3.能够根据课文插图和示意图讲讲这个故事,从多角度思考和解决问题,并对同伴的观点或方法提出建设性意见(3 分)</td></tr>
</table>

续表

<table>
<tr><td>年级/学科</td><td>二年级(下)语文</td><td>授课时间</td><td>2021 年 3 月 8 日</td><td>授课者</td><td>刘××</td></tr>
<tr><td>教学内容</td><td colspan="3">3. 开满鲜花的小路</td><td>课时</td><td>第二课时</td></tr>
<tr><td colspan="4">解决质疑(梳理、讨论、解决)</td><td colspan="2">嵌人式评价</td></tr>
<tr><td colspan="4">环节二</td><td colspan="2">学生学习活动表现评分标准</td></tr>
<tr><td colspan="3">教师活动:
提问:为什么去往松鼠太太家的路会变成一条开满鲜花的小路?
1. 这也是鼹鼠先生的惊喜和疑问,谁能来解释一下呢?
2. 根据学生的回答完成示意图。
3. 指导讲故事。
4. 完成《作业本》练习</td><td>学生活动:
1. 同桌讨论。
2. 交流。
3. 根据课文插图和示意图讲讲这个故事。
4. 完成练习</td><td colspan="2">1. 能积极参与到自主活动之中,自由流畅地朗读(1 分)。
2. 能够了解并解释鼹鼠先生的惊喜和疑问(2 分)。
3. 能够完成《作业本》练习(按质量赋予 1、2、3 分)</td></tr>
<tr><td colspan="4">环节三</td><td colspan="2">学生学习活动表现评分标准</td></tr>
<tr><td colspan="3">教师活动:
驱动性问题:美好的礼物是什么,为什么说是美好的礼物?
1. 读课文第十一至十二自然段。
美好的礼物是什么?(花籽)
2. 再读全文:为什么说是美好的礼物?
随机板书:美丽、快乐。
3. 创设情境:如果你是鼹鼠先生,你想对长颈鹿大叔说些什么?
4. 小结:是呀,长颈鹿大叔寄来的花籽因为鼹鼠先生不小心漏在路上,春天来了,花籽变成了一路的鲜花,既带来了美丽,也带来了快乐。礼物从鼹鼠先生一个人的花籽,变成可以供大家欣赏的一路鲜花着实美好。
能带给别人快乐和温暖的礼物就是美好的礼物。
5. 生活中哪些礼物也是美好的呢?
小结:赠人玫瑰,手有余香;帮助别人,快乐自己。一个微笑、一句安慰……都是美好的礼物</td><td>学生活动:
1. 学生读课文,指名回答。
2. 指名回答。
3. 表演说。
4. 学生讨论、反馈</td><td colspan="2">1. 能积极参与到读课文环节,自由流畅地朗读(1 分)。
2. 能够了解问题并正确回答为什么说这是美好的礼物(2 分)。
3. 学习联系生活实际,能够说出生活中哪些礼物也是美好的(3 分)</td></tr>
</table>

(四)拓展提升,导图提炼

"拓展提升,导图提炼"即在课尾巩固提炼环节用思维导图的策略将教学流程可视化,帮助学生梳理学习的脉络,提升学习的效率,进而提升深度学习的能力。

教授《开满鲜花的小路》一文中，刘老师在拓展提升环节围绕着“美好的礼物”，进行了课文主题的提炼以及课后的延伸，让学生联系生活实际谈“美好的礼物”，让学生明白“赠人玫瑰，手有余香；帮助别人，快乐自己。一个微笑、一句安慰……都是美好的礼物”。回顾故事的发展伴着思维导图的形式呈现，引得学生惊呼“太美了！”思维导图的运用不仅帮助学生梳理了课文脉络，降低了讲故事的难度，也完成了一次情感教育（见图 3-6）。

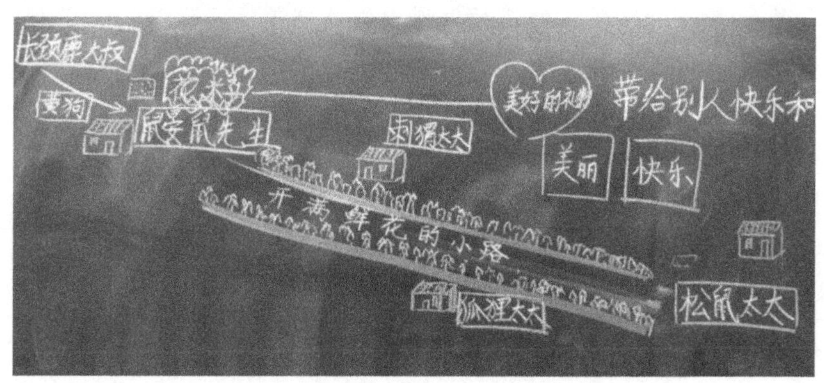

图 3-6 《开满鲜花的小路》思维导图

从思维型教学理论出发让课堂教学走向深度教学，实现学生学科核心素养能力的提升，落脚点之一就是加强基于学生思维能力发展的课堂深度提问实践研究，坚决克服问题指向不明、无效提问这一普遍现象，使提问指向教学目标、关键知识点、思维方法与解决问题的能力；指向潜在螺旋状的思维方式，按照学生思维模式和知识逻辑规律来逐级逐层设置问题，这样能在时间有限的课堂上，让每一个问题成为学生通往核心素养提升这个终极目标的载体。

思维课堂深度提问的策略形成，也可以依托教与学主客体间的互动性转换，从学习自主性角度出发，变教师提问为学生提问，让学生成为问题的主导者，课前预设问题，课中生成问题，在课堂上充分激活学生的问题化意识，实践问题化学习行为，这样能帮助学生从更深层次提出问题，寻找解决问题的方法，从而提高学生独立解决问题的能力，最终使实现学生的自主学习。

参考文献

[1]夏雪梅.项目化学习设计：学习素养视角下的国际与本土实践[M].北京：教育科学出版社，2018.

[2]韩琴.课堂提问能力实训[M].北京：高等教育出版社，2019.

[3]胡卫平，张蕾，单欣欣，等.学思维活动课程教师用书[M].北京：外语教

学与研究出版社,2018.

[4]威廉姆斯.高阶思维培养有门道[M].刘静,译.北京:教育科学出版社,2021.

[5]刘月霞,郭华.深度学习:走向核心素养(理论普及读本)[M].北京:教育科学出版社,2018.

[6]郭华.深度学习及其意义[J].课程·教材·教法,2016(11):25-32.

[7]景爽.面向深度学习的新授课课堂教师有效提问研究[D].天津:天津师范大学,2019.

第四章　“学在思维”教学的作业创新与实施

为深入实施核心素养背景下深度学习区域课程改革(2.0),积极推进思维课堂教学,打造“学在思维”县域教育品牌,嵊泗县域各学校开展了“学在思维”教学的作业设计与实施的探究。作业体系的研究是新时代高质量教育发展必不可少的一部分,是深入落实“双减”政策的实践突破点,也是学校提升教育教学质量的生长点、教师提升专业素养的着力点,必会成为改变课堂组织方式、实现学生学习方式变革的撬动点。作业作为教学常规工作中的重要一环,与课堂教学是相辅相成的,我们立足发展学科思维和深度学习的课堂教学追求,融合“高阶思维”培养的理念,探究提升作业设计与实施水平的策略。

第一节　思维型作业的设计与实施

思维能力的发展与学生综合素养的提升有着密切的关系,它们互相影响,互相促进,共同发展。思维型作业的构建,在培养学生学科素养的同时,注重学生思维品质的训练和提高。为进一步改善教与学的关系,学校以县域重点课改品牌“学在思维”研究工作为抓手,立足发展学科思维和深度学习的课堂教学追求,加强作业设计的研究,倡导教师进行“基于思维发展的作业设计”的研究,教师将作业的设计和生活联系起来,从知识学得多用得少变成边学边用、边用边学,让学生体会学习的成就感和学以致用的乐趣,为他们的终身学习和发展打下良好的基础。围绕“让学生做有思维含量的作业”,在作业设计中,通过“时间保证”“难度分层”“作业形式”和“效果落地”等方面的考虑,允许答案的多样性,多方面多角度地锻炼学生的能力。从不同的视角、不同的层面去看待每一位学生,尊重学生作为生命个体所存在的差异性。确定多样的评价内容,肯定学生增长点,激发其追求自我成长的动力。

在保证学业质量的基础上,切实减轻学生课业负担,促进学生在完成作业过程中实现思维的发展、能力的提升,让“课堂”与“作业”双管齐下,提升学生思维品质与思维能力,开展一场由作业改革带动学校课程与教学系统创新的变革。

一、思维型作业概述

(一)思维型作业的定义

思维型作业应该是从单元整体视角出发,体现思维和难度的进阶性,有目的、有计划地针对学生的思维特点的作业,同时聚焦深刻性、灵活性、独创性、批判性和敏捷性五大思维品质的培养,促进学生思维能力的发展。

(二)思维型作业的功能

思维型作业具有训练思维品质、提升思维能力、促进深层学习、完善认知结构、养成高尚品格和落实核心素养等功能。从学生发展角度看,它可以帮助学生强化知识识记、加深知识理解、提高技能熟练度、发展思维品质、培养意志品质、形成良好行为习惯,促进学生全面发展。从教师专业素养提升角度看,它可以帮助教师检测教学效果、精准分析学情、改进教学方法。从学校高质量发展角度看,它可以促进学校完善教学管理、开展科学评价、提高教育质量。

(三)思维型作业设计的理念

1.以学定教

思维型作业通过学生的作业体现其思维发展的情况,同时衡量教师上课的教学效果和对学生的影响,能让教师确定相关教学内容和目标设计及作业的设计。根据美国心理学家、教育家本杰明·布鲁姆在认知领域的教育目标分类法,可以将作业分为六个类型:识记类作业、理解性作业、应用性作业、分析性作业、评价性作业、创造性作业。识记类作业和理解性作业属于初级认知的作业,它们一般有直接的、明确的、无歧义的答案;而后四类属于高级认知的作业,通常没有唯一的正确答案,从不同的角度有不同的回答。相对而言,高级认知层次的作业更能够激发学生的思维,从而培养学生的思维能力。小学阶段,学生的作业一般以前三个类型为主,这样的作业思维是单一、平面的,无法适应现实生活。思维型作业的设计就是在应用、分析、评价和创新的作业中去检查是否完成了记忆、理解的环节,同时培养学生遇到问题分析问题、解决问题的习惯,更关注思维能力及其他能力的共同作用。

2.联系生活

学生在校内学习的知识是人们在解决实际问题的过程中不断发展和完善起来的。让学生将所学运用到实际的生活中,并在实践过程中根据自己的判断,灵活调整和运用,从而不断自主拓展和丰富这些知识。思维型作业就是引导学生把学到的知识与生活实践联系起来。教师设计的作业应与生活相关，把学习的某个专题甚至多个专题的知识结合起来，进行综合运用。生活中的许多问题没有标准答案，并不是非错即对的。答案标准化会造成学生思维的狭隘、僵化。思维型作业更多呈现的是生活的多样化，因此答案的多样化更符合学生的实际生活。

3. 促进发展

每个学习个体都是独一无二的，他们的认知水平和能力、学习态度和学习习惯都不一样。教师要思考如何以更科学的方式评定学生的学习水平和发展程度，判明学生的潜能，发现学生的特性。思维型作业允许差异性，在作业评价中不仅关注基础目标（知识、技能）的达成情况，更关注发展性目标（以思维能力为重点的学习素质和以情感为重点的社会素质）的达成情况。当学生将实际和思考、创造、整合、解释、想象结合起来，或者得出结论达到理解的程度的时候，就会有变化发生。做作业的时候，知识和思考的结合将会帮助学生解决问题，更深刻地体验、理解，发现新的含义。通过创造思维型的活动和氛围，促使学生能够应用已学的知识、已有的技能，进行更高级别的思维，完成任务，达成目标。

4. 奠定基础

思维型作业，将作业重点转到思维应用上，目标是促使学生不断地思考如何运用已有知识、技能更好地完成作业。通过这种改变，让学生除了课堂以外还有更多综合运用知识的机会。比如，学生可以借助图画、表演、数据等多种形式完成作业，使知识运用的形式更加多样。为了完成思维型作业，学生必须先掌握学科知识点，然后主动寻找课堂以外的知识，获得更佳答案。在这个应用过程中，学科知识的掌握不断得到强化和巩固。

（四）思维型作业设计的原则

1. 坚持低阶与高阶思维作业量的统一

低阶思维，是指缺少辨析、判断或者识别的思维。对于指向低阶思维的作业，教师应合理安排其比重，但不能完全摒弃，因为低阶思维类作业，如识记、理解和简单应用等，对基础一般的学生回顾和掌握课堂知识有一定作用。这类作业也可为他们提供可做、能做、想做的阶梯，为后续完成指向高阶思维的作业做铺垫。

2. 坚持宏观与微观设计整合的统一

在学生良好的学习习惯养成中，我们知道让学生主动完成作业与让学生正确完成作业同样重要。为此，在宏观层面上，教师应缜密思考、系统配置作业的难度、可理解性、挑战性等。在微观层面上,教师要重视作业中题干、选项、答案等的思维含量。

3.坚持外在形式与内在思维的统一

作业是知识输出的重要环节,教师设计作业时要注意作业外在形式和内在思维的统一,使作业至少包含三项功能:注意和触发功能、假设检验功能、元语言(反思)功能。这样,作业才能有效帮助学生从机械性练习走向有意义的练习。

4.坚持知识逻辑与心理逻辑的统一

过于追求让作业容纳全部课堂教学内容,会导致作业超出学生的心理悦纳程度。教师要改变以数量替代质量的做法,重视引导学生有效完成作业。在设计作业时,教师要力求实现知识逻辑与心理逻辑的统一,思考怎样的作业更能激发学生的内在投入、怎样的作业规则能让学生形成良好的作业习惯等。

5.坚持个体需求与集体期待的统一

在教学中,学习是基于个体、依赖于个体的知识建构过程。每一个学生在学习中都作为主体存在。学习活动不是孤立的,而是一种集体的学习模式,需要综合利用动作、图像、符号等认知方式达到行为、直观、概念等学习方式的高度统一,实现思维的互补、交融与提升。只有兼顾思维的个体发展和集体提升,作业才能切实帮助学生实现思维能力和语言能力的提升。

二、思维型作业设计与实施策略

思维型作业的研究以“全面育人”的作业改进为基本导向,同时把促进学生全面发展作为作业改进的基本目的,以提高作业效能为目标向度,通过“框架设计”“思维进阶”“作业形态”和“实施策略”四个维度,研究思维型作业的设计与评价策略,形成高质量的作业设计观念,提高教师作业设计与研究能力,促进学生在完成作业过程中实现思维的发展、能力的提升。

(一)全局思维,优化作业设计路径

高质量思维型作业设计需规划这样一个路径:解读国家课标—编写“学在思维”学期课程纲要—制订“学在思维”单元教学设计框架—完成“学在思维”单课教学设计—优化作业设计路径。

编写学期课程纲要,是以提纲的形式一致性地呈现一门课程的目标、内容、实施和评价四个基本要素。其能帮助教师、学生从对课程的局部思维转向整体思维,是学期维度的简案,是实施基于课程标准的教学与评价的工具。

制订单元教学设计框架，则突出单元教学设计的关键环节或要素，从“技术”层面开展研究，形成设计的基本“规格”，成为开展单元教学设计的“指南针”。它包括单元教材教法分析、单元教学目标设计、单元评估方式标准设计、学科大概念设计、单元学习活动设计、基于思维可视化的单元流程图设计、单元作业设计、单元评价设计、单元教学资源设计等部分。

优化作业设计路径，第一步是在单元教学目标的基础上，编制单元作业目标、课时作业目标；第二步是拟题（选题）；第三步是优化平衡，形成题组。路径的确定能规范教师思维步骤，指引教师思考要点，提供教师证据支持，较为明显地提高作业设计质量，并在一定程度上提升教师的作业设计能力。

（二）系统思维，搭建单元作业框架

以系统思维开展作业设计研究，关键是以单元为基本单位，整体设计单元作业，增强作业的整体性、结构性、关联性、递进性，以形成保障学生发展思维、锻炼能力的有效措施。

1. 单元作业设计流程

高质量单元作业的设计，是在精准把握学科课程标准中的内容与要求、单元教学目标意图，以及学生实际发展需求的基点上开展的（见图 4-1）。

图 4-1 单元作业设计流程

2. 单元作业目标设计

单元作业目标是高质量作业设计的起点与关键，在综合分析课程标准要求、教材内容、作业功能的基础上，以单元为单位，进行作业目标设计，形成体现知识、能力、方法、态度、价值观等维度的单元作业目标体系。

以部编版教材语文四年级上册第五单元的作业目标为例（见表 4-1），它是从常规作业目标（围绕语文学科基础性练习制定的目标）、单元重点作业目标（围绕单元学习重点制定的目标）和学期重点目标（围绕学段各模块的核心能力制定的目标）三个角度编制而成的。

表 4-1 语文四年级上册第五单元作业目标

序号	单元作业目标描述	学习水平
1	▲在语境中读准字音	A 知道
2	▲默写本单元指定的字词	A 知道
3	▲借助注释说出本单元的文学、文化常识	A 知道
4	▲背诵或默写本单元指定的古诗	A 知道
5	▲在语境中解释词语的意思	B 理解
6	* 说明词语在文中的表达作用	C 应用
7	* 根据提示梳理文章的叙述顺序	B 理解
8	★根据提示详细复述文章的内容	B 理解
9	★结合具体的内容对文中的人物作出评价	D 综合
10	* 围绕一个意思,选择合适的材料,介绍一下令“我”敬佩的人	D 综合

说明:▲标注的为常规作业目标;★标注的为单元重点作业目标;* 标注的为学期重点作业目标

单元作业目标编制,既注重学科基础知识、基本技能的巩固与夯实,又凸显了学科核心能力的落实和发展,准确把握了每一条目标的维度和学习水平,避免了作业目标间的交叉重复描述、大小概念混杂、要求互相矛盾等问题。在此基础上,将单元作业目标分解、落实到课时作业目标中,通过每一课时作业的实施,单元作业目标最终形成。

3. 单元整体作业编制

依据单元作业目标体系选编、改编、创编单元课时作业内容,一个作业题或任务应以反映单元、课时目标体系中的一个目标为主,所有作业题或任务构成的作业内容要覆盖所有的单元作业目标,要从单元整体统筹作业内容,做到充分、均衡、合理地反映单元作业目标。单元作业设计还应考虑开放性和实践性,联系学生生活,挖掘和开发学习资源,丰富作业的内容和形式,促进学生综合能力的发展。

4. 单元作业属性分析

作业难度要恰当,不同难度的作业题量分布要合理,既要避免出现明显超出作业目标要求的题目,又要避免过低层次的重复训练。一般难易度比例(从易到难)为 7∶2∶1 较为合适。借助作业属性分析、统计表完成此项工作,建立课时之间的联系,通过每一课时作业的实施,确保作业内容既能围绕“重点作业目标”展开,呈现“常规作业目标”,又能达成单元重点作业目标,符合学生素养发展目标，呼应年级教学要求（见表 4-2）。

表 4-2 作业题目属性汇总表

题目编码	对应目标	对应学习水平	题目类型	题目完成方式	题目难度	预计完成时间（分）	题目来源
Z1001	051001	知道	选择题	书面	较低	1	改编
Z1002	051006	理解	填空题	书面	中等	3	改编
Z1003	051005	理解	实践操作题	听说类	中等	10	选编
Z1004	051009	综合	书面开放题	综合实践类	中等	5	创编

5. 作业优化形成题组

在分析题目的过程中，对作业进行优化平衡，使题组具有较强的结构性。作业结构是指作业类型、难度、目标等的分布比例。作业结构是否合理，会影响作业功能的发挥。教师在单元作业目标指引下，不仅要合理安排各课时作业目标，关注类型、难度、实践等关键要素的比例分布，同时也要注重不同课时作业之间的内在联系。

案例 4-1 小学语文六年级上册第三单元作业设计

第一部分 积累与运用

一、读语段，根据拼音写词语。

2021 年 7 月 9 日，网友拍到中国空间站从头顶飞过的画面，这则消息瞬间登上了热搜。短短的一周时间，世界各地的人们纷纷 guān cè（　　）天空，将 pāi shè（　　）到的中国空间站影像上传，引发了热烈的讨论。

太空之所以令人向往，正是因为它的浩瀚与 shén mì（　　）。中国空间站的发射意义深远，为人类在太空中的研究 tí gōng（　　）了场所，或许多年后人类 qǐ yuán（　　）的秘密也将揭晓。

【设计意图】本题为创编题。所填词语出自教材后附词语表，是学生平时比较容易出错的词语。为了提高词语积累的效率，减少学生机械性的记忆，笔者结合时事热点话题，创设了“中国空间站发射”的情境，既可激发学生做题的兴趣，促进学生对语段的阅读与理解，降低词语记忆的难度，同时也将中国的这一壮举无形地渗透给学生，以增强学生的民族自豪感。

二、结合语境，加点的词语使用恰当的一项是（　　）

A. 小明生气了，他那威风凛凛的样子真让人害怕。

B. 小丁把大量的时间用在了练习上，在科技节的无人机比赛中技高一筹，以高比分领先，轻松获胜。

C. 这道数学题对于刚刚掌握的小李来说，实在太难了，老师一叫他回答，他一站起来就忘乎所以了。

D. 小兰生病了，妈妈请假在家细心地照顾她，妈妈对小兰的爱在这一刻暴露无遗。

一星任务★：任选其中一个使用不恰当的词语说一句话。

（　　　　）：________________________________

三星任务★★★：任选其中一个使用不恰当的词语的句子，将不恰当的词语替换成恰当的词语，使句子的意思准确。

（　　　　）换成（　　　　）：

____

【设计意图】本题为创编题。本题考查学生对四字词语的正确使用能力。本单元两篇精读课文，书后词语表中四字词语有9个，分别是威风凛凛、呆头呆脑、别出心裁、技高一筹、大步流星、暴露无遗、念念有词、忘乎所以、心满意足。掌握这么多的四字词语光靠默写是不够的，还需要检测和帮助学生正确使用，在语境中让学生进行判断，这样不会很枯燥，能让他们结合自己的生活实际对词义进行正确的判断、理解。选择的“威风凛凛、技高一筹、暴露无遗、忘乎所以”是学生相对比较陌生，容易产生错误的词语。在解答此题时，需要结合语境，从词性、词义轻重、感情色彩、习惯用法等多方面考虑，确定正确选项。为了进一步检查学生对四字词语的掌握情况，又设计了深层次作业，即选择使用不恰当的词语造句。此题设计为分层作业，分别为一星任务和三星任务。设置一星任务是为了在检查的同时不增加学困生的负担，而设置三星任务则是希望学生挑战自己，能够调动自己的词语积累，在此题考查的基础上对学生的已学知识进行调动，让学习从一个点到多个点，最终能将知识串联起来。

三、结合已学知识和阅读经验，判断下列阅读方法是否正确。正确的打“√”，错误的打“×”。

1. 带着任务读文章时，既要重点阅读与任务相关的内容，也要对其他内容进行仔细阅读，以防信息遗漏。 （ ）

2. 在阅读时，我们要根据阅读的任务不同，选择合适的材料。 （ ）

3. 我们在读书时，不管阅读的目的是什么，我们都可以用相同的阅读方法，这样阅读就很方便了。 （ ）

【设计意图】本题为改编题。本单元的语文要素是“根据不同的阅读目的，选用恰当的阅读方法”。本单元所选的3篇课文都是要根据不同的阅读任务，找到恰当的阅读方法去解决阅读问题。本题原本是选择题，笔者改编为判断题，理由是通过选择题的答案统计不能完全看出学生的真实水平，存在一定的侥幸答对的情况。而通过判断题的形式，让学生分辨，就每一个题目所针对的考查内容进行统计分析，可以在一定程度上把握学生对于本单元语文要素的掌握情况。另外，题目中提示“结合已学知识和阅读经验”更是为了让学生回顾所学课文，梳理自己的阅读经验，对零碎的、凌乱的知识，进行一次集中的整理，在判断中说清楚对或错的理由，让自己的思维更为清晰。

四、根据情境，将内容补充完整。

一年一度的科技节即将到来，小华满心期待，想要参加“木结构桥梁”比赛，以弥补去年比赛的遗憾。但是，小华已经六年级了，妈妈认为小华应该以学习为重，不应把时间和精力放在比赛上。小华想要说服妈妈，但他一时不知道要用哪些理由，你能帮助他吗？请根据下面的开头，帮助小华想想理由吧，注意加点词语的用法！

小华：妈妈，我想要参加科技节的“木结构桥梁”比赛，您能听听我的理由吗？一是____

____

____

【设计意图】本题为创编题。本题考查学生的语言表达能力。这道题的表达方法出自语文园地词句段运用第2题，通过分条列项的方法说明理由，表达观点。通过创设学生熟悉的“科技节”的情境，再现了学习和兴趣之间的矛盾，这是多数学生都遇到过的，因此学生能够结合自身，将自己带入“小华”的情境中去。有了这样的支架的搭设，学生就能够更容易、更全面地思考，能有条理、有逻辑地表达观点，从而提升自己的思维能力、表达能力。

第二部分　阅读

五、阅读下列材料，回答问题。

地球水资源问题

【材料一】

地球的水资源分别以固态、液态、气态的形式分布在地球表面和大气圈、岩石圈、生物圈中，其总量是很大的，约有 13.86×10^{17} 立方米。但是，这些水资源中有97.5%是海水，而每升水中含氯量小于1克的淡水仅占总水量的2.5%。况且，世界淡水储量中很大一部分又是集中在两极、冰川和深层地下。因为经济和技术的限制，到目前为止，冰雪固态淡水和深层地下水等的应用都非常有限。所以，可方便应用的、与人类生存和糊口关系密切的淡水储量仅占淡水总量的11%。可见，虽然全球水资源总量很大，但实际上人类可直接应用的淡水资源量很少。

水资源的严重短缺不但打破了人们曾经认为的水是取之不尽、用之不竭的美梦，而且水资源正在取代石油而成为在全球引发危机的主要缘由之一。依据统计，当今世界上已有20多亿人口正面临淡水资源的严重短缺。全球已有1/4人口面临着一场为得到足够的饮用水、灌溉用水和工业用水而展开的争斗。这场因为水资源而展开的争斗不但产生在村庄与村庄之间，也产生在地区与地区之间，乃至国家与国家之间。预计到2025年全球将有2/3人口因严重缺水而面临动荡不安的局面。水资源引发的危机已引起世界各国的高度关注。

【材料二】

据嵊泗县水务局局长陈亚军介绍，全县的总蓄水能力仅为280万立方米。如果光看老天爷的“脸色”，注定难以为继。“以往一到缺水，就得用船到大陆去装水。水价高不说，还有股浓重的柴油味。”陈亚军说，碰到大风天气，一些小岛的居民甚至连这种水都喝不上。

1998年，嵊山镇在全省率先建设了日处理能力500吨的海水淡化厂，极大地缓解了当地的用水紧张状况。2000年，嵊泗县自来水公司海水淡化厂动工兴建。整个工程分为5期，日处理能力为1万吨，总投资1亿元，于2006年完工并投入生产。

走进位于小菜园的海水淡化厂，两套淡化设备正在运转。厂长王国华介绍，目前海水淡化设施根据本地水源的量调整相应的处理能力。“像今年初的时候，我们将处理水和水库水各按50%的比例掺和使用。”陈亚军说，今年夏天旅游高峰时，泗礁岛日最高用水量达到了创纪录的1.07万吨，至9月底，本地水源已接近枯竭。进入10月后，海水淡化的比例已提高至70%以上。全年统计下来，海水淡化占到了总供水量的60%。"我们的水样送到省相关部门检测，所有指标全部合格。"陈亚军说，对海水原水的水质，自来水公司也在做日常检测。目前嵊泗的水价为每吨4元，略微低于成本价。亏损部分主要由多方补助和通过优惠用电等予以弥补。

保障了城区供水，周边小岛同样得益。菜园的淡化水还通过海底管网输送到了黄龙乡。该管网于2011年下半年开工建设，2012年初竣工，总投资1000万元。从泗礁岛的五龙乡边礁村附近海域下水，至黄龙乡寺岙村海域登陆，全长7.35公里，日输送能力1300吨，水价也是每吨4元。

据记者了解，除黄龙和花鸟外，全县各主要乡镇都建设了海水淡化厂。嵊山镇、枸杞乡的海水淡化设施日处理能力均为1000吨，洋山镇为2000吨。

【材料三】

中国重要资源在世界上的排名见表4-3。

表4-3 中国重要资源在世界上的位次表

位次	自然资源			
	矿产总量（已探明）	耕地面积	森林面积	水资源总量
总量在世界上的位次	第3位	第4位	第8位	第6位
人均占有量在世界上的位次	第53位	第67位	第121位	第110位

【设计意图】本单元的语文要素是"根据不同的阅读目的，选用恰当的阅读方法"。非连续性文本材料比较多，可以直接通过题目来检测学生对这一阅读方法的掌握情况；本单元的三篇课文分别是《竹节人》《宇宙生命之谜》《故宫博物院》，其中就有科普文和非连续性文本，把两者相结合对学生进行训练，有一定的基础，且能更深入地再训练。

1. 下列选项中，与三则材料内容不相符的一项是（ ）

A. 地球的水资源总量很大，但绝大多数是海水，可被人类直接应用的淡水资源量很少。

B. 水资源的短缺可能引发大到国家，小到村庄间的斗争。

C. 我国自然资源的基本国情是总量丰富，人均占有量也大。

D. 海水淡化是解决小岛居民缺水问题的办法之一。

【设计意图】本题为创编题。本题四个选项来自三则材料，是学生对三则材料初步的、完整的认识，考查学生获取信息的能力，并考查学生能否对信息进行快速的分析、判断。在设计的时候，并没有和材料中的句子完全一样，而是做了调整、概括等，以增加学生思考的含量。比如选项A中“但绝大多数是海水”的描述，材料中没有这样的句子，而是说“但是，这些水资源中有97.5%是海水”，语言表述不同，不能让学生直接找到答案，而是需要一定的思考，这样才能训练学生的思维。另外，在四个选项中相对较难的是选项C，想要知道是否正确，学生必须阅读材料三，要读懂材料三的表格，“人均占有量在世界上的位次”其实是数字越大，人均占有量就越小，特别考验学生的前后联系和推理能力。

2. 材料一中的加点字“仅”让你体会到什么？能删掉吗？请结合材料说说你的理由。

【设计意图】本题为创编题。本题希望学生关注文本中的关键字，通过关键字感受作者所要传达的意思。但是回答不能泛泛而谈，必须结合材料，在分析材料的基础上展开说明。

3. 如果要了解地球上人类可直接应用的淡水资源量很少的原因，我会阅读材料（　　）。通过阅读材料，我了解到地球上人类可直接应用的淡水资源量很少的原因是：

①____；

②____；

【设计意图】本题为改编题。这道题的形式是仿照《作业本》中的题目，主要是为了检测学生能否根据阅读任务有针对性地运用阅读方法。而分条列理由是为了让学生在做题的时候养成全面、细致的习惯。同时，学生在提取信息之后能够根据问题对找到的内容进行整合、概括、增删，以求最简洁有效的回答。

4. 材料二列举海岛地区海水淡化工程，主要是为了说明（　　）

A. 海岛地区不缺水资源。

B. 海水淡化工程能够让自来水公司盈利，应该大力推广。

C. 海岛地区有大量的海水可以做淡化处理，可以肆意使用。

D. 海岛地区水资源缺乏，大力建设海岛淡化过程能够很大程度上缓解这一情况。

【设计意图】本题为创编题。本题考查学生对作者写作意图的推断能力，不只是简单地提取信息、概括信息，而是能够推断作者的写作意图，进而对主题的理解更有深度。在选项的设计上，除了以片面的信息进行干扰外，还有意识地渗透了环保的理念，比如设置错误的选项C“海岛地区有大量的海水可以做淡化处理，可以肆意使用”。这其实是浪费水资源的体现，是有意识地提醒学生要节约用水。

5. 根据不同的任务阅读材料，完成下列题目。(根据星级自选一项任务)

(1)三星任务★★★：做一张“地球水资源问题”的宣传单。

①为了完成这个任务，我会重点读材料(　　　　)。

②结合材料，我打算为“地球水资源问题”设计一条宣传标语：

____

(2)五星任务★★★★★：做一个海岛水资源情况访谈。

①为了完成这个任务，我会重点读材料(　　　　)。

②做一个访谈，我们必须做好充分的准备工作，并做好记录。读材料二中画“________”的句子，你会采访谁呢？请按要求完成采访表格(见表4-4)。(可以采访一人，也可以采访多人)

表4-4　采访记录表

采访对象	缺水时的经历	采访完后的感想

【设计意图】本题为改编题。本题考查学生根据不同的阅读任务，选择不同阅读内容的能力，以及联系生活进行实践探究和创意表达的能力。最为重要的是，本题是力求借助分层作业，满足不同学生的需求，让他们在自己“舒适”的区间乐于思考，乐于表达。两个任务其实都是根据材料、根据主题进行了情境的创设，而五星任务比三星任务更有助于考查学生对于问题的实际解决能力。在单元目标达成的基础上，力求更深入地发展。

(本案例由嵊泗县枸杞乡小学施思老师提供)

(三)综合思维，多元设计综合作业

作业设计上要考虑开放性和实践性，联系学生生活，挖掘和开发学习资源，丰富作业的内容和形式，促进学生高阶思维的发展。

1. 拓展性作业设计

基于学科素养的拓展性作业能培养学生的创新与实践能力，这类作业具有开放性、实践性的特点，能有效拓宽学生的思维，激发学生的学习兴趣，调动学生的智力因素和非智力因素全面参与到作业中来。拓展性作业设计路径丰富，可以向教材、学科和生活拓展（见图 4-2）。

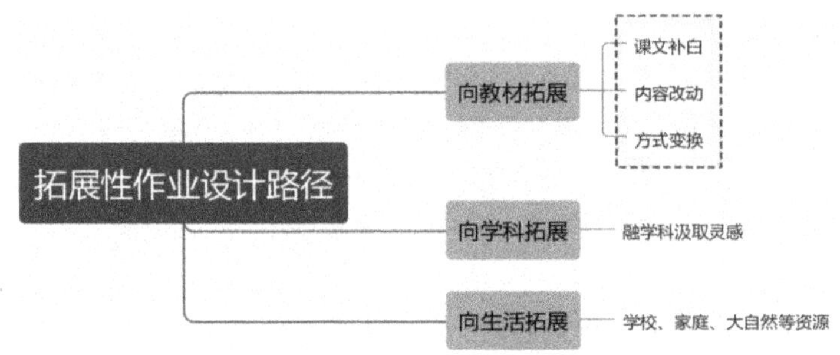

图 4-2　拓展性作业设计路径

2. 实践性作业设计

基于学科的实践性作业是让学生带着学科问题在现实生活中自主实践、自主探究，从而树立知识应用意识，培养学生运用知识解决实际问题的能力。

在设计实践性作业时，需遵循开放性、综合化、结果多样性、探索创新性、层次性、实践性、生活化等原则，应基于单元教材和学生需求，注重知识的迁移运用，注重思维能力的发展，引导学生在运用所学知识解决问题的过程中提升综合能力，提供学习“脚手架”。学习“脚手架”是指学生在活动过程中遇到障碍时，教师提供的必要的帮助。可以通过任务单、评价表、思维导图、记录单等支架，使学生明确活动的要求、过程；通过资源包、导师团队、阶段性交流会，给予学生必要的指导和支持，减少学生对长周期活动的畏难情绪；通过学校公共平台展示等方式，充分调动学生的学习兴趣，促进学生主动学习和互动学习。实践性作业类型需根据学生发展需求进行选择和实施，以培养全面发展的人为目标，通过多种实践性作业类型促进学生素养提升（见图 4-3）。

3. 项目化作业设计

学生在“项目主题”驱动下，能积极主动地进行学习，经历思维成长的过程，体现了开放、多元，学生在经历了整个作业过程后，各学科知识的综合运用也经历了从吸收、内化到展示的过程，实现了整体素养的发展。

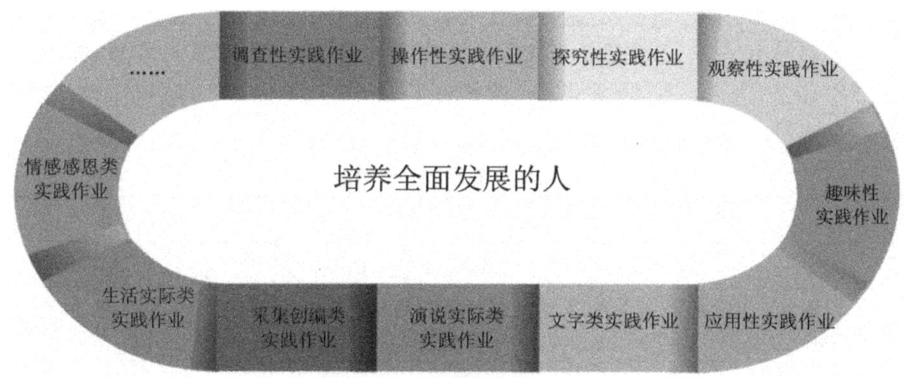

图 4-3 实践性作业类型

在“传统节日知多少”项目化作业设计中，我们通过项目实践、主题化阅读和多元化开展进行设计，让学生选择一个感兴趣的节日，自主运用各种方法进行深入了解；整合收集到的信息，绘制成思维导图；借助思维导图，从几个方面介绍这个节日，并说给家长听。

案例 4-2 “传统节日知多少”项目化作业

一、自主收集、了解阶段作业要求

（一）每天完成作业后，选择一个传统节日，自主运用各种方法了解节日的习俗，并把相关信息记录在“中华传统节日知多少”一表（见表 4-5）中。

表 4-5 中华传统节日知多少

<table>
<tr><td colspan="4">中华传统节日知多少</td></tr>
<tr><td>班级</td><td></td><td>姓名</td><td></td></tr>
<tr><td colspan="4">我国有很多传统节日，如春节、端午节、中秋节，这些节日有着深厚的文化内涵和独特的习俗。你可以通过阅读书籍、上网查询、采访亲朋好友等方式，了解各个传统节日的习俗，并记录下来</td></tr>
<tr><td>传统节日</td><td colspan="2">必选节日：春节、元宵、清明、端午、七夕、中秋、重阳</td><td>可选节日：龙抬头、寒食节、腊八、小年夜、除夕、花朝节……</td></tr>
<tr><td>节日</td><td>过节时间</td><td>节日习俗</td><td>了解途径</td></tr>
<tr><td></td><td></td><td></td><td></td></tr>
<tr><td colspan="3">评价项目</td><td>自评</td></tr>
<tr><td colspan="3">1. 能主动采取各种方式了解传统节日。
2. 能完成记录单，书写端正。
（评价说明：每做到一项，可得一星）</td><td>☆
☆</td></tr>
</table>

（二）选择一个感兴趣的节日，自主运用各种方法进行深入了解；整合收集到的信息，绘制成思维导图；借助思维导图，从几个方面介绍这个节日，说给家长听（见表 4-6）。

表 4-6　节日介绍信息表

<table>
<tr><td colspan="4">听我说说（　　　　）</td></tr>
<tr><td>班级</td><td></td><td>姓名</td><td></td></tr>
<tr><td colspan="4">你对哪个中华传统节日最感兴趣？进行深入研究吧！把你了解到的信息，绘制成思维导图，然后借助这份导图，把这个节日介绍给家人听哦！</td></tr>
<tr><td colspan="4"></td></tr>
<tr><td colspan="2">评价项目</td><td>自评</td><td>家长评</td></tr>
<tr><td colspan="2">1. 完成思维导图，书写端正。
2. 能主动把了解到的传统节日相关信息与家长交流。
3. 交流时，能从几个方面介绍这个节日。
（评价说明：每做到一项，可得一星）</td><td>☆
☆
☆</td><td>☆
☆
☆</td></tr>
</table>

二、小组讨论、准备阶段作业要求

（一）研究同一节日的学生，自成一组。若研究同一节日人数太多，可再分为几组。

（二）小组讨论，商定“中华传统节日”汇报展示的几方面内容、形式，明确分工，并记录在“中华传统节日小组任务单”（见表 4-7）中。

（三）小组利用课余时间准备展示内容。

表 4-7　中华传统节日小组任务单

<table>
<tr><td colspan="4">中华传统节日小组任务单</td></tr>
<tr><td colspan="4">第　小组　　传统节日：</td></tr>
<tr><td colspan="4">你们各自了解了这一传统节日的许多信息，在组内交流收集到的信息，再讨论商定，展示哪些方面内容，怎样展示？这些任务又如何分配？</td></tr>
<tr><td>内容</td><td>形式</td><td>负责人</td><td>组员评价</td></tr>
<tr><td></td><td></td><td></td><td>☆☆☆☆</td></tr>
<tr><td></td><td></td><td></td><td>☆☆☆☆</td></tr>
<tr><td colspan="4">评价项目：
1. 组员能主动参与讨论。
2. 讨论时，组员能提出自己的想法，并说清理由。
3. 讨论时，组员能倾听、尊重他人不同的意见。
4. 能根据分工，按时认真完成任务。
（评价说明：每做到一项，可得一星）</td></tr>
</table>

三、小组展示、交流阶段作业要求

(一)各小组进行"我们的节日"汇报展示。

(二)学生、教师根据小组展示交流评价表(见表4-8)进行评价。

表4-8 小组展示交流评价表

我们的节日展示交流评价表		
小组序号	评价项目	同学评价
1	1.能从几个方面介绍一个传统节日。 2.介绍时自然大方(音量合适、眼神与听众有交流、配以恰当的动作)。 3.展示形式有特色(组员参与面广、任务分配合理、展演方式有创新)。 (评价说明:每做到一项,可得一星)	☆☆☆
2		☆☆☆
3		☆☆☆
4		☆☆☆
5		☆☆☆
6		☆☆☆
7		☆☆☆

(三)推荐几个优秀的小组到更大的平台进行展示。

(四)小组交流,总结活动中的收获(成功之处与待改进之处),记录在收获反思表(见表4-9)中。

表4-9 收获反思表

我的收获			
班级		姓名	
回顾这一个多月的活动,你有什么收获?有什么地方需要改进?快快把你的想法记录下来吧!			

(本案例由嵊泗县枸杞乡小学邱晓炯老师提供)

4.跨学科作业设计

以"跨学科思维融合作业"为突破口,将部分学科观点和思维方式整合起来,使作业不仅在本子上,更与真实问题、真实生活相关联,让学生在"做中学",体验学习的乐趣。

案例 4-3 “任务式跨学科”国庆假期作业

活动主题：我为祖国点个赞。

活动背景：为欢庆祖国妈妈 72 周年华诞，为祖国妈妈献礼、祝福、点赞。

参与学科：综合实践、语文、数学、英语、音乐、美术、体育、劳动。

作业构想：通过开放式的跨学科作业设计，激发学生热爱祖国、热爱家乡的美好情感。多学科融合培养学生的审美能力、想象力、结构性思维能力、文字表达能力等，促进德智体美劳全面发展。

当金秋的清风拂来，十月的鲜花开遍祖国大地，红旗随风飘舞，举国共同欢庆。我们伟大的祖国迎来 72 周年华诞！

让我们为祖国妈妈献礼、祝福，让我们为她点个赞！

“我为祖国点个赞”国庆假期作业见表 4-10。

表 4-10 “我为祖国点个赞”国庆假期作业

作业主题	我为祖国点个赞
必选区	带上一面五星红旗，找到家乡你最喜欢的景点打个卡，别忘了留下你的身影哦
	跨越时空的对话 亲爱的同学们，第二单元我们“重温革命岁月”，随着红军走过长征，看着狼牙山五壮士英勇赴义，感受开国大典的激动场面，还走近了一个个鲜活的革命英雄：郝副连长、邱少云……在中国的战争年代，从来不缺乏英雄，也从来不缺乏感人的故事。 在十一国庆这个喜悦的日子里，我们更应该缅怀英雄，你最想了解谁？最想与谁对话？让我们来一场跨越时空的对话，请你找一找你想了解的英雄的具体事迹，结合自己现在的生活，将你心中的话语向他诉说
	理财小能手： 为了迎接国庆，某商场进行促销活动，所有商品价格均比原价降低$\frac{1}{10}$，会员可在此基础上再降$\frac{1}{10}$，会员卡办理需支付 10 元的工本费，奶奶想要购买一条原价 350 元的被子，此次购物奶奶最少要花多少钱？

续表

作业主题	我为祖国点个赞
自选区	制作一份关于国庆节主题的英语手抄报
	用已学知识，制作一个可以用开关控制的灯笼为祖国母亲庆生
	听一听，唱一唱：跟爸爸妈妈一起学唱歌曲《我和我的祖国》
	观看国庆升旗仪式，看一看解放军叔叔的步伐，学一学正步走与齐步走
作业要求	亲爱的同学，请根据你的兴趣爱好，至少选择其中的5项完成作业。如果你有兴趣，有能力，也可以全部完成

（本案例由嵊泗县枸杞乡小学五年级组提供）

（四）进阶思维，优化作业管理机制

1.设计分层作业

不同学生在兴趣特征、认知风格、学习能力、思维发展等方面存在差异，完成作业的时间肯定也会有较大的差距，在设计时需要予以关注，我们尝试了分层作业的设计。利用多种途径满足不同学生对作业的差异化需要，使得所有学生均能充分获益。

（1）基于思维发展的选择性作业（见表4-11）。我们的选择性作业体现思维和难度的进阶性，聚焦思维的广阔性和深刻性，独立性与批判性，逻辑性，灵活性和敏捷性，以及创造性等。

表4-11 “学在思维”选择性作业设计

教学内容	14.圆明园的毁灭	作业时间（课前、课中、课后）
思维发展导向	1.通过各种方法，理解巩固词语，培养学生结构化思维； 2.借助课后的两个核心问题，发展质疑问题、解决问题的能力，培养批判性思维； 3.借助小练笔，发展想象能力、口头表达和书面表达能力，培养创造性思维	

续表

<table>
<tr><td>教学内容</td><td>14. 圆明园的毁灭</td><td>作业时间(课前、课中、课后)</td></tr>
<tr><td>作业设计</td><td colspan="2">A：思维发展★
通过读课文、查资料，我知道了以下词语的意思：
不可估量：________
众星拱月：________
金碧辉煌：________
玲珑剔透：________
我还知道了________
B：思维发展★★
1. 为什么说圆明园的毁灭是祖国文化史上不可估量的损失，也是世界文化史上不可估量的损失？
____
2. 课文的题目是《圆明园的毁灭》，但作者为什么用那么多的笔墨写圆明园昔日的辉煌？
____
C：思维发展★★★
在优美的音乐中出示小练笔：
我仿佛来到了________，看到________，听到了________，闻到了________。
写完后，交流所写内容</td></tr>
</table>

我们的选择性作业首先体现在可供选择的作业思维发展可视化上，这能很好地调动学生的积极性。其分为一星至三星三个层级，其中，一星思维作业是所有学生都应自主完成的作业；二星思维作业，允许学力不足的学生在小组合作之后再完成；三星思维作业是为学有余力的学生布置的，具有一定挑战性，能够提升思维能力的作业。这样的分级，让“吃不饱”的能“吃饱”，“吃不下”的能自主喊停。

(2)基于思维提升的任务式作业(见表 4-12)。任务单的设计是在解读教材与学情分析的基础上进行的，结合课堂应用进行科学恰当的调整，目的是让任务单成为学生思维发展及能力提升的“方向标”。

表 4-12　六年级数学“深度学习”任务单

<table>
<tr><td>学科</td><td>数学</td><td>年级</td><td>六年级</td><td>课题</td><td>圆柱的认识</td><td>设计意图</td></tr>
<tr><td>达成目标</td><td colspan="5">A. 认识圆柱的特征，知道圆柱各部分的名称，认识圆柱的侧面展开图。
B. 能通过观察、想象、操作、讨论等活动，培养自主探究、动手实践的能力，并能渗透转化的思想方法。
C. 激发学习的热情，直观感受圆柱的侧面展开图</td><td></td></tr>
<tr><td>学习方法</td><td colspan="5">直观操作、合作交流</td><td></td></tr>
</table>

续表

学科	数学	年级	六年级	课题	圆柱的认识	设计意图
深度学习任务	前置性任务	自主学习： 1.用手摸摸圆柱的上面和下面，说说你的感受。 2.用双手摸圆柱的侧面，想想它的特征。 3.圆柱的两个底面积特征				自主感知圆柱的表面积
	进阶挑战性任务	1.在圆柱的哪些地方可以找到圆柱的高？那么圆柱的高有什么特点呢？ 2.怎么测量圆柱的高呢？				了解圆柱高的特点，进行实践测量，培养动手实践能力
	探究性任务	合作学习： 1.四人小组合作把圆柱模型的侧面剪开，再打开，观察形状。 2.展开后你得到一个图形，你能将它简单画下来吗？ 3.交流讨论展开得到的长方形的长和宽与圆柱的关系。 这个长方形的长就是圆柱（　　　　），宽就是（　　　　）。 4.有没有不同的想法？				深化感知，研究圆柱的侧面展开图，进行转化思想渗透

（3）基于思维生长的“双减”作业。基于学生的发展，以“双减”的落实为依托，在教育改革的文化背景下，构建有助于学生思维生长的作业指标设计体系，关注作业真实问题情境，体验知识在生活中的运用和迁移，并形成丰富的思维能力和素养。

案例 4-4　数学六年级上册第一单元“解决问题一”作业设计

“解决问题一”思维指标见表 4-13。

表 4-13　“解决问题一”思维指标

指标	指标内容	自我演练	自我挑战
基础性学科思维指标	理解分数乘法的意义	1	
	理解“连续求一个数的几分之几是多少”的问题的数量关系	2、3	1
	经历问题解决的全过程	2	
发展性高阶思维指标	数形结合思想	2、3	
	分析、推理、归纳、概括	2	1
	实践应用	2	1

注：表中数字表示题号。

第一单元 分数乘法 第九课时 解决问题(一) (教材第13~14页)

一、自我演练

1.根据给出的条件,填写下面的关系式。

(1)女生人数是男生的$\frac{5}{6}$。 (   )$\times\frac{5}{6}=$(   )

(2)男生占全班人数的$\frac{5}{9}$。 (   )×(   )=(   )

(3)第一天修了公路全长的$\frac{1}{3}$。 (   )×(   )=(   )

(4)一本书,小明看了$\frac{2}{5}$。 (   )×(   )=(   )

2.枸杞小学举行“爱心义卖”活动,六年级的收入是720元,五年级的收入是六年级的$\frac{7}{8}$,四年级的收入是五年级的一半。请问:四年级的收入是多少元?

阅读与理解:六年级的收入是(   )元,五年级的收入是六年级的(   ),四年级的收入是五年级的(   )。

分析与解答:先画图,再计算。

(1)先算五年级的收入,列式:______=______(元),再算______,列式:______(元)。

还可以这样想:

(2)先算______,列式:$\frac{7}{8}\times\frac{1}{2}=$______,再算______,列式:______(元)。

回顾与反思:用自己喜欢的方法检验答案的合理性。

3.看图列式计算。

(1)

舞蹈队有多少人?

(2)

面条有多少?

二、自我挑战

一只皮球从25米高处自由落下，接触地面后立即弹起，再落下，又弹起，反复几次，每次弹起的高度是落下高度的$\frac{3}{5}$。第一次弹起的高度能到几米？第三次呢？

三、自我评价(见表4-14)

表4-14 自我评价表

星级评价	自我演练	自我挑战	自我总评
★ ★★ ★★ ★★★			

(本案例由嵊泗县枸杞乡小学王君老师提供)

2.完善作业评价与展示

(1)作业评价。

由于作业内容范围扩大、学生选择作业自主多元、动态的操作和探究多样化，教师对作业的评价要重过程、重创新、重个人内差评价和重整体评价，关注学生素养形成、思维发展、情感升华等评价(见图4-4)。评价的主体也应该有更多的组合形式，不仅是学生的自我评价、学生的相互评价、家长的评价，也可以结合学生的作业感想，教师为学生做一个作业寄语，以促进学生高质量地完成各类作业。

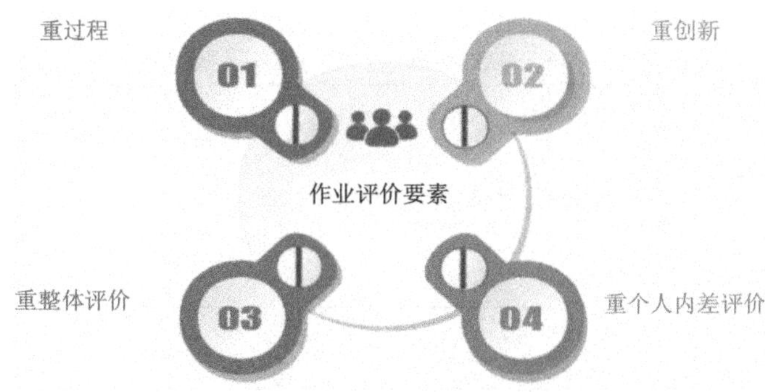

图4-4 作业评价要素

①作业即时性评价。学生可以根据自己在作业完成过程中的体验和对自己作业的满意程度，选择相关的教师进行评价。评价形式以学生自评、学生互评、家长评价为主，评价内容可以分为学科知识掌握、学科素养提升、学习习惯

养成、思维发展水平等，教师结合评价形式和内容并根据学生的作业感言，做一个后续的评价(见表 4-15)。

表 4-15 学生作业即时性评价表

<table>
<tr><td>作业内容</td><td colspan="3"></td><td colspan="2">完成时间</td><td colspan="2"></td><td colspan="2">评价日期</td></tr>
<tr><td rowspan="2">评价项目</td><td colspan="3">学生自评</td><td colspan="3">学生互评</td><td colspan="3">家长评价</td></tr>
<tr><td>☆☆☆☆☆</td><td>☆☆☆</td><td>☆</td><td>☆☆☆☆☆</td><td>☆☆☆</td><td>☆</td><td>☆☆☆☆☆</td><td>☆☆☆</td><td>☆</td></tr>
<tr><td>丰富了知识</td><td colspan="9"></td></tr>
<tr><td>增进了技能</td><td colspan="9"></td></tr>
<tr><td>自觉完成作业</td><td colspan="9"></td></tr>
<tr><td>和谐了家庭关系</td><td colspan="9"></td></tr>
<tr><td>培养了同学情谊</td><td colspan="9"></td></tr>
<tr><td>敢于表现和展示自我</td><td colspan="9"></td></tr>
<tr><td>善于合作学习</td><td colspan="9"></td></tr>
<tr><td>我的学习感受</td><td colspan="9"></td></tr>
<tr><td colspan="2">教师评价</td><td colspan="3"></td><td colspan="2">教师寄语</td><td colspan="3"></td></tr>
</table>

②作业发展性评价。每学期结束，教师和学生一起回忆本学期完成的作业内容及在作业完成过程中的感受，学生评价自己在作业完成过程中的所得所悟，教师评价学生在作业完成过程中的态度、习惯的形成和思维能力的提高(见表 4-16)。

表 4-16 作业完成情况学期总体评价表

姓名		班级		评价日期	
本学期你完成的作业有哪些					
你最喜欢的作业有哪些					
你在哪些方面得到了提高					

(2)作业展示。

作业展示平台的拓展能激发学生完成作业的兴趣，培养学生良好的作业习惯，展示的形式可以根据实际调整(见图 4-5)。

图 4-5 作业展示形式

3. 深化作业管理

(1)制度落实。学校各项作业管理制度落实是作业体系逐步优化完备的助力点，在完善的过程中，应制定校本作业管理细则，可以把作业目标、内容设计、类型用时、评价辅导、反思改进、质量评估等要素作为评估指标。

(2)教研推动。以教研组、年级组为单位，加强学习，开展作业主题的实践研究。教研组组长带领组内教师有计划、系统化地在教研活动中开展作业问题研究，教师也可以根据作业实施的实际情况，提炼典型经验，发现代表性问题。探讨问题产生的原因，探寻作业设计与实施的有效路径。

(3)资源库建设。学校可以通过数字化平台建设，逐步完善优化高质量的校本作业资源库。

基于发展学生思维视角，在“确立目标—形成主题—解读课标—拓展研究—整合多元—实践操作—多核评价”的作业研究途径中，完善思维型作业设计体系、评价体系、探究体系和作业资源库，对于减轻学生课业负担，提高学生的实践能力，发展学生思维，让知识回归生活，完善学生学习个性，提升学校教育教学的实效是有深远意义的。

第二节 个性化作业的设计与实施

众所周知，作业作为学校教育教学工作的重要组成部分，在教师的教学活动中和学生的学习生活中都占据着重要的地位。随着素质教育的全面推进，传统的作业设计已不能满足新时代学生的需求，教师要以学生为主体，改革作业模式。以学生的个性特点和思维能力为基础进行个性化作业设计与实施，能有效发展学生的个性特点，培养学生的思维能力，提升学生的核心素养。

一、个性化作业概述

(一)作业的现状

作业是教学的有机组成部分，在教学中占据重要的位置。然而，在实际教学中，教师常常疲于应对繁杂的教学任务，忽视了对作业的有效设计与实施，将设计作业变成了“布置作业”，导致学生在完成作业的过程中出现了一些不尽如人意的现象。

1.教师布置的作业题量大，缺乏针对性

一位学生不爱学习，很多时候是因为作业太多，占据其大量的课外时间，导致其逐渐对学习失去兴趣。教师都会在课后及时布置作业帮助学生巩固新知，但是部分教师不会有针对性地选择或者有效设计作业让学生去完成，而是购买大量的教辅资料分发给学生去完成，实施题海战术。这种无针对性的作业，不仅没有起到作业应有的作用，反而造成学生过重的学业负担，使学生对学习产生厌倦的心理。

2.教师布置的作业无差异，缺乏个性化

教师对班级中学生的学习情况了然于心，熟知因材施教的教育理念，也知道差异化作业的优势，即能让不同层次的学生都在各自原有基础上有所发展。然而基于现实情况，班级人数众多，教师跨班级甚至跨年段任教，无论是设计还是批改，差异化作业都会给教师增加教学工作量，而且在短时间内也很难看出效果，故教师还是采用传统的“一刀切”形式。这样的作业，内容、形式、要求整齐划一，不仅未减轻教师的工作量，还使学生的学习积极性逐渐减退。

3.教师布置的作业形式单一，缺乏趣味性

很多时候，教师布置的作业形式比较单一，基本以书面作业为主。例如语文学科，教师常常会布置抄写词语、背诵课文等比较机械的作业；数学学科，教师常常会布置做口算、做练习等无趣味的作业。久而久之，这些枯燥、单调、无趣味的作业会导致学生对做作业失去兴趣，体会不到学习的快乐。同时，这些作业的答案都是统一标准的，严重阻碍了学生学习的积极性，抹杀了学生的创新思维，不能展现学生的个性，更不能发展学生的综合能力。

4.教师作业布置具有随意性

基于教师作业布置的随意性，部分学生以随随便便完成来应付教师布置的作业。在做作业的过程中，缺乏深思熟虑的思考，更缺乏对知识的深度理解。更有学生，借助网络查找答案，或者抄写别的同学的作业，甚至不完成作业，厌恶学习。

那么出现这些现象的原因何在？主要有以下几个方面：①教师的观念未转变，没有认识到学生才是主体、学生是作业的主人，简单地将个人意志强加于千差万别、个性鲜明的学生身上；②教师没有真正认识到教学的根本宗旨是全面提高学生学科素养，而是简单地理解为学科作业设计是为了让学生掌握学科知识，应付考试；③教师没有充分认识到作业及作业设计的重要性，而是将作业当作课堂教学查漏补缺的方法。

（二）个性化作业的内涵与特征

随着新课程改革的不断深入，教师们对新课改理念下的教学有了较多的认识和思考。作业已经不再是课堂教学的附属，而是重构与提升课程意义以及人生意义的重要媒介。结合国内一些先进的作业改革经验及作业状况，个性化作业应该具有以下几方面的内容：作业的内容，可以是书面作业和口头作业、游戏作业、制作作业、表达作业相结合；作业发生的场所，可以是课堂、课外、家庭、社会相结合；做作业的形式，可以是自主实践和小组合作相结合；作业的特征，可以是多样性、灵活性、启发性、开放性、探究性和挑战性。

如果给个性化作业下个定义，我们认为，“个性化作业”简单来说就是以学生个体差异为出发点，教师在对学生认知情况和思维能力、教学内容充分了解熟知的基础上，充分尊重学生的个性发展，设计与学生学习情况相适应的作业；同时，教师要发挥自己的创新精神，尽可能丰富作业的内容和形式，注重并促进学生个性的培养，达到教学的目标。个性化作业具有以下几个特征。

1. 学生学习的主体性

个性化作业以学生为主体，依据学生的个性特点、兴趣爱好进行设计，能充分发展学生的潜在能力，它内容丰富、形式多样，因而有利于激发学生主动参与的积极性。

2. 作业内容的层次性

学生来自不同的家庭，有着不同的背景、不同的个性特征、不同的兴趣爱好、不同的学科文化基础。两千多年前，伟大的教育家孔子就提出了“因材施教”，今天“因材施教”仍具有生命力，个性化作业就是要杜绝千篇一律，注重层次性，让学生有机会自主选择作业，摘到属于自己的“星星”。层次化的作业，既保证了学生对基础知识的巩固，又突出了学生的个性特长；既使不同层次的学生得到了不同程度的发展，又让全体学生体验到成功的喜悦，从而进一步激发学生对学习的兴趣。

3. 作业形式的多样性

有学者曾说：“学习任何知识的最佳途径就是由自己去发现，因为这种发现理解最深刻也容易掌握。”个性化作业就是让学生选择自己擅长的方式完成作业，从而对自己的学习充满信心，对学习产生兴趣，在保护学生个性的同时增强学生的自信心。个性化作业除了常规的书面作业形式之外，还可以让学生通过画、说、玩、演等形式来完成作业，有效避免重复、机械、单一的书面作业。

4. 作业过程的合作性

学生的学习不是独立的，而是在教师、同学和家长的相互作用中建构的。

个性化作业完成过程可以是合作性的，学生除了独立完成某项作业外，很多时候教师会引导学生以小组的形式完成作业，其形式可以是教师与学生合作、学生与学生合作、学生与家长合作等。为了出色地完成任务，具有不同智力强项的个体组成一个团体，通过合作、探索的方式解决问题，从而实现对学习内容的深度理解。其间，可能会与他人产生不同的意见，但可通过不断沟通、交流、互动最终达成一致。

5.作业评价综合化

个性化作业以尊重学生个性发展为主要原则，在批改作业时应减少分数评价，注重多种评价方式综合运用。首先是多角度评价，教师应该从自身、学生、家长多重角度对学生的作业进行评价，使评价更具客观性。其次是多标准评价，教师应该根据学生在作业中体现出来的知识积累、能力提升、习惯养成、情感态度等多方面对作业进行评价，使评价更具全面性。最后是多途径评价，教师应该通过作业批改、任务点评、作品展示、成长档案等多重途径对作业进行评价，使评价更具发展性。

二、个性化作业设计与实施策略

（一）个性化作业设计的意义

个性化作业重点在于个性化，个性化就是要求教师重视每个学生。因为每个学生都是一个独立的个体，每个学生都有自己擅长和不擅长的部分，这些部分就是学生的特点，教师只有在设计作业时考虑学生的这些特点才能让作业更加个性化。进行个性化作业设计具有深远的意义。

1.有利于促进学生个性化发展

每个学生都是独立的个体，其思维能力和表达方式是不同的，正因为这些差异的存在，才造就了每个学生的个性不同。个性不同，其学习能力和学习习惯也就不同。根据每个学生不同的个性进行作业设计，能有效地促进学生的个性的发展，如果在作业设计中还沿用传统的“一刀切”方式，那么不仅会压抑学生的个性，还会让学生形成机械的思维模式。只有解放学生的天性，顺着学生个性进行作业设计，学生的个性才能在学习中得以发展。

2.有利于激发学生的学习兴趣

小学阶段的学生活泼好动，并且对新鲜事物具有强烈的好奇心，思维跳跃性强。教师根据学生的性格特点进行个性化作业设计，使作业更加有趣，更加符合学生的思维模式和想法，从而使学生在作业完成过程中提升对学习的兴趣,激发学习的积极性和主动性,让完成作业不再是负担,而是一项有趣的任务。并且,个性化的作业设计,使作业完成的意义发生了改变,学生不再是为了完成作业而做,而是为了通过完成作业来获得乐趣和成就感,让学生在快乐的氛围中完成知识巩固与能力锻炼,使学生真正有所收获。

3.有利于提高学生的学习能力

学生的学习能力是需要一步一步地去提高的,个性化作业对于学习能力的提高来说就是起到一个巩固的作用。个性化作业的设计,能够结合学生的学习能力,有针对性地为学生设置不同的作业类型,让学生能够在做作业的过程中巩固相对薄弱学科的知识,对学生进行针对性的锻炼,而不是让他们一直学习自己已掌握的知识。让不同能力的学生在做作业的过程中,不断地挑战自己尚未完全掌握的知识,通过个性化作业一点一点地提高自己学习的能力,让自己的学习成绩和效率得到提升。

4.有利于提升教师的研究水平

设计作业是教师教学过程中的一项重要的任务,个性化作业的设计,不仅优化创新了作业的模式,还提升了教师的教学科研能力,原因有以下几点:首先,教师在进行个性化作业设计时,要详细地了解学生的实际情况和特点,并阅读大量的相关文献来做理论支撑;其次,为了使作业的内容更加丰富,教师在设计时,会互相交流和讨论,使自身的创作能力和创新思维得到提升;然后,作业的设计也需要教师更好地运用专业知识和发挥自身的能力,使得自身的素质得到锻炼;最后,在设计的过程中会出现许多专业性的问题,教师可以进行反复分析和研究,提升自身的探索和研究水平。

综上所述,个性化的作业能让每一个学生都学得更好、能让他们的学习效率更高、让他们的学习效果得到一定的提升,这就要求教师一定要精心地去设计与实施个性化作业,让学生能够用自己所有的专注力去完成。

(二)个性化作业设计的原则

1.因材施教,设计层次化

众所周知,学生个体之间在心理个性、智力水平、认知结构、学习基础、学习能力等方面存在差异。因此,教师在进行个性化作业设计时,要遵从学生的个性,因材施教,针对学生个人情况设置与其学习能力相适应的作业。

根据学生的学习情况将学生划分成不同的学习层次,从各层次学生的实际出发,充分考虑每类学生发展区的差异,建立多层次的弹性作业结构,为各层次学生设计难易适度的作业,让学生根据自己的学习能力及兴趣自由地选择,使每个学生都通过不同难度、不同数量的作业与测试，在原有的基础上有所提高，促使不同学习层次的学生在完成作业过程中都有所收获。

例如，教师在设计个性化作业时设置了A、B、C三层次作业，分别满足各个层次学生的学习需要。A是基础层次题，主要是帮助学生巩固新知，重点是对一些字词的熟记、对一些简单概念的理解，题型一般为填空题、选择题、判断题等；B是中档层次题，主要是帮助学生提升技能，重点是基础知识和基础概念的变式，题型一般为简答题、作图题等；C是高档层次题，主要是培养学生的创新意识和创新能力，重点是基础的知识、概念的拓展应用，题型一般为阅读写作题、综合应用题、设计探究题等。每个层次的习题，都要设置难度梯度。当然，这种作业设计不是将学生简单地分为A、B、C三等让其对号入座，而是照顾他们的个性差异，切实有效地提高他们的能力。学困生在完成A组作业后，可选做B组、C组作业，学优生可从A组作业开始，也可直接做B组、C组作业。这样的作业设计能满足不同层次学生的需求，使不同水平的学生都能体会到成功的乐趣。

2. 寓教于乐，设计趣味化

枯燥、繁多的作业可能会使学生厌烦学习，从而被动、机械地完成学习任务，造成完成作业的效率低下。让作业趣味化，可以成功激起学生的学习热情，推动学生更积极、主动地完成学习任务，促进学生的全面发展。因此，教师要注重寓教于乐，结合学生的学习兴趣设计作业，从而吸引学生的注意力，充分激发其学习动力，使其积极主动探究作业内容，学到更多的知识。

游戏一直是学生感兴趣的话题，在作业设计中加入游戏的形式，学生对待作业的态度显然会更积极，所以在设计个性化的作业时，教师可以采用游戏的形式，让每个学生都参与到游戏中。将所学的知识寓于游戏之中，可以提高学生完成作业的积极性。这种游戏式的作业设计既符合学生的心理特征，又能使他们在轻松欢乐的气氛中放松下来，尽情地表达，既做到了学以致用，又符合寓教于乐的教学原则。

例如，某教师在教学“20以内的加减法”后，让学生准备好一副扑克牌，从牌中找出两种花色，与同伴一人持一种花色，同时拿掉比10大的牌，然后和同伴随机从两堆牌中抽出一张，计算两张牌上数字之和，并比一比谁算得又对又快。这样的作业与游戏融合，又有一定的互动性，能够激发学生做作业的兴趣。

3. 创新形式，设计开放化

教育的本质是促进人的发展。面对全班不同基础、不同能力的学习个体，为了给每个学生提供思考、锻炼的机会，教师在作业设计时要打破思维定式，选用更多创新的作业形式，让不同能力层次的学生都能找到适合自己的作业。学生在个性化作业中，找到自己的支点，去做自己感兴趣的事情，在保护学生个性的同时，让学生体会到学习的乐趣和成功的快乐，增强学习的信心。

开放性作业在时间和空间的安排上具有极强的灵活性，从而延伸了学生自主学习的时间和空间，更能发挥学生的主动性，拓展学生的思维空间，学生或独自、或小组合作，或动手操作、或大胆想象，最后达到解决问题的目的。在此过程中，张扬学生的个性，发挥学生的潜能。

例如，某教师在教学《美丽的小兴安岭》后，根据这篇课文的特点，考虑学生的个性差异，设计了以下作业，学生自行选择 3 项作业来完成。

A. 抄一抄。摘录本文优美的词句。

B. 背一背。流利背诵自己喜欢的段落。

C. 画一画。选择一个季节，画出你心中最美的小兴安岭。

D. 写一写。写一段话，介绍自己家乡哪个季节最美。

E. 查一查。搜集有关小兴安岭的其他资料。

以开放的形式，供学生自主选择作业，增强了学生学习的自主性，提升了学生的学习兴趣。

4. 注重实践，设计生活化

知识源于生活，是对生活的总结。将学科作业与学生的生活实际结合，设计与学生生活息息相关的作业，可以让学生在脱离枯燥乏味的读、抄、默的同时，紧靠生活，联系生活，学习真正意义上的知识，扩大眼界，增强应用学科知识的意识，还可培养学生运用学科知识解决现实问题的能力，让学生所学的知识得到应用。

有些知识比较抽象，对学生的思维能力要求较高，使得学生对知识的理解不够，因而教师在设计个性化作业的时候，可以关注从生活实际活动中提炼出来的知识和规律，让学生在生活中感受到知识的存在，体会到学习的魅力，能够在生活中运用知识，加深对知识的理解，同时激发学生从简单的生活现象出发展开更深入的研究。

例如，在教学“克和千克”后，为加深学生对克、千克的感性认识，某教师设计了让学生跟家长一起逛超市的作业，让学生通过查看物品包装信息记录该物品的重量，并通过手掂的方式感受物体的重量，同时思考 1 千克大约有几个鸡蛋重。

通过生活化的作业，将生活与学科学习有机地联系起来，帮助学生更好地实现知识的内化。

（三）个性化作业设计的基本思路

基于个性化作业设计原则，可提炼出个性化作业设计的基本思路（见图 4-6）。

个性化作业需要研读课标、分析教材、分析学情，之后设定作业目标、设计作业内容，最后实施作业，根据作业的实施情况修改与完善作业。设计流程一环扣一环，缺一不可，整个流程都基于学生的认知规律、学科基础、年龄特点，让学生在实践中不断获得新知、发展能力、拓展思维、丰富情感。

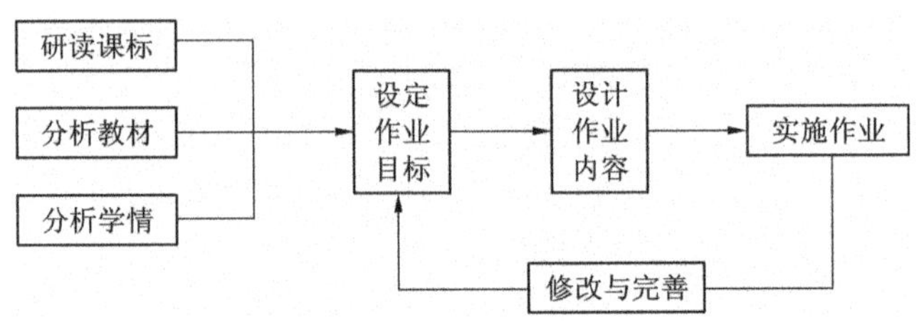

图 4-6　个性化作业设计的基本思路

1. 研读课标

国家课程标准是作业设计的依据，决定着作业设计的方向和具体内容，个性化作业设计的首要步骤是研读课标。教师研读课标时要关注年段、章节相关内容的联系，要对课标进行细化和分解，把课标细化分解到每个单元、每一课时的学习目标上，准确把握教学内容标准，明确学生需要掌握的知识、技能和方法以及掌握的程度，以此确定作业的目标、内容、评价等。

2. 分析教材

教材是依据课程标准编制的教学用书，能系统地反映本学科的任务、目的、要求和内容，分析教材是教师进行作业设计的基础，对顺利完成作业设计具有十分重要的意义。所以教师要充分领会教材的编写意图，熟悉整本教材的基本内容，熟悉知识范围，了解教材的知识结构体系，明确各知识点之间的内在关系，同时掌握重点，分清主次，使得作业内容设计具有前后联系性、重点延续性。

3. 分析学情

作业是课堂的延续，在课后，可以帮助学生巩固、复习、拓展所学知识与技能。由于学生个体情况不同，即他们的学习情绪、心理特征、认知水平、学习习惯、知识结构和知识掌握程度等不一样，在设计作业前，通过分析学情找准作业的切入点和层次性，显得十分重要。

4. 设定作业目标

设定作业目标是个性化作业设计过程中的关键环节，要依据教学目标设定作业目标，以免作业与教学目标和教学内容有偏差。作业目标的设定以学科课程标准为基准，以学科基础为基点，以学生个性特点为基本。作业目标综合教学内容而设定，同时兼顾知识、技能、能力、情感、价值等多维度目标的达成。

5.设计作业内容

作业目标设定后，围绕目标提出学习任务，设计作业内容。作业内容主要是教师根据教材、课堂活动选择设计，要符合教学的要求、要注重对所学知识的巩固、理解和加深，也要注重对相应技能、方法的掌握，要立足于学生的发展，把握好设计方向，让学生借助于多种形式来完成作业的同时，获得能力的培养和素养的提升。

(1)确定内容。作业的内容不是凭空而来的，需要教师尽可能多地收集资料，充分利用好教材与配套练习册中的练习资源，根据作业目标进行选编、改编和创编，确定内容。内容要立足学生实际、凸显教学任务和目标。

(2)确定难易程度。难易程度需要教师结合教学内容相应的要求来确定，不能太难，也不能太容易。教师要注意充分考虑学生的知识储备和能力水平，设计出难易程度适宜的作业，从而不断促进学生思维、智力、兴趣等多方面的个性化发展。同时，教师可以适当提供学习支架，调整难易程度，学习支架越多，难度越低，反之，则难度越高。

(3)确定形式。一般来说，教师在设计作业形式的时候，依据作业的目标、内容、难易程度来确定。除了常规的选择、填空、判断、简答、阅读、习作形式之外，根据学生的个性特长和乐于去做的，增加游戏、调查、制作、表演、探究等新形式的作业，创新作业形式，激发学生的学习热情。

(4)控制时间。要严格控制作业量和作业时间，做到少而精，要以质取胜，以减轻学生的负担。同时，教师要预估题目完成时间，整体研判作业完成时间，并做适度调整，以使作业的完成时间较为合理。

(5)拟定答案。要拟定明确的答案或答题要点，作为评价的依据。要预估学生作答时可能想到的合理答案，尊重学生独特的认识。

(6)设计评价表。最后，教师须根据作业目标和内容设计评价表。个性化作业注重过程性评价，可以从习惯、态度、能力、成果等几方面多维度地进行评价。参与评价的主体可以是学生自己、家长、同学、教师等。

(四)个性化作业的实施策略

通常对于学生而言，作业本身是没有任何吸引力的，学生完成作业往往是被动的，多数情况下，学生总是希望作业少一点、容易一点，能不做就不做。在作业实施阶段，教师要想引导学生积极主动地完成作业，体验学习的快乐，就需要实施一些策略。

1.作业布置，明确任务

在布置作业的时候，教师要引导学生对作业充满向往，不宜板着脸，同时避免使用命令的语气。教师应该走近学生,温柔且有条理地告知学生作业信息,包括内容和要求,使学生明白本次作业意图,鼓励学生认真完成作业,同时鼓励学生就作业完成过程中出现的疑惑与教师交流。有时,教师不能及时布置作业,或者有学生请假不能及时知晓作业,教师可采取"作业小条"(见图 4-7)的形式布置作业,避免学生因为任务不清晰而产生焦急的情绪,或者敷衍完成。

语文作业小条

亲爱的同学:

明天我们要学习________,请你完成以下作业,为明天的学习做好准备,本作业限时20分钟!

1.熟读课文。默读一遍、朗读两遍,读通、读顺课文,并用序号标出自然段。

2.预习字词。在课文中圈出生字,给生字注音,同时把生字组成词语。

3.预习检测。

(1)内容感知,按课文内容填空,作业本____页____题。(每人须完成)

(2)资料收集,收集有关作者的资料,作业本____页____题。(A类可不做)

(3)阅读质疑,总结对课文的疑问或存在的困难,作业本____页____题。(C类须完成)

图 4-7 语文"作业小条"范例

2.作业完成,沟通指导

在学生完成作业的过程中,教师仍可以采用多样的方式对学生进行提示、帮扶,如教师可以与学生单独交流、组建学习小组、提供有参考性的资料等,让学生感受到教师对其的关心、帮助和鼓励,确保学生顺利完成作业。

同时,教师还可以有针对性地指导不同智能水平的学生向难度更大的作业进行挑战。对于学困生,让其进一步强化对知识的理解,夯实基础,逐渐能够跟上进度;对于中等水平的大多数学生,要求其巩固所学、夯实基础,鼓励其挑战具有一定思维含量的相关作业;对于学优生,可以安排包含多个知识点的综合作业,培养学生创造性地解决问题的能力。

作业完成后,教师还可以请学生写下关于本次作业的想法,如"哪些题目对我来说是有困难的""我最喜欢哪些题目""我对自己本次作业完成情况的评价"等,可以让教师及时了解学生对本次作业的想法,以便下次改进与完善作业内容。

3.作业批改,评价分析

学生上交作业后,教师要对学生的作业进行及时认真批改,并对学生的错误点进行标注,对于精彩点进行批注。教师在作业批改过程中要避免在作业本上简单地勾勾叉叉,可以增加小学生喜欢的打星、盖章和教师的鼓励话语等评价形式。教师用心的、因人而异的具体评价能使学生有成就感、获得感并有被认可的感觉,也能让其更积极认真地完成下一次的作业。

教师在作业批改的过程中要做好学生错题记录，并做好整体作业分析，及时发现自己教学的得失，调整教学策略和方法，增强教学的针对性。同时，教师也要关注每位学生的作业，掌握每位学生的学习水平，并对错误点进行分析，制订相应的帮扶措施。

4. 作业反馈，针对性强

作业反馈除了讲解作业的答案之外，更重要的是让学生通过作业了解自己的优势与不足、进步或退步。反馈时可以展示各类优秀的作业，例如正确率高的、字迹端正的、解法有创意的，供其他学生学习模仿。同时，教师要善于发现每位学生作业的闪光点并予以表扬，让学生感受到自己能行，有获得感。注意教师在表扬的时候，不能只表扬优秀的学生，这样会让其他学生失去信心，教师要更加关注中后段学生的进步，特别是学困生，要善于将其与其自身进行纵向比较，有进步就及时肯定。

作业是中性词，其褒其贬，全在教师的一念之间。有学者认为：作业作为“有意义的学习经历”，包括两个维度，一是过程，学生投入作业中，完成作业成为学生积极的、主动的行为；二是结果，作业给学生带来有意义的、可以持续下去的变化。作为教师，要重视作业的设计与实施，立足于每位学生实际，为学生量身制定适宜的个性化作业，让作业不再是煎熬和负担，而是学生积极主动的“有意义的学习经历”。

三、基于思维发展的个性化作业设计与实施的案例

作业是课程实施的重要组成部分，是课堂教学的补充和延伸，更是实现思维教学的一个关键环节。然而，长期以来，在作业设计上，教师往往偏向于笼统的知识习得性题型，缺少个性化的探究性深度练习，难以促进学生思维的发展。教师应从学生的个性差异出发，设计形式多样的个性化作业并有效实施，让学生在完成作业过程中既获得学习的乐趣，又促进思维的发展。结合嵊泗县多年来的作业改革实践，分享有关多层次、实践类、表达类、制作类的个性化作业设计与实施的案例，供小学教师参考。

（一）多层次作业，关注每位学生的成长

有关数据表明，学生的智力发展水平呈正态分布，说明学生是存在差异性的，他们的思维发展水平也是不同的。这就要求教师根据学生的实际情况进行多层次作业设计。多层次作业，即依据不同层次学生的知识水平、能力水平、思维水平进行设计，将作业的内容分层、数量分层，并合理安排梯度，让不同层次的学生在原有的基础、能力、思维水平上有所提升，关注每位学生的成长。

案例 4-5 《匆匆》课后多层次作业设计与实施

《匆匆》是现代著名作家朱自清写的一篇脍炙人口的散文。教师在认真研读教材、分析学情后进行了课堂教学，根据学生在课堂中的学习状况以及平时的语文素养水平，将学生分成了 A、B、C 三组，分别代表低、中、高三个层次，设计了如下多层次作业：

第一题：看拼音，写词语。

第二题：摘抄使用反复修辞手法的句子，并体会其中的表达的意思。

第三题：根据课文仿写，写出对时间流逝的感触。

根据学生的差异，教师设计了三个层次的作业内容，三个题目难度系数呈阶梯状，从易到难，分别适用于不同层次的学生学习。第一题是基础练习，旨在帮助学生积累文中的生字，是为 A 层次学生设计的；第二题是巩固练习，帮助学生熟悉课文，是为 B 层次学生设计的；第三题是写话训练，希望学生迁移应用，提高写作能力，是为 C 层次学生设计的。教师根据学生的学习能力实际，设计满足不同层次学生需求的作业，最大限度顾及各个层次学生的需求，使每个学生都能体验成功的快乐，对学习产生浓厚的兴趣。

在实施过程中，教师提醒 A 层次学生在完成第一题后可以选做第二、第三题；B 层次学生在完成第一、第二题后可以选做第三题；C 层次学生可以从第一题开始做，也可以从第二题开始做。对于 A、B 层次的学生采用面批的方式，各层次学生必做题全对，就要给予满分，选做题全对，给予另外加分或其他鼓励，如选做题错误，不要马上给予评价，等他们真正订正完后再给予评价，如还不懂，可以有针对性地再加以练习。对于 A 层次学生多采用鼓励性语言评价，如“老师相信你下次会做得更好”；对于 B 层次学生多采用“加油！”“你真棒！”等评语；对于 C 层次学生多采用“你的想法很特别”“棒极了！”等评语。对于不同层次学生采用不同的评价方式，可以让学生认识到自己的进步，从而激发学生的内在动力。

（本案例由嵊泗县马关小学翁淑萍老师提供）

多层次的作业能最大限度满足每位学生的学习需求、激发学生的学习兴趣、提高学生的学习水平。教师要从各层次学生的实际情况出发设计作业，对于学习能力较强、基础知识比较扎实的学生，在作业设计过程中要注重培养其探索和应用能力；而对于学习能力较弱、基础知识较薄弱的学生，教师要设计有助于夯实基础知识以及具有启发作用的作业。

(二)实践类作业，培养学生的思维能力

传统的作业设计过程中，教师比较重视学科知识的巩固，忽视了学科学习

的实践性，导致学生不能深入理解课程学习，因为有些知识需要学生亲身经历实践活动，形成新知、获得答案才能感受到学科知识的意义。实践类作业指教师在充分考虑学生的认知水平和能力水平的基础上，依据教学目标设计出具体、可操作的任务，让学生带着问题或任务在现实生活中通过观察、调查、实验、记录、交流等方式来完成。学生在完成实践类作业的过程中，通过自己的探索实践，去发现、解决问题。

案例 4-6 “包装的学问”实践类作业设计与实施

教师在执教五年级数学“长方体的表面积”一课时，学生已经掌握了长方体的表面积计算方法，学习了合并、分割长方体的有关知识。在配套的作业中出现了大量的计算各种长方体表面积的题目，但是学生的正确率非常低。究其原因是作业中多为探究几个相同的长方体组合成新的长方体的多种方案以及使其表面积最小的最优策略，学生因缺乏生活实践经验，无法提出实际的优化方案。于是教师设计并实施了“包装的学问”的实践类作业，使学生在实践、操作、探索中感受优化思想，提升了运用相关知识解决实际问题的能力。

任务一：在包装时，设计师主要考虑哪些问题？要求学生走进超市，观察各类香皂的促销装一般都是几块装，并查阅资料，想想为什么这样包装。

任务二：将 2 块长 11 厘米、宽 5 厘米、高 3 厘米的香皂包装在一起，怎样最省材料？想一想：两块香皂包装在一起有几种方法？猜一猜：怎样包装最省材料？做一做：利用学习材料与同桌动手操作包装方法，验证猜测并填写表格，得出最省材料的包装方法。

任务三：将 4 块长 11 厘米、宽 5 厘米、高 3 厘米的香皂包装在一起，怎样最省材料？猜一猜：4 块香皂怎样包装最省材料？做一做：四人小组利用学习材料研究包装方案。说一说：对每种方案进行介绍，怎样介绍可以不重复、不遗落？选出最省材料的方案并说明理由。想一想：不计算，怎样快速找出最省方案？

任务四：为 6 块香皂设计一种包装方式。画一画：画出包装示意图。比一比：介绍小组设计的优势。选一选：选出最佳设计师。

此次作业设计实施过程中，教师创设了超市中促销肥皂经常采用的包装方式这一常见的生活情境，激发学生的学习兴趣，调动学生的学习积极性。同时，教师不断拓展实践的深度，从 2 块肥皂到 4 块再到 6 块，放手让学生大胆猜想、不断验证，让学生的学习不只停留在浅层次，而是不断迎接新的挑战。学生在实践过程中巩固认知，发展思维，体验成功，培养兴趣。

（本案例由嵊泗县马关小学翁飞老师提供）

思维是智力的核心，有效的作业是学生演练思维技能的舞台，是培养思维能力的训练场。在实践类作业设计与实施的过程中，教师要联系生活实际，提出或布置引发深度思考的问题或任务，精心为学生创设思考情境，用有效点拨启迪学生智慧，并给学生留出足够的实践时间和空间，让学生真正体会到学习的乐趣，并促进学生解决问题能力的提高。

（三）表达类作业，展示学生的思维逻辑

表达是人类与生俱来的一种能力，也是学生课堂学习的一种重要方式。完成表达类作业是一种对外的展示过程，教师根据教学内容设计真实场景，启发学生参与思考，在大脑中形成自己的理解，通过语言、文字、绘画、表演等方式进行表达。通过学生个性化的表达，将抽象的概念转化成一个具体的形象。

案例 4-7　“建造塔台”表达类作业设计与实施

“建造塔台”是单元教学的第 3 课，通过前 2 课的学习，学生已经了解了住房，认识了工程，从本课起，学生将承担起小小工程师的角色为基湖沙滩建造一座瞭望塔台模型。本课时主要是让学生利用文字和绘画的方式表达自己对塔台模型的创意与建构，并通过“竞标大会”介绍小组的塔台模型设计方案。基于此，教师设计并实施了《建造塔台》表达类作业。

1. 布置任务：随着暑假的到来，越来越多的游客来嵊泗游玩，基湖沙滩为确保游客安全，打算在沙滩上建造一座供安全员瞭望的塔台，现在需征集塔台的设计方案，最终通过竞标的方式确定建塔资格。

2. 开展交流：教师组织学生根据建造任务进行小组讨论，因为这是学生第一次参与工程建设，故教师在作业的第一部分以气泡图的形式提醒学生讨论的关键点，如：塔台需要设计成什么样子？用什么材料？设计多高的塔台才方便观看？人员怎么分工？……每个学生都要就讨论的关键点发表自己的想法，通过组内成员不断的思维碰撞形成最优的设计方案。

3. 制订标书：教师事先设计好标书项目样表，包含建塔位置、使用材料、塔的设计、成本预算、人员分工、时间分配等内容。同时在标书旁边备注一些注意事项，如：制订标书要合理，准确使用文字、图画、标注等多种形式表达；设计中要关注塔台设计细节等提示语。接着学生根据标书上的内容再次进行交流，筛选切合实际的想法进行制订，教师适时地进行有针对性的指导。

4. 投标发布会：教师帮学生创设了一个"竞标大会"的场景，小组按顺序上台交流投标讲解，并将标书投影展出，组员代表阐述小组设计的优势，还可以介绍自己小组在设计过程中遇到的问题及解决方案。其他小组的成员可以对本小组设计进行质疑提问，小组成员皆可补充回答。

5. 修改标书：投标发布会结束后，在听取了各小组汇报后，教师要求各小组平衡各设计要素对自己的标书再次进行修改，要让学生明白工程设计的关键在于安全性和成本。

教师通过创设一个"竞标大会"的情境，将小组的标书进行展出，让组员代表结合画图、文字、标注等形式表达小组对塔台模型设计独具匠心的构想，这个过程不仅能够展示学生对工程建设的认知，也能展示学生设计的逻辑思维，同时学生还能倾听、学习别人的设计，并对其他小组的设计进行质疑与评议，提升思维水平。面对学生独具匠心的表达，教师应保持尊重与接纳的心态，最后做好作业评价工作帮助学生巩固知识、理解知识，获得学习体验。

（本案例由嵊泗县马关小学方芳老师提供）

每个学生都拥有独特的个性，通过各种学习活动的输入，学生的大脑中会形成对学习内容独特的思维模式，进而将抽象的概念转换为一个具体的形象。但由于学生表达能力有限，大部分学生不能清晰表达自己的想法，这时教师在了解学生身心特点、认知基础、思维模式的基础上，设计并实施表达类作业，让学生有机会展示自己个性化的表达成果，并引导他们完善思维。

（四）制作类作业，培养学生的思考能力

小学阶段的学生对于自己动手制作的活动比较感兴趣，他们乐于通过自己的作品展示自己的想象力和个性。因此，设计合理的制作类作业能大大激发学生的学习兴趣，提高作业的有效性。制作类作业以手工制作活动为完成作业的方式，教师依据课程目标，设计出能让学生有兴趣参与的作业活动，让学生在完成作业的过程中手脑联动，充分发挥想象力和思考能力，并达到理解、巩固、掌握学习内容的目的，不断促进思维的发展。

案例4-8 “制作小杆秤”制作类作业设计与实施

“杠杆类工具的研究”是科学六年级上册“工具和机械”单元的第三课，在先前的学习中学生已经初步认识了杠杆类工具，了解了杠杆类工具的种类。本课主要引导学生对生活中的一些杠杆类工具进行分析、辨别、分类，最后通过亲手制作小杆秤，让学生理解“秤砣虽小，能压千斤”的道理。在以往的教学中，教师比较重视第一部分的教学，教师会让学生分析、解答多种工具的受力情况，判断工具的类型，这样往往会占据比较多的课堂时间，导致第二部分制作小杆秤时间不够充裕，教师虽有布置学生课外继续完成，但是效果不理想。

教师在仔细分析教材后发现，其实制作小杆秤是对杠杆类工具应用的典型范例，而且学生缺乏生活中使用杠杆工具的经验，虽通过第一部分的训练可以让学生初步认识杠杆工具，但因缺乏实践经验，学生还是不能形成对知识的建构。第二部分小杆秤的研究其实是对杠杆原理的实践应用，让学生通过动手动脑制作小杆秤，理解杆秤的原理，达到教学的目的。为了让学生有充分的时间对小杆秤进行研究，教师将本课分为两课时进行教学，为小杆秤的研究专门设置一节课来开展活动，在教学活动中教师设计并实施了“制作小杆秤”制作类作业。

1. 作业目标。

(1)让学生经历设计和制作的过程，不断修正和改进，制作出精确度较高的小杆秤。

(2)通过活动，让学生体验设计和制作的艰辛，体会成功的快乐。

(3)通过活动，让学生体会到动手动脑的快乐，锻炼能力，发展思维。

2. 作业准备。

(1)经验准备：组织学生观察杆秤，了解杆秤的组成和结构。

(2)材料准备：筷子、钩码、棉线、剪刀、小刀、直尺、塑料瓶，可以让学生增加个性化材料。

3. 作业过程。

(1)全班回顾杠杆的原理，即弄明白小杆秤的原理。

(2)小组绘制小杆秤示意图，并交流制作的过程。

(3)全班重点探讨提绳、秤盘、刻度等位置确定的方法，教师小结。

(4)小组合作设计并制作一个能称10牛的小杆秤，时间限时20分钟。

(5)小杆秤展示交流，检测杆秤的精确度。

(6)修改小杆秤，并利用杆秤称周围一些物品的重量。

4. 作业评价(见表 4-17)。

表 4-17 "制作小杆秤"作业评价表

"制作小杆秤"评价表					
项目	★★★	★★	★	自评	他评
任务	20 分钟内完成了小杆秤的制作	20 分钟内完成了小杆秤大部分结构的制作	20 分钟内未完成小杆秤的制作		
外观	小杆秤结构完整,做工精细,组装牢固	小杆秤结构较完整,组装较牢固	能有小杆秤基本的结构,组装欠牢固		
精确度	刻度标识均匀,误差较小	刻度标识较均匀,存在一定的误差	刻度标识不均匀,误差较大		
合作	分工明确,每位成员明确自己的职责	有分工,但不系统	分工不明确,成员不知道该做什么		

杆秤虽小,但蕴含着大大的科学道理。通过这样一次作业设计与实施,学生在动手动脑的过程中感受科学学科的乐趣,掌握杠杆的原理。同时,这样的作业也锻炼了学生的各种能力,发展了学生的思维,原本被教师忽略的手工制作,被赋予新的意义。

(本案例由嵊泗县马关小学方芳老师提供)

对于制作类作业的设计与实施,教师要避免纯手工制作,要从教学内容和学生的认识特点出发,联系学生已有的生活经验以及知识储备,让学生完成一项具有思维含量的作品。并在学生做作业的过程中,不断用评价引导学生发展,使学生实现大脑与肌肉的协调发展,不断发展思维。

总而言之,个性化作业的设计与实施对学生思维能力的发展有着关键性的作用。作为教师,应摒弃传统的作业设计与实施的方式,运用个性化理念,针对学生的个体差异、知识掌握情况以及学生们的学习需求进行多样化的作业设计与实施,更好地满足不同学生的实质需求,灵活地组合不同类型的作业形式,发展学生的学科核心素养。

参考文献

[1]中共中央办公厅　国务院办公厅印发《关于进一步减轻义务教育阶段学生作业负担和校外培训负担的意见》[EB/OL].(2021-07-24)[2021-08-24]. http://www.gov.cn/zhengce/2021-07/24/content_5627132.htm.

[2]王月芬.重构作业:课程视域下的单元作业[M].北京:教育科学出版社,2021.

[3]方臻,夏雪梅.作业设计:基于学生心理机制的学习反馈[M].北京:教育科学出版社,2014.

[4]袁东波.核心素养导向的作业与命题设计[M].天津:天津人民出版社,2020.

[5]张仁贤,傅建国,于建文.创新作业33例[M].北京:世界知识出版社,2017.

[6]吴云开,陈惠莉,林鉴,等."双减"目标下初中英语思维型单元作业的设计策略[J].福建教育,2021(37):47-50.

[7]马燕婷,胡靓瑛.核心素养导向的作业设计[M].上海:华东师范大学出版社,2021.

[8]孙振华.关于小学数学个性化作业设计方法的思考[J].天天爱科学(教育前沿),2020(10):22.

[9]何晓斓,刘明东."双减"背景下的小学英语作业设计:理念、原则及实施[J].湖南第一师范学院学报,2021,21(5):21-26.

[10]王玉萍."双减"背景下有效作业的设计和实施[J].中国教育学刊,2021(S2):211-212.

第五章 “学在思维”教学的学习样态与组织

小规模学校具有现实的教育共富意义，在家门口办一所“安静但炽热，传统且现代”的小规模学校是解决民生问题的需要，是彰显自然和文化保护价值的需求。随着新课改的不断深化，小规模学校的高质量发展越发受到重视，如何充分发挥“因地制宜，因材施教”的基本原则，构建小规模学校适用的学习样态与组织也成为当代教育关注的重点。本章将探析微班背景下个别化教学管理的样态升级、有序组织与有效实施，以期提升“学在思维”教学引领下的小规模学校的教学质量与水平。

第一节 个别化教学管理的组织与实施

一、个别化教学概述

（一）个别化教学的起源与发展

个别化教学的思想可以追溯到古希腊的苏格拉底和我国古代大教育家孔子。苏格拉底采用启发和“诘难”等形式，针对不同的学生提出不同的问题，与学生进行有效互动，引导学生进行个人思考，从而获得知识。孔子在熟知其弟子特点的基础上，提出“有教无类、因材施教”的个别化教育思想。近代以来，个别化教学得到了进一步发展。捷克教育家夸美纽斯把儿童分成六种类型，并根据儿童的情况因材施教，也体现了其个别化教学的思想。文艺复兴时期一些人文主义思想家，诸如伊拉斯谟、维多利诺，他们主张德、智、体全面和谐发展的教育理念，注重学生个性的发展，关注儿童个别差异和兴趣爱好，提出许多个别化教学的思想。卢梭的自然主义教育让儿童在“自然的发展”或“率性发展”中成为一个有个性的人，是体现早期个别化教学思想的典范。

近些年来，随着时代的不断发展，中国城市或农村学校的办学理念和模式均发生了实质性变化，被称为“教学领域的一场革命”的小班化教育实验在各所学校生根发芽，无论是大班额、小班额还是微班额学校都以孩子良好的未来发展为目标，为个别化教学提供了有效平台，这样的教育深化改革是必然趋势。

（二）个别化教学的主要内涵

1. 个别化教学更强调教师个别化的教

教师应该立足本人个性、特长，形成自己独特的教学方法，还要了解学生差异，根据他们的能力、个性、学习风格、学习愿望、学习步调等方面的不同实施差异教学，只有把形成教师个别化的教学和运用正确的方式对学生实施个别化教学结合起来，才能更好地把个别化教学落到实处。

2. 个别化教学强调学生个别化的学习方式

教学是由教师的教和学生的学构成的。因此，尊重并培养学生个别化的学习方式也是实施个别化教学不可忽视的一个方面。不同智力水平的学生可以设置自己的学习步调，使用自己擅长的媒体技术，选择多样化的学习策略，以适应自己的学习风格，还可以选择实现自己学习目标、满足自己兴趣爱好的学习内容等。时下，教材的多样化以及信息技术的高速发展都为学生的个别化学习创造了条件。

3. 个别化教学要求为学生提供个别化的课程

学生富有个性、和谐、自由的发展，需要构建包括科学科目、人文科目在内的课程体系。哈贝马斯在《知识与人类兴趣：一个概观》中，把知识分为三种："劳动-控制-经验型"知识、"沟通-意义理解-历史型"知识、"支配-解放-判断型"知识。个性的多样性要求教师根据每个学生的个性，提供不同的学习经验，帮助学生发展个人的价值观、知识和能力，充分发挥个人的潜力，最大限度地发展自己的特长。

4. 个别化教学要求对学生进行个别化的评价

首先是树立促进学生个性发展的评价观。传统的学生评价忽略学生背景差异，忽视学生发展的个性特点，采取统一的评价标准，其后果是"造成了学生分化及其人格的分裂"，恰恰起到了"反教育、反发展"的反作用。其次，个别化教学的评价内容多元化，注重对学生综合素质的考查，尊重个体差异和认可个体发展的独特性，鼓励学生发挥自身潜能，帮助学生悦纳自己。最后，个别化教学的评价过程是一个动态的过程，评价的目的是帮助和指导学生持久性发展。

(三)个别化教学的理论基础

1. 因材施教理论

要求个别化教学根据不同的对象选择不同的教学方法,尊重个性差异,知人善教。在正式上课时,首先展示本节课的重点、难点,让学生们对本节课的重点、难点有一个清晰的了解;上课关心每一位学生,使每一位学生都能够真正听懂。针对不同的学生,设置不同的思考和讨论,因材施教,使每位学生都能够参与到课堂或课后分层作业的思考与巩固中,使学优生感到有一些困难,使学困生感到有进步。

2. 建构主义理论

强调学生在教师的适当引导下,主动完成意义建构,个别化教学的教学形式和方法灵活开放,为建构主义提供了实施平台。以学生为中心,强调学生对知识的主动探索、主动发现和对所学知识意义的主动建构。既强调学习者的认知主体作用,又不忽视教师的指导作用,教师是意义建构的帮助者、促进者,而不是知识的灌输者。学生是信息加工的主体、是意义的主动建构者,而不是外部刺激的被动接受者和被灌输的对象。

3. 多元智能理论

多元智能理论要求教学根据学生各自独特的身心、认知特点,使每一位学生都获得充分的发展。这一理论很好地解释了人与人之间的个体差异,个别化教学能更具体、更充分地运用这一理论,使教学适合每一位学生的智力特点,强调教师应该给每一位学生均等的发展机会。只有尽可能地了解学生的智能结构,才能够用合适的方式帮助他们多元化、优势化发展,学校的评价指标、评价方式也应多元化,并使学生从纸笔测试中解放出来,注重对不同人的不同智能的培养。

4. 人本主义教育思想

要求以人为本,以学生的发展为本,追求个性的全面发展是人本主义教育思想的核心。此教育思想重视经验和人的行为,认为教育涉及人的行为、态度、今后的行为方向甚至整个人格,强调的是发现自我,认识自我,理解自己的兴趣和需要。其倡导的“学”是能对自身行为产生影响的有意义的学,意义学习的核心是学生直接参与学习过程,教师要有“移情理解”的能力,即能从学生的角度来体验教育对于他们的意义。

(四)个别化教学的内在优势

1.教育公平优势

每个学生的教育政策、教育机会和教育质量均等，都能接受高质量的、适合个人特点的教育，强调让每个学生受到充分的教育和因材施教，更有利于每个学生的主体地位的发挥。

2.教育资源优势

每个学生获得了更多的教室教学资源、活动空间，获得了更多的与教师和同学交流的机会，更易于开展教学活动和活动课程，从而提高了学生参与活动和动手操作的频率。

3.课堂教学优势

课堂问题行为减少，使有效的教学时间相应增加；由于学生人数减少，教师对每个学生的独特的学习风格和方式有了更加深入的了解；教师从繁重的纪律管理、作业批改和对学生个别需求了解不够的沮丧中解脱出来，教学热情大增。

(五)个别化教学的优化策略

个别化教学的优势能否得以充分体现的关键在于教师在教育观念、教学能力、教学策略等方面能否做出相应的调整、转变及得到有目的的培训。面对教育的深化改革，小规模学校更需要探索出一系列教育教学的优化策略，并且寻求一种长期的、跟进式的强力推动模式。

1.运用有效教学，营造良好课堂氛围

学生个体间存在巨大的差异，借助小规模学校的环境优势，教师应采取分层教学模式，针对不同素质的学生，采取具有针对性的教学方案。教师要具有较强的处理教材、设计教学方式与组织教学活动的能力，能根据每个学生的实际水平基于教学目标运用适当的方式，调动学生广泛参与，引领教学过程向预设方向进行，针对教学过程中出现的各种教学动态尝试运用各种巧妙化解和灵活应变的生成方法。

2.创设个性教学计划，增强学生自主意识

想要让学生形成独立自主的学习意识，首先要确保教学内容的规范性和教学工作的有效性，给予学生良好的启发和引导。教师应寻求教学资源的优化重组，结合当前教学现状，构建符合学生实际需要的个别化教学计划，让学生有意识地参与学习活动，在合作探究中找准定位，提升自身集体荣誉感，在不断积累与总结中形成系统知识体系。

3. 协调导学关系，加强学生学习主体性

正确处理“教”与“学”，即“主导”与“主体”之间的辩证关系，确立学生应有的主体地位，是提高教学质量的前提条件。要确立学生的主体地位，必须明确“学”是教学的中心，“施教之功，贵在引路，妙在开窍”，教师的职责在于“引路”，而不是“包办”。在课堂教学过程中，教师应当善于从学生的认知角度去理解、分析、加工所授教材内容，把学生看作教学活动的积极参与者、学习本身的执行者。在知识的传授过程中，了解学生，关注学生，收集、加工在学习过程中发出的每一条信息，及时教育引导，使他们不仅能够主动学习，而且能够学会学习，在知识的形成过程中自主地理解知识，自主地观察事物，自主地发展思维，进而提高发现问题、分析问题和解决问题的能力。

4. 善于疏导沟通，培养学生学习自信

教师要乐观对待学生学习过程中所犯的错误，公正客观地评价学生，注意了解学生异常行为背后的原因，清除学生的心理障碍，教会学生宽容与自我鼓励，让他们在良好的情感体验中收获学习自信。

5. 构建新认知结构，训练学生思维能力

问题的设置与解决是个别化课堂教学中常用的一种模式，是构建学生新认识结构的有效方式，它能有效培养学生的创新意识与实践能力。因此，根据学生的思维发展水平设计出难易适中、代表性强且具有应用性、趣味性、探索性、开放性、冲突性，高潮迭起、充满吸引力、能提高学生思维训练质量的好问题是重要标志和关键所在，问题设计的质量很大程度上决定了课堂教学的效果。

6. 完善校本课程，实施多样化教学

在学校层面上，校长要加强课程领导能力，提高自身专业化水平，做校本课程开发和实施的规划者、执行者和评价者，加强自身领导校本课程开发和实施的能力从而提升课程质量，形成全体教职工学习、合作、研究的文化氛围。在学校的校本课程建设中，教师作为规划者、编制者和实施者，对课程、学生和学校的发展起到重要的作用，不断提高自身的课程理论素养和在实践中反思的能力，实现教师从“课程的实施者”到“课程的创造者”和“课程的行动研究者”的转变。学生作为校本课程实施过程的体验者，直接影响着课程实施的广度和效度，来自学生的及时而正确的反馈将是判断课程实施效果的最终依据。校本课程的开发与实施满足了学生富有个别化培养需要，它是对国家课程和地方课程的必要补充。

7. 转变评价理念，促进师生共同发展

学校个别化教学中评价质量制约着学校对学生完整人格和综合素质的培

养，也影响着教师的教学积极性和教师的专业发展。实施新课程改革以来，为适应“为了每一位学生的发展”的全人教育理念，学校教学评价改革初步彰显了评价的发展性功能，评价目的体现了教师与学生的发展在评价过程中由边缘向中心的转移。新的评价观强调评价主体的互动和参与，追求评价内容与方式的多元化以及评价过程的动态发展等，促进每一个学生的全面而富有个性的发展。而为了实现这一目的，就必须充分了解学生发展的需求，关注学生个别差异，遵循新课程改革的“发展性评价观”，逐步建立起促进每一位学生发展以及促进教师专业发展的评价方法，具体应包括对学生的个别化评价和适应学生个别化教学需要的课堂教学评价。

二、微班个别化教学样态与组织

随着“学在思维”教学革新的不断深化，学校一以贯之秉承“让每个孩子做最好的自己”的办学理念和愿景，将“微”学习样态与组织作为小规模学校发展的重点，从环境区域打造到教学内涵提升，以县级重点课题引领教师推进微班个别化教学升级进程，由形式走向模式，拓宽学习空间，尊重个体差异，满足每个孩子自我发展的需求，展现每一个孩子独特的优秀。

(一)升级微班特色　推进个别化样态

首先，成立学校行动研究小组，制订微班个性化教室打造方案与实施计划，多方认证后形成个别化教学之环境区域样态升级策略。行动研究小组结合心理专家建议，根据班级班情班风特点，为每个教室确定了一款主打色，主体墙面和窗帘与主打色一致。如，一年级学生进学校就读的年限最短，粉色最能治愈他们的恐惧心理，让教室充满温馨的爱；四年级这群孩子乐观活泼，但有一点浮躁，海洋蓝可以让他们情绪稳定，静心学习；五年级学生性情温和，学习能力强，但个性不外显，课堂参与率低，选择活力绿帮助他们将内心的世界变得明亮，目标清晰。其他教室的颜色分别为二年级粉蓝、三年级丰收黄、六年级米色。每个班级可以根据学段特征和班情特点选择自己心仪的教室。

其次，以培养学生学习能力为目标，改变原有的教室格局。按学生年龄特点和认知水平在低段教室实行“高低桌”区域打造，即“高桌”作为课堂教学基本组织形式，根据各学科的教学需要变换摆放格局，从样式分有直线型、正方型、三角型、半圆型，从功能分有单桌的独立思考型、二人或四人桌的合作探究型，“低桌”作为学生“手工”“书法”“阅读”“展览”“交流”等自主学习区域。在高段教室实行“信息化”“阅读”“探究”“活动”“个人风采”等区域打造，即在教室中设置信息搜索区域，学生可以根据课堂学习和项目化学习需要进行信息搜索和资料收集，提升学生自主学习能力；开放式阅读角一改传统书架样式，层叠错落的壁架展现自由与雅致，面对窗台的阅读书桌在绿植的点缀下，吸引学生静心阅读；“菇菇成长园”“一花一诗”是学生科学生命探究的驻足之地，还有“棋类空间”等活动区域……每一处都是学生课余时间驻足停留的好去处，每个班级可以在根据自己班学生的整体需求进行个性化调整和改变。

最后，敦促教师有效落实微班个别化教学模式，达成对每个孩子的百分百关注。教师在教学实践中要遵循“三性三化”个别化教学理念，三性是指要尊重学生的天性、特性和个性，三化要做到生活化、活动化和个别化。个别化教学不等于个别教学，个别教学是指一对一的教学模式，而个别化教育是根植在对学生个性尊重的基础上，由以教材、教师为中心转向于以学生为中心，真切关照每个孩子的潜能开发、个性发展的教学。师生之间关系融洽，教师将个别化教学上升为一种教育信念，主动根据班级的学习风格和学生的个体能力进行教学内容分层，选择最合适的授课方式，以生为本，以学定教，个别化教案是撬动微班思维课堂的杠杆，要求教师在教案中注明关注的学生、关注其哪些方面，目标中体现分层要求。

（二）聚焦微班探究　突显个别化优势

学校聚焦微班特点，挖掘其内在最本质的核心推力，形成个别化教学“五策略”，通过行动跟进发现个别化教学优势显现。一是“学情个别化分析”——分析每个孩子的心理特点、元认知策略和认知策略情况、个体优势特长、能力差异等，以数据实证精准定教。关注“每一个”，突出对学优生、学困生的个别化目标定位、提问预设和学习指导，教师根据每个学生的特点，量身定制辅学策略，精心设计问题情境和探究活动，以促进学生更好地学习和成长。二是“目标个别化制订”——教师对每个孩子一个学期、一周、一节课需要或可能达到的学习目标做好预设，为班级前20%和后20%学生制订的个体化学习目标更具梯度性，以此突出对学优生和学困生的个别化学习指导和目标定位。评价伊始呈现学习目标，师生双向选择目标并于课后反馈。每个孩子的目标制订不尽相同，根据学情不同目标分解为“习惯目标”“能力目标”“情感目标”三个维度，每个维度再细分为若干子目标，每一堂课根据完成情况进行自评与他评，三个维度中的子目标由学生在课前选择或自定义。一到六年级每个孩子有不同的“学力培养”目标，其作为学年评价目标。三是“问题个别化指向”——学校创建以“核心问题”为引领，以“学习引入（启思）、任务驱动（思辨）、迁移运用（促思）”为路径的课堂教学，围绕“审辩・问题・情境”努力构建微班思维课堂新样态，提出有温度且有深度的问题是每一位教师的课堂价值追求，根据问题的难度系数，课前按每个孩子的特点预设差异性发问，个别化指向清晰，适度关注审辩式问题驱动。四是“作业个别化布置”——按实际教学情况设置基础题、探究题、挑战题和弹性题，教师首先要具备作业个别化设计的自觉和秘诀，给每一个孩子自我挑战升级的趣味和刺激，用不同层次的好题促进每个孩子的思维发展。教师追加基础性作业的“变式”问题，提高现有习题思维含量，随机展示学生作业，将典型错题作为共同研讨的好题，注重个别化“三单”(预习单、问题驱动任务单、分层作业单)设计，用体验式活动作业弥补个体化经验不足，留给学优生更多迁移创新的弹性体，同时鼓励学优生自己选择与布置提升作业。五是“评价个别化关注”——对每个孩子的个别化目标进行过程性评价，对于课堂学科评价每位教师有和而不同的评价方式，既有自己学科评价的手段，作业批改中有不同的文字激励语，利用根据学科特点自定义希沃“班级优化大师”进行不同维度的评价，也有班级评价表中共性的星级评价，如习惯星、思维星、作业星等；班级周评价由班主任统计一周获星数，再按获星数获得不同级别的周奖励，归于学期评价表中累计；另外还有德育处专项月评价、期末学科分项评价、“七彩鱼”综合素养评价、学生成长记录册等，皆为一生一评，为每一个孩子量身定制个别化评价，做足持续性发展评估。

(三)拓展微班空间　提升个别化效能

学校将微班教学纳入“立体育人”的多维研究中，基于博雅课程进入“特色为面、发展为体”的多育并举新航向，既夯实基础课程全面提质，又做活拓展课程张扬个性。从教育的本源性、现实性、发展性视角思考，以本土化、个别化、多元化定位，形成“三化”教育的思路框架，拓展微班空间，以项目化学习为推手引领学生从教材走向生活，由课堂延伸到现实，将学科逻辑与学生的心理逻辑、经验逻辑无缝整合，主张“自主、合作、探究”迭代升级，强调实践与反思，实现由行到知的跨学科实践，利于学生素养生成。

微班教学是“小而优”海岛生态教育的突破点，植入陶行知先生的乡村教育思想，开发的博雅课程以国家课程标准为基础，按功能将课程分为基础课程和拓展课程。博雅拓展课程以素养为导向，注重核心品格、基础能力、关键能力的养成，珍视每一位孩子的差异，让每一位孩子成为最好的自己，在真实情境中进行学科融合的深度学习，利用多元手段赋能教育教学，在确保学生共性发展的同时，支持学生不同的学习特点、兴趣和需求。在区域整体推进基于海洋文化资源的美育教育下，学校落实“认识海洋、关心海洋、经略海洋”理念，形成以课程综合化教学、主题项目化学习为特征的美育实践，以非遗项目“渔绳结创意课程”为核心，集结“海洋美育十大主题活动”，形成校本课程特色，借助乡村少年宫社团、项目化研学活动、美术课、劳动课、德育活动等平台围绕学生成长落实推进展开教育活动。“寻找藏在新石村里的传统印记”“蚝蚝龙岛旅行记”研学旅行印刻进学生的生命记忆中；“海韵浮雕画”“小小理发师”“绳结徽章我设计”“海味绳谱”“石村写生”“灯彩水母”拓展课妙趣横生；以项目化学习推进的劳动教育围绕“山海”美育，“快乐农场”“人手一植”“渔作渔趣”“渔歌渔乐”寓教于乐，并关联“一班一品”，让学生与社会与自然紧密连接，每个孩子在沉浸式体验中提高人文素养。

课堂外教学空间建设呈现序列化，内容丰富多彩。“风情颂”传统文化节弘扬节日内涵，升级古诗文特色创建；阅读文化周一学年开展两次，助力加大学生对世界的认知广度和深度；阳光体育竞技赛包括“民间传统体育”“趣味运动会”“吉尼斯花样跳绳”“飞腾舞龙”；思维运动会置于黄皮皮龙岛环游记情境中，每个孩子都是机灵睿智的“皮皮虾”，需经六个龙岛景点才能最终赢得成功，每个景点都有挑战任务，过关过程中必须发挥自己解决问题的才智和合作共赢的能力。孩子在学校一切经历和体验的设计都是课程，鼓励孩子从活动中寻找自己感兴趣的事物，从具体的兴趣出发，在活动中主动构建自己的经验获得主动发展，最终实现源于活动、回归学习、影响生活的教育理念。

小规模学校育人观是真正指向全人的发展，看到品格、能力和学科素养，看到每一门学科，看到每一个个体，更看到个体的差异。在这里，育人比教授知识更重要；学会学习比学习本身更重要；用面向未来的眼光，去对待每一个独特生命的成长。我们认为，内在驱动力是最强大的力量，要点燃孩子的小宇宙才是立校之魂。小规模学校力抓“微”字特点，以此为着力点确立办学目标，搭建学校未来发展的框架，努力让每一个孩子在自己的领域上充分发展，同样拥有大梦想、大情怀、大未来。

第二节　自助式学习活动的设计与实施

偏远海岛地理位置的特殊性，促使一些偏远渔村学校在“小岛迁、大岛建”的进程中逐渐形成了自然微班。在微班中，师生交往空间变大，全体学生可以得到较充分的发展。那么在学习中，如何发挥微班优势？教师可以从转变学教方式入手，开展自助式学习活动，引导学生从自我的认知水平出发自主选择相应的学习方式，达成学习目标，以此激发学生主体参与学习的欲望，提高学习质量。本节以数学学科为例进行阐述。

一、自助式学习活动概述

自助式学习活动是指学生在学习过程中，根据自己的需求选择合适的辅助性学习材料或寻求必要的帮助，开展有效学习，最终达成学习目的。因此，开展自助式数学学习活动，需要给学生提供充分的时间，并在活动中选择有利于解决问题的学习方式。教师可以将课堂教学时间(40 分钟)按“3∶3∶2”的比例进行划分，形成“三·三·二”课堂学习流程(见图 5-1)，即自助式学习活动 15 分钟，交流互动 15 分钟，当堂练习或检测 10 分钟。其中，自助式学习活动以学生独立学习与合作学习为主，实现生生互动；交流展示主要用于学生展示与教师疑难解答或重点讲解等，实现师生互动；当堂练习或检测，用于了解学生对知识点的掌握情况，做好查漏补缺。教师在课堂中充分发挥“导”的作用，根据学情为学生提供合理的自助式学习单，指导学生进行有效学习。

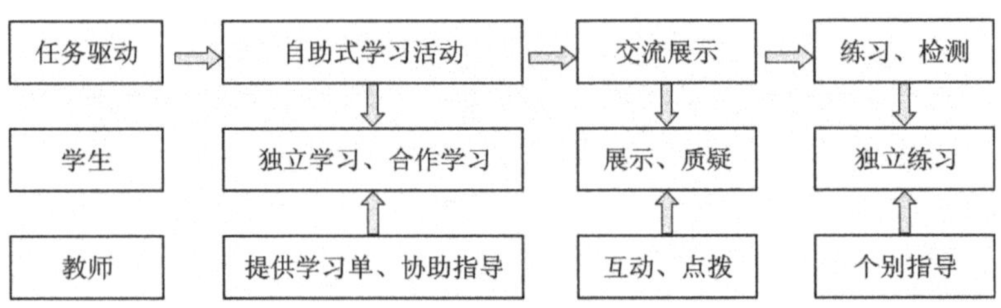

图 5-1 “三·三·二”课堂学习流程

案例 5-1 人教版六年级数学“圆的认识”教学片段

一、明确学习任务：探究圆的特征

师：体育课上安排套圈游戏，每一批有 8 位同学一起游戏。同学们怎么站位比较合理公平？

生：8 位同学围成圆形比较公平。

师：为什么围成圆形进行游戏比较公平呢？我们一起来探究圆的特征。

二、自助式学习活动(独立学习＋合作学习)

教师根据学生需求提供学习单(见图 5-2)。

借助手中的圆片，用折一折、量一量、比一比、画一画等方法，开始我们探究的旅程吧！
我通过(折一折)发现______________________________。
我通过(　　　)发现______________________________。
我通过(　　　)发现______________________________。
结论：因为____________________，所以站成圆形玩套圈游戏是公平的。

图 5-2　教师提供的学习单

三、交流展示(互动点拨)

四、深化练习(教师个别指导)

1. 用圆规画圆，从随意画到定点画再到定长画。

2. 完成 A、B 分层检测练习(略)。

(本案例由嵊泗县菜园镇第三小学苏峰老师提供)

本节课主要通过自助式学习活动，让学生自主选择学习工具，通过多种形式的体验探究圆的特征，需要帮助的学生可以申请获取学习单。这样的课堂安排，把课堂学习时间交给了学生，一方面保证了每一位学生的自主学习，另一方面保证了有足够的教师指导、矫正及学生互相启发、互相帮助的时间。自助式学习活动的安排，促使教师重新分配学生的课堂学习时间，有效控制教师的讲解时间，让学生在课堂中进行充分学习。

二、自助式学习活动的设计

自助式学习活动的有效开展，首先要保证学生可自主选择一定的学习辅助材料和学习方法。这就需要教师为微班的学生"量身定制"具有一定辅助作用的学习单，供学生自主选择。学习单不是原有教案的翻版，而是教师从帮助学生学会学习出发，按照从易到难、从表面到本质、从特殊到一般的认识规律，有目的、有层次地进行学习活动的安排。

(一)自助式学习活动的目标定位

小学数学教材的内容安排都有一定的知识技能目标和学力培养目标，每一块内容都是数学课程目标体系中的一个点，即通过某一内容的学习完成某一项课程目标，最终达成课程总目标。因此，自助式学习活动的设计首先要深刻理解课程目标，把握课程标准对学生的总体期望，将课程标准具体化。我们对 4～6 年段的学习要求进行梳理归类，并明确了设计的目标和学习方法的选择(见表 5-1)。

表 5-1　4～6 年段数学自助式学习活动设计指南

学习内容	学习目标	学习单设计	学习方法
数与代数	1. 体验从具体情境中抽象出数的过程；理解分数、百分数的意义，了解负数，掌握必要的运算技能；理解估算的意义；掌握用方程表示简单的数量关系、解简单方程的方法。 2. 能够对生活中的数字信息作出合理的解释，会用数（合适的量纲）、字母和图表描述生活中的简单问题；初步形成数感，发展符号意识	填空、问答、解题思路描述等	数形结合、比较、举例、反证、转化等
图形与几何	1. 探索一些图形的形状、大小和位置关系，了解一些几何体和平面图形的基本特征；体会图形的简单运动，了解确定物体位置的方法，掌握测量、识图和画图的基本方法。 2. 在探索简单图形的性质、运动现象的过程中，初步形成空间观念	操作或制作，拼、画、剪等	转化、直观、推理、画图等
统计与概率	1. 经历数据的收集、整理和分析的过程，掌握一些简单的数据处理技能；体会事件发生的可能性，掌握简单的计算可能性的方法。 2. 能根据解决问题的需要，收集与表示数据，归纳出有用的信息	调查研究、表格汇总	画图、举例等
综合与实践	能进行有条理的思考，能清楚地表达思考的过程与结果；在与他人交流过程中，能够进行简单的辩论	调查研究、图纸设计等	分析、综合等

从学习目标我们可以看出 4～6 年段每一块学习内容该学到什么程度，在设计时可以根据学习目标选择合理的方法，采用不同形式的学习单辅助学生进行自助式学习活动。

(二)自助式学习活动的具体设计

在“三・三・二”数学课堂中，自助式学习活动的开展是课堂的重要组成部分。自助式学习活动是根据微班学生的学习现状，将“先学”放置在课堂中进行，以便让每一位学生都有充分的前置性学习时间。根据学习内容的不同，我们可以将自助式学习活动设计分为问题式的学习活动设计、操作式的学习活动设计和方案式的学习活动设计。

1. 问题式的学习活动设计

问题式的学习活动以学生解答相关问题为主，教师设计达成本节课目标的若干数学问题，学生通过对问题的解决进行自助式学习活动。问题式的学习活动立足于问题，可以是对于新授知识的问题解决，也可以是针对一道或几道数学题的问题解决。一般来说，教师针对学习内容设计一组问题，学生通过查找资料或独立思考加以解决。这个过程是一个质疑和解疑的过程，这种自助式学习有助于调动学生学习、思考、答问的积极性，发展学生的创新思维能力，使学生真正成为学习的主人。教师在问题的设计上做到表述清晰，适当提供一些简要的提示或方法指导，以便学生更好地分析问题、解决问题。如“容积与容积单位”一课的概念学习，就是通过一组问题的呈现，引导学生阅读教材，明确这块学习内容的知识要点，并解决相关问题。

案例 5-2 “容积与容积单位”的问题式设计

请你仔细阅读课本 P38，并完成以下问题。

1. 下面的木盒中装着一些沙子(见图 5-3)，(　　)号盒子中所装的沙子的体积正好是木盒的容积。木盒的容积就是指____________________。

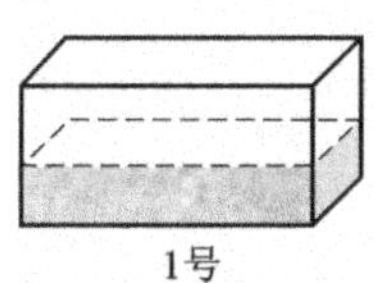
1号

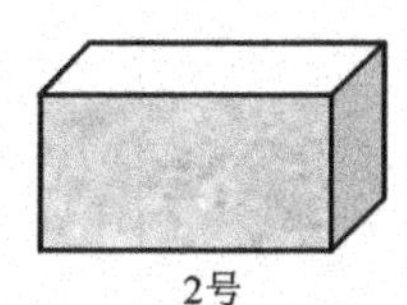
2号

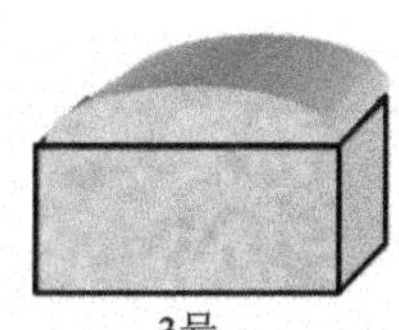
3号

图 5-3 装有沙子的木盒

2. 计量容积的单位有____________________。

3. 物体的体积与它的容积有什么不同？

4. 你觉得要计算下面这个长方体木箱(见图 5-4)的容积，需要哪些数据？应该怎样测量？

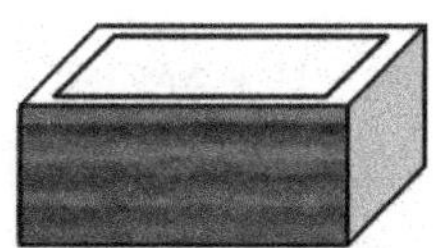

图 5-4 长方体木箱

(本案例由嵊泗县菜园镇第三小学苏峰老师提供)

2. 操作式的学习活动设计

操作式的学习活动以学生通过操作完成学习任务为主。教师根据学情设计不同形式的操作式学习单，学生可以按需选择教师所提供的学习单完成操作任务，也可以自主完成操作任务。操作式学习单是引导学生有序操作、及时记录、得出结论的有效载体。在设计上做到有适当的表（图）或问题，方便学生记录，并有简明的提示或方法指导，便于有需求的学生得出结论。

如在“平行四边形面积”一课中，执教教师安排了操作验证的学习活动，学生通过画一画、剪一剪、拼一拼等活动，得出平行四边形的面积计算方法。整个活动在学生的自主操作中完成。操作式学习单作为学生操作的记录单，可以避免学生完成操作任务的无序和随意，同时也可对结论的形成起到辅助作用。

案例 5-3　“平行四边形面积”的操作式设计

方法一：数格子

我打算把这个平行四边形放在方格图（见图 5-5）中，数一数一共有几格。

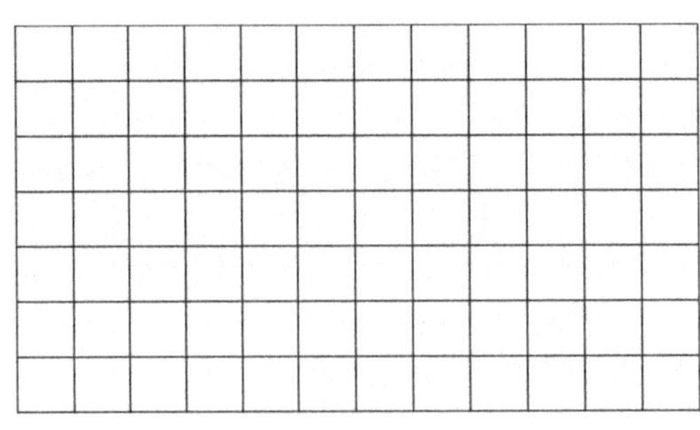

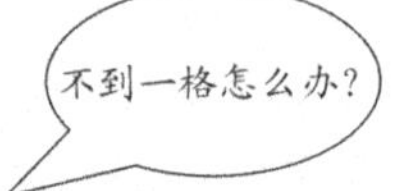

图 5-5　方格图

通过数格子，我发现这个平行四边形的面积是（　　）平方厘米。

这一刀该怎么剪才合适呢？

方法二：剪剪拼拼。

剪一刀，重新拼一拼，我把这个平行四边形转化成了（　　）形，重新量一量，算一算。

想：剪剪拼拼后，图形的大小有没有变呢？

测量的数据：________________

我发现这个图形的面积是（　　）平方厘米。

通过以上的操作，我觉得平行四边形的面积可以用（　　）×（　　）来计算。

（本案例由嵊泗县菜园镇第三小学苏峰老师提供）

3.方案式的学习活动设计

方案式的学习活动由学生根据学习任务设计操作方案，再通过操作完成学习。教师根据学习任务提供必要的材料，由学生合作设计操作或解答方案，然后通过操作完成任务。如在“圆的周长”一课中，在自助式学习活动开始前，教师要求学生选择合适的操作材料和测量工具，先讨论制订测量方案再动手操作验证。

案例 5-4 “圆的周长”的方案式设计

“不管圆多大或多小，圆的周长总是它直径的三倍多一点。”这样的结论你认为对吗？

材料提供：圆形分为硬币、塑料圆片 2 种、圆形纸片 2 种(任选一种)。

操作任务：小组合作测量一个圆片的直径和周长，计算出圆周长和直径的商。

测量工具：☆直尺、三角尺、软皮尺、计算器

☆☆直尺、三角尺、纸条、计算器

☆☆☆直尺、三角尺、计算器

操作要求：

测量之前，同桌根据提供的圆片选择测量工具(打“√”)，并讨论测量方案。

我们的测量方案：

____

____

我们测量的数据：

____

我们得出的结论：

____

(本案例由嵊泗县菜园镇第三小学苏峰老师提供)

自助式学习活动的设计需根据学生认知特点，凸显数学方法的渗透，其功能是引导学生通过对比、枚举、反证、想象、举例等各种数学思维方法实现自主学习。

三、自助式学习活动的实施

自助式学习活动的实施要关注微班中每位学生的学习能力，根据学习内容的特征和学习目标采用不同的形式进行，其主要可以分为三种学习活动，即独

立学习、协助学习与合作学习。独立学习是指让学生独立完成新知识的学习；协助学习是指在独立学习的基础上，有困难的学生向优势学生（或教师）发出协助信号，从而达成学习目标；合作学习则是以小组合作的形式共同完成学习任务。

（一）独立学习活动的实施

培养学生独立学习的能力非常重要，在自助式学习活动的实施过程中，我们需要为学生创设较多的独立学习的机会，防止学生出现过度依赖同学或教师的现象。独立学习活动的实施需要教师准确掌握每一位学生的学情，为了让不同层次的学生都能达成学习目标，需要根据学习内容和目标设计适合不同学生的学习单，供学生选择，从而达到培养学生独立学习的目的。

如在六年级的“数学思考”一课中，教师设计了差异性学习辅助单，学生可以根据自己的能力选择不同星级的辅助单，完成学习任务（见表 5-2）。

表 5-2 “数学思考”学习辅助单设计

<table>
<tr><td>五星级</td><td></td><td>如果每两点连接一条线段，那么 n 个点能连接几条线段？你能发现其中的规律吗？</td></tr>
<tr><td>四星级</td><td></td><td>如果每两点连接一条线段，左边这些点能连接几条线段？如果再增加一个点，线段的条数会有怎样的变化？你能发现其中的规律吗？</td></tr>
<tr><td>三星级</td><td></td><td>如果每两点连接一条线段，左边这些点能连接几条线段？请一边连线一边填写表格。说说你有什么发现。
<table>
<tr><td>点数</td><td>2 个</td><td>3 个</td><td>4 个</td><td>5 个</td><td>6 个</td><td>n 个</td></tr>
<tr><td>增加条数</td><td>—</td><td>2</td><td></td><td></td><td></td><td></td></tr>
<tr><td>线段数</td><td>1</td><td>1+2</td><td></td><td></td><td></td><td></td></tr>
</table></td></tr>
<tr><td>二星级</td><td colspan="2">如果每两点连接一条线段，你分别能画出几条线段？如果有 6 个点可以画几条线段？把结果填入表格。
<table>
<tr><td></td><td></td><td> </td><td> </td><td> </td><td></td></tr>
<tr><td>点数</td><td>2 个</td><td>3 个</td><td>4 个</td><td>5 个</td><td>6 个</td></tr>
<tr><td>线段数</td><td>1</td><td>1+2</td><td></td><td></td><td></td></tr>
<tr><td>增加条数</td><td>—</td><td></td><td></td><td></td><td></td></tr>
</table></td></tr>
</table>

案例 5-5 "数学思考"课堂片段

一、任务驱动

师:(先出示两个点)大家都知道两点能够连接成一条线段。(动态演示点数增加)随着点的增加,连接的线段也会增加,我们一起来研究点的数量与线段数量之间的关系。

师:现在屏幕上点很多,大家想想怎么研究合适呢?

生 1:先研究数量少一些的几个点,确定点与线段的关系,然后得出结论。

(大家都点头表示同意)

师:好,我们就按照岳××说的,从简单的入手开始研究,大家可以自由选择二星到五星的学习辅助单。希望大家通过自己的研究,发现其中的关系。

二、自助式学习活动

学生根据自己的需求领取学习辅助单进行学习(见表 5-2)。

(教师根据学生的实际水平,为个别学生提供二星和三星的学习辅助单)

…………

三、交流展示

二星学生:介绍每一种点数对应的线段数,以此计算 6 个点能连接的线段数。

三星学生:对二星学生的展示进行点评,并尝试推断 n 个点所对应的线段数。

四星、五星学生对三星学生的展示进行点评,并展示自己的想法。

…………

(本案例由嵊泗县菜园镇第三小学苏峰老师提供)

又如在"同分母分数加减法"一课的学习中,教师通过设疑,让学生选择适合自己的操作方式进行验证,最终独立完成该知识点的学习。

案例 5-6 "同分母分数加减法"的自助式学习

一、任务驱动

(出示)小红和爸爸妈妈一起品尝一个蛋糕,爸爸吃了$\frac{1}{4}$个,妈妈吃了$\frac{2}{4}$个,爸爸和妈妈一共吃了多少个蛋糕?

小军认为小红的爸爸和妈妈一共吃了$\frac{3}{8}$个蛋糕。

$$\frac{1}{4}+\frac{2}{4}=\frac{3}{8}(个)$$

小芳认为小红的爸爸和妈妈一共吃了$\frac{3}{4}$个蛋糕。

$$\frac{1}{4}+\frac{2}{4}=\frac{3}{4}(个)$$

你们认为谁的算法是正确的呢？请大家选择合适的方法进行验证。

二、自助式学习活动

1. 教师提供学习建议，供学生选择，并为学生准备圆形、正方形的纸片。

2. 学生活动。

(1) 在自己选择的方法后面打“√”。

A. 折纸，涂色，说明

B. 画图，涂色，说明

C. 其他方法

(2) 我认为(　　　)的做法是正确的。

我选择(　　　)进行验证，通过操作，我发现：________________________

同分母分数加法可以这样计算：______________________________

(本案例由嵊泗县菜园镇第三小学苏峰老师提供)

教师在组织独立学习活动时既要关注学生的学习差异，又要给学生较大的选择空间，引导学生根据自己的思考方式和兴趣选择适合自己的学习方式，并能拓宽自己的思维空间。所以在活动的设计上要呈现方法的多样化，并体现一定的趣味性和挑战性。如教学“三角形面积计算”一课时，教师为学生提供了不同形状的三角形素材，让学生根据自己的喜好及自身的学习能力，自主选择学习材料，既体现了学生解决问题的自主性，同时也呈现了问题解决方法的多样化。

案例 5-7　“三角形面积计算”的自助式学习设计

你打算选择哪组材料，打“√”。从组长处领取材料和工具，开始你的行动吧。

A. 两个相同的钝角三角形

B. 两个相同的直角三角形

C. 两个相同的锐角三角形

D. 一个钝角三角形

E. 一个直角三角形

F. 一个锐角三角形

☆我把两个(　　)三角形,拼成了一个(　　)形,它的面积是(　　),所以一个三角形的面积是(　　　)。

我觉得三角形的面积可以这样算:________________

☆我把一个(　　)三角形,转变成了一个(　　)形,它的面积是(　　),所以一个三角形的面积是(　　　)。

我觉得三角形的面积可以这样算:________________

(本案例由嵊泗县菜园镇第三小学苏峰老师提供)

(二)协助学习活动的实施

协助学习活动是在独立学习的基础上开展的,学习有困难的学生可以借助于协助学习(发出请求协助信号),获得组内其他同学或教师的帮助,从而完成自助式学习活动。

如在“三位数乘两位数”一课的学习中,教师为了让每一位学生充分体验估算与笔算的过程,安排了下面的学习情境。因为这个学习过程是在两位数乘两位数的基础上进行的,所以大部分学生都能通过已有知识的正迁移独立完成学习,但部分学困生对算理的理解存在很大的问题,会仿照计算但错误明显。在整个学习过程中,学困生可以自主寻求协助以达成学习目的。

案例 5-8 “三位数乘两位数”的自助式学习设计

17 个人的旅行:

从嵊泗到定海的船票价格是 125 元,团队里的两个小朋友想当一次小会计,帮大家算路费。下面是两个小会计算的结果,你觉得对吗?

跳跳的计算结果:每张 125 元,买 17 张需要 13375 元。

早早的计算结果:每张 125 元,买 17 张需要 1000 元。

跳跳的竖式:

```
   125
 ×  17
 -----
   875
 125
 -----
 13375
```

早早的竖式:

```
  125
×  17
-----
  875
  125
-----
 1000
```

到底该花多少钱买这 17 张船票呢?你能计算出来吗?大家动手试一试吧!

温馨提示：

1. 如果你对自己的计算结果有疑问，可以向其他同学或老师请教哦！

2. 完成计算后在小组内说说自己的做法。

（本案例由嵊泗县菜园镇第三小学苏峰老师提供）

案例 5-9 “三位数乘两位数”的课堂交流片段

（学生独立学习后，组内开展交流和协助）

生 1：跳跳的问题是 125 的“5”跑到百位去了，早早 125 的“5”跑到个位去了，应该在十位。

生 2：“5”为什么应该在十位呢？（真的不明白）

生 3：你看，这个 125 是用谁和谁乘出来的？

生 2：用“17”的“1”和“125”乘的。

生 3：这个“1”表示几？它乘 5 是多少？

生 2：积是 50，明白了（恍然大悟），125×10＝1250，就是 125 个十，所以 5 在十位上。

…………

（本案例由嵊泗县菜园镇第三小学苏峰老师提供）

从三个学生的交流中，我们可以发现生 2 在模仿性的学习后，通过其他同学的协助讲解，真正理解了算理。整个学习过程就是学生尝试、判断、质疑、解惑的过程，也是学生自我习得的过程。

又如在教学“小数乘整数”一课时，教师根据学生独立学习内容“验证 0.9 乘 3 等于 2.7 的结果是否正确”，为需要协助的学生准备了学习“锦囊”（见图 5-6）。

“锦囊”

想：0.9 元＝（　　）角

原来的算式就可以变成：（　　）×3

算算结果是多少角，别忘了最后还得用元做单位哟。

图 5-6 “小数乘整数”的学习“锦囊”

学生在无从下手时可以向教师示意获取这个“锦囊”。它可以引导学生通过单位转化，将小数乘整数转化为整数乘整数，得出结论，从而降低思考的难度。

案例 5-10 “小数乘整数”课堂片段

出示：果然多 0.9 元/包 3 包 共( )元

生 1：共需要 2.7 元。0.9＋0.9＋0.9＝2.7(元)

生 2：计算 3 包的价钱，可以用 0.9×3，先算 9×3＝27，然后在 2 后面点上小数点变成 2.7 元。

(其他学生点头表示同意)

师：为什么可以把 0.9×3 先变成 9×3 来计算呢？为什么做完后再把小数点点回去就行了呢？大家能解释吗？

生：(沉默)

师：请大家用自己喜欢的方法来证明这个做法是正确的，并将证明过程记录在学习单中。

师：有困难的同学可以找老师帮忙，老师会提供“锦囊”助你一臂之力。

(全体学生开始独立学习，教师巡视)

生 1：请求“锦囊”协助。

集体交流：学生发现通过单位转化先将小数乘法转化为整数乘法进行计算。

(本案例由嵊泗县菜园镇第三小学苏峰老师提供)

(三)合作学习活动的实施

合作学习活动主要针对学习内容相对较难，通过独立学习完成任务具有一定的难度，需要组内同学互相启发、共同探究达成学习目的教学活动。这类学习活动可以在进行一定程度的独立学习后再进行合作探究，确保让每一位学生都在有了自己的尝试和想法后，再开展合作学习。也可以根据学习要求，直接开展合作学习。

对于有一定难度的学习内容采取先独立思考，再合作探究的形式，可以让学生带着问题和想法参与学习，以取得较好效果。比如在“3 的倍数”一课学习中，教师提供学习单，让学生先进行独立学习，再通过合作交流发现 3 的倍数的特征，得出结论。

案例 5-11 “3 的倍数”课堂片段

师：下面的这组数中哪些是 3 的倍数，请大家圈一圈。

9 12 18 15 24 27 28 30 21 31 36 132 513

(学生独立完成)

师：你觉得3的倍数具备怎样的特征？

（学生发现3的倍数与2或5的倍数特征不同，难以表述）

师：观察下面各组数，它们是3的倍数吗？各组组长安排组员分工计算。

(1)84　48

(2)73　37

(3)123　213　231　312

(4)135　513　315

（各小组计算，并进行交流）

生1：我们小组发现(1)和(3)都是3的倍数。

生2：我们还发现，如果一个数是3的倍数，调换这个数各数位的位置后，仍旧是3的倍数。

生3：我们小组讨论后发现，3的倍数不能只看一个数字，得看整个数。比如8和4虽然不是3的倍数，但8加4的和是3的倍数，所以84和48就是3的倍数。

…………

师：73不是3的倍数，你们能不能修改其中的一个数字，让它变成3的倍数呢？

各组再次进入讨论……

（本案例由嵊泗县菜园镇第三小学苏峰老师提供）

一些操作类的学习活动，可能个人无法单独完成，可以直接进行两人或多人合作，共同完成学习任务。如在“圆的周长”一课中，教师让学生以两人小组的形式开展自助式学习，由各组共同选择操作材料，然后合作完成学习任务。

案例5-12　“圆的周长”课堂片段

师：“不管圆多大或多小，圆的周长总是它直径的三倍多一点。”这样的结论你认为对吗？

生：我们用不同的圆量一量，算一算，就知道是不是这样的了。

师：在我们的材料区有很多大小不同的圆形材料，各组可以选一些进行测量，验证这个结论是否正确。

师：在测量之前，各组先选择不同星级的测量工具，制订测量方案，再进行操作。

学生选择测量工具：☆直尺、三角尺、软皮尺、计算器

☆☆直尺、三角尺、纸条、计算器

☆☆☆直尺、三角尺、计算器

生：我们的测量方案：________________

我们测量的数据：________________

我们的结论：________________

（本案例由嵊泗县菜园镇第三小学苏峰老师提供）

自助式数学学习活动的构建强调了学生在数学学习中的主体地位，为学生自主发展搭建了广阔的平台。自助式学习活动实施的目的在于帮助学生学会学习，教师通过合理的学习单设计，让学生的学习有章可循，为学生最终形成自主学习能力提供了有形的帮扶。因此，学习活动实施的有效性也需要得到保证，我们可以通过相应的课堂观察量表，对学生开展的独立学习和合作学习等进行量化分析，通过数据监测，不断调整自助式学习活动的设计与实施（见表 5-3）。

表 5-3　自助式学习活动观察表

观察项目		具体内容
独立学习阶段	学习内容	A. 学习单设计指向明确，体现分层，并能体现学生的思维过程。 B. 学习单设计指向明确，符合本课目标。 C. 学习单设计缺乏指向性（仅为习题），未体现分层
	学习状态	A. 学生学习积极，主动参与。 B. 学生学习比较积极，参与较被动。 C. 学生学习不主动
	完成情况	A. 学生能主动运用已有的学习方法，完成学习任务。 B. 一半及以上学生完成学习任务。 C. 一半以下学生完成任务（或均未完成任务）
	学习时间	独立学习所花时间（具体时间记录）
合作学习阶段	任务布置	A. 小组学习任务明确，语言描述清晰或有学习记录单。 B. 小组学习任务明确，描述较笼统。 C. 小组学习任务不明确，学生操作困难
	参与情况	A. 组内学生都积极地参与小组活动。 B. 部分学生参与小组活动。 C. 成为个人“一言堂”
	倾听情况	A. 每个成员都愿意听取别人的意见。 B. 部分成员能听取别人的意见。 C. 组内成员不会倾听别人的意见
	完成情况	A. 任务按时完成。 B. 任务基本完成。 C. 任务未完成

续表

观察项目		具体内容
合作学习阶段	合作效果	A. 讨论有实质性的进展,或出现有价值的成果。 B. 讨论有一些进展,或有成果出现。 C. 讨论进展慢,成果不明显
	教师参与	A. 教师参与小组学习,并进行必要的指导。 B. 教师在组间巡视。 C. 教师未参与小组学习
	师生约定	A. 师生配合默契,学生能根据教师的指令进行活动。 B. 部分学生未明确教师指令。 C. 学生未明确教师指令,课堂教学进程受影响
	教师评价	A. 教师对小组合作学习及时评价,并采取一定的评价机制。 B. 教师能对小组合作学习采取口头评价。 C. 教师偶尔进行合作学习的口头评价

江山野教授曾在1983年发表《论教学过程与教学方式》一文,该文放到今天这个"充分发挥学生主体作用"的大的教育背景下仍然具有普适性和很重要的指导意义。该文中提出:"每个学生都是一个独立的人。教师不能代替学生读书,不能代替学生感知,不能代替学生观察、分析、思考,不能代替学生明白任何一个道理和掌握任何一条规律。教师只能让学生自己读书,自己感受事物,自己观察、分析、思考,从而使他们自己明白事理,自己掌握事物发展变化的规律。"在微班数学教学中,自助式数学活动的构建强调了学生在学习中的主体地位,为学生自主发展搭建了广阔的平台。教师在教学中充分发挥了"导"的作用,根据每个学生的学习差异,提供个体学习材料,做好学习引导,让每个学生都通过自主学习,学会思考、学会操作、学会解答,真正学会学习。

参考文献

[1]叶高社.培养小学生数学自主学习能力[J].清风,2022(2):72.

[2]王贵军.影响小学高年级学生数学自主学习的问题及对策[J].新课程,2021(47):138.

[3]吴广和.小学数学自主学习课堂的构建[J].教学与管理,2013(8):47-48.

第六章 “学在思维”教学的综合运用与实践

随着科技、经济和社会的发展，创新人才越来越成为国家之间以及地区之间竞争的关键因素。党的二十大报告中提出：“坚持教育优先发展、科技自立自强、人才引领驱动，加快建设教育强国、科技强国、人才强国，坚持为党育人、为国育才，全面提高人才自主培养质量，着力造就拔尖创新人才，聚天下英才而用之。”具有内在学习动机、较强学习能力、批判性思维、创新性思维和创造性人格等是学生发展核心素养的重要内容，更是创新型人才必备的重要素质，教育界积极探索培养创新型人才的模式。

第一节 “学思维”活动课程的校本实践

一、“学思维”活动课程简介

“学思维”活动课程是由陕西师范大学胡卫平教授主持的教育部人文社会科学重点研究基地重大项目“课堂教学与中小学生创造力的发展与培养(07JJDXLX262)”、教育部新世纪优秀人才支持计划“基础教育阶段创新人才培养的理论与实践(NCET-10-0535)”等多项课题的研究成果之一，是胡卫平教授基于十多年的理论研究、发展研究和培养研究开发的。该课程提供了全方位的、结构完整的、系统的思维训练方案，从多个维度、综合多个学科课程的理论背景来培养学生更高一级的思维能力。胡卫平教授基于皮亚杰的认知发展阶段理论、维果斯基的社会文化发展理论与最近发展区理论，以及北京师范大学林崇德教授的思维“三棱结构”模型，提出了由思维内容、思维方法和思维品质构成的思维能力的结构模型，并将这个模型运用到实际教学中，开发一系列活动。

“学思维”活动课程依据中小学学生思维发展的特点、基于学生的直接经验设计活动，采取了对知识进行综合运用的课程形态，是一门以学生的经验为核心的实践性课程，为学生提供展示才华的机会，为教师提供施展教学才能的平台，为学校提供促进学生全面发展的载体。

“学思维”活动课程综合各门学科，训练学生综合运用思维方法解决生活中的实际问题；训练学生突破思维定式，形成辩证看待问题的思维习惯；训练学生学会多角度看待问题，改变思维习惯，开阔视野，更新思维方式，产生富有创造性的思维，让学生掌握思维方法，提升思维品质，提高思维能力。

(一)“学思维”活动课程理论基础

1. 皮亚杰的认知发展阶段理论

瑞士心理学家皮亚杰认为，在个体从出生到成熟的发展过程中，认知结构在与环境的相互作用中不断重构，从而表现出具有不同质的不同阶段。他把儿童思维的发展分为四个阶段：感知运动阶段、前运算阶段、具体运算阶段和形式运算阶段。他认为所有的儿童都会依次经历这四个阶段，新的心智能力的出现是每个新阶段到来的标志，而这些新的心智能力使得人们能够以更为复杂的方式来理解世界；虽然不同的儿童以不同的发展速度经历这几个阶段，但是他们都不可能跳过某一个发展阶段。同一个个体或许能同时进行不同阶段的活动，这明显地表现在从一个阶段进入一个新的阶段的转折时期。

2. 维果斯基的社会文化发展理论与最近发展区理论

苏联心理学家维果斯基创立了社会文化发展理论，他特别强调了社会对人类思维发展的重要作用。他认为社会文化是影响认知发展的要素，强调儿童内在的思维发展的可能性与其所处环境的相互作用，强调人际交往对思维发展的影响。在论述“教学与发展”的关系时，维果斯基提出最近发展区理论，他认为教学应着眼于学生的最近发展区，为学生提供有难度的内容，调动学生的积极性，使学生发挥潜能，超越其最近发展区而达到下一发展阶段的水平，然后在此基础上进行下一个发展区的发展。

3. 林崇德的思维理论

我国心理学家林崇德教授认为，智力是成功地解决某种问题（或完成某项任务）所表现的良好适应性的个性心理特征，思维是智力的核心成分。林崇德教授提出三棱智力结构模型，这是一个多侧面、多形态、多水平、多联系的结构。

思维“三棱结构”模型认为，思维是主体和客体的交互作用中，在感性反映形式基础上产生的一种理性认识。因此，目的性是思维的根本特点，它反映了思维活动的自觉性、有意性、方向性和能动性，为构成思维结构的核心要素。思维的过程是思维“三棱结构”模型的第二个成分，应用在课堂教学中，要求突出知识形成过程，注重各种方法教育。思维材料是思维“三棱结构”模型的第三个成分,包括感性材料和理想材料。思维结构是动态结构和静态结构的统一,动态性是思维结构的精髓。思维的动态性和思维材料的思想应用到课堂教学中——学习是一个积极主动的建构过程,知识是个体经验的合理化。

(二)“学思维”活动课程活动原则

“学思维”活动课程创设活动遵循民主性原则、开放性原则、建构性原则、合作性原则、个性化原则。

1. 民主性原则

民主性原则指建立和谐、愉悦、宽松的师生关系,树立师生双方都是活动主体的观念。教学中教师要让学生感知自己的重要性,尊重学生的想法,鼓励学生主动参与活动,积极发表意见,不轻率否定学生的任何一种见解。

2. 开放性原则

开放性原则指的是“学思维”活动在活动内容、活动过程、活动空间和活动结果四方面的开放性。活动不一定局限在教室内进行,可根据活动内容将活动空间外延或根据活动特点打破单一秧田式座位,使固定空间转化为弹性空间。教师设计开放性问题、没有唯一标准答案的问题,活动中教师要根据学生的即时表现和学习需求及时调整课堂活动过程,活动中依据不同活动目的和需要,师生可以追求不同的活动结果,可以达成统一的认识,也可以保留多种意见。

3. 建构性原则

建构性原则是指活动教学不是对知识和思维过程的纯粹描述,而是一种主动探索和变革的活动。学生获取知识的方式不是简单接受、重复和记忆,而是对知识进行探索式、发现式和创造性的学习。教师不是简单地提供答案,而是要耐心地引导学生自己探索,细心地记录学生的发现,积极地鼓励学生发表独特的、有理有据的见解。

4. 合作性原则

合作性原则要求生生之间进行具有实质性的合作,并在合作中学习合作技巧,相互分享经验,学习他人的思维方法。活动中要以小组形式完成任务,学生之间具有不同形式和不同程度的互动行为。

5. 个性化原则

个性化原则鼓励学生形成自己独特的个性,在感知、思维、想象、情感、气质等方面有独特的品质和风格,教师针对学生的个性特点、潜在优势进行有意的培养和训练。

(三)"学思维"活动课程活动内容

"学思维"活动课程内容选择上全面贯彻理论和实践相结合的原则,打破了传统教学强调以知识为主线的学科壁垒,转而以思维方法为主线,以日常生活经验和学科知识为载体,以知识性、趣味性、适切性、层次性和可操作性的活动为主要学习方式,遵循学生的心理特点和认知发展规律,系统而螺旋式上升地培养学生的思维能力。活动内容由浅入深、由易到难、由简到繁。每个活动都从与日常生活相关的问题开始,再拓展到各个学科领域;从具体形象的问题开始,再上升到抽象的问题;从简单的问题开始,再扩展到复杂的问题。丰富多彩的活动,让学生在愉快的氛围中学习思维的基本方法,激发学生的创造兴趣,优化学生的学习策略,提高学生的思维能力、创造能力,增强学生的学习动机、自我效能、自尊,优化学生和同伴的关系,促进学生将所学知识和方法迁移到学科领域和真实生活中,真正学以致用。

"学思维"活动课程系列书籍从 2000 年开始开发,2006 年由科学出版社出版。"学思维"活动课程在小学阶段每个年级包括上下 2 册,合计 12 册。1～2 年级每册 16 个活动,3～6 年级每册 18 个活动,合计 208 个活动。每册包括基础能力训练篇和综合能力训练篇:基础能力训练篇涉及形象思维、抽象思维和创造性思维三种思维形式,涵盖了多种思维方法;综合能力训练篇涵盖了问题提出、问题解决、创意设计、科学探究和故事创作。

嵊泗区域以"学思维"活动课程为蓝本,着力构建校本思维课程体系,以望学生们在活动中体会思维乐趣、学会思考,提高创新素质,同时将掌握的思维方法和创新方法运用到其他学科的学习和真实生活的问题解决中去,有效地提高综合素质;切实落实"双减"政策,使减负增效、创新素质培养有更坚实的保障。

二、"学思维"活动课程的教学设计

在深度学习促进核心素养提升理念的引领下,教师正逐步改变传统教学观念,课堂教学从以"教"为中心转向以"学"为核心,培养学生的思维能力,提升学生的思维品质,实施创造性教育,培养创造性人才。由此,嵊泗区域引入陕西师范大学胡卫平教授主编的"学思维"活动课程系列书籍。"学思维"活动课程以学生学习生活为基础,积极创设活动,遵循学生心理发展和认知发展规律,培养学生的思维方法,促进学生思维品质的发展,增强思维的深刻性、灵活性、批判性和创造性等,是一门综合性、实践性课程。思维方法的训练是"学思维"活动课程的核心。

(一)“学思维”活动课程的教学内容

“学思维”活动课程内容将思维方法分为观察、联想、想象、比较、分类、类比、推理、辩证、抽象概括、分析综合、重组思维、发散思维、空间认知、臻美思维、突破定式、问题提出、问题解决、创意设计、科学探究、故事创作 20 种。通过活动将学生生活和社会实践联系起来，改变传统以知识为中心的学习观念，注重活动的实践性，活动内容涉及语文、数学、科学、艺术、社会等多学科领域。活动课程的目的是让学生掌握基础思维方法，并能用综合思维方法自主解决问题。所有活动都是以思维方法为主线，以具体活动为载体，遵循学生心理认知发展规律，对思维方法的培养由浅至深、由简至繁、由单一到综合，整体呈螺旋式、阶梯状上升的特点，使学生在各个学段和学习过程中都能发挥思维潜力。

(二)“学思维”活动课程的教学结构

“学思维”活动课程是在学生思维发展规律的基础上设计的，遵循合作性原则、发展性原则和开放性原则。其涉及的主要思维能力有观察能力、联想能力、想象能力、空间认知能力、比较能力、分类能力、类比能力、推理能力、辩证思维能力、抽象概括能力、分析综合能力等。

“学思维”活动课程教学结构如图 6-1 所示：

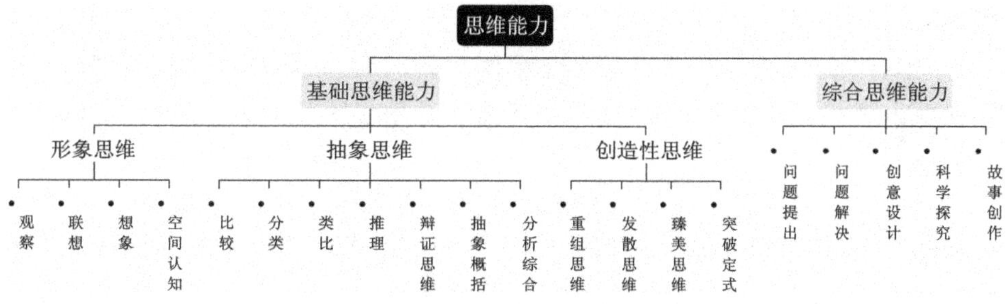

图 6-1　“学思维”活动课程的教学结构

每种思维方法与能力分布于各年级，根据学生年龄特点和认知发展规律，难度呈螺旋式上升，能力发展水平逐级提高。

小学阶段想象能力发展要求如图 6-2 所示。

(三)基于思维方法培养的课时教学设计

“学思维”活动课程教学设计面向全体学生，着重体现以生为本的教学理念，尊重个体差异，积极建构，教学体现民主性、合作性、开放性，促进每个学生全面发展。

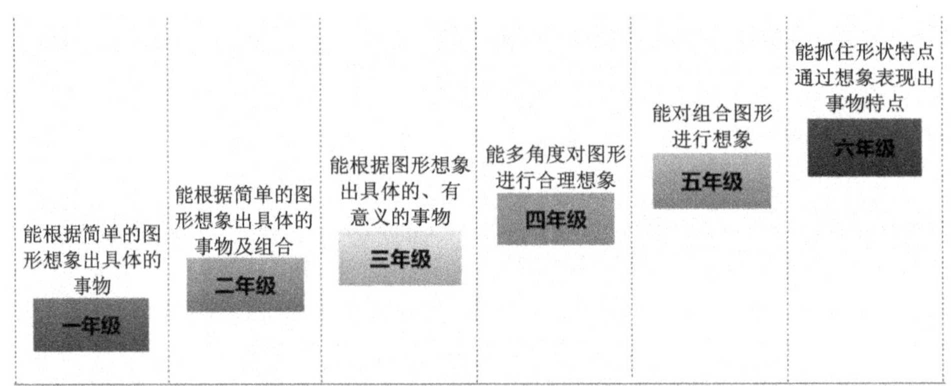

图 6-2　小学阶段想象能力发展要求

1. 活动情境的真实性设计

真实的情境是学生思维方法形成和发展的重要平台，其也为思维表达提供了真实的表现机会。小学阶段正处于直观形象思维向抽象逻辑思维过渡的阶段，"学思维"活动课充分考虑到这个特征，教学中教师根据教学目标，紧扣教学重难点，依据学习起点，联系原有经验，尊重学生个性，通过大量生活中的感知材料，创设真实的活动情境，引起学生有意注意，引发认知冲突，激发学习动机，启发积极思维，引导学生在探究问题过程中领悟方法，获得知识，发展能力，主动完成认知结构的建构过程。

一年级"比眼力"活动注重培养学生的比较能力，教师创设"找一找"活动情境，向学生展示教师的旧照片，让学生猜猜这是学校哪位教师，激发学生的学习兴趣，激活思维。

二年级"今天我是小导游"活动目的是训练学生的空间认知能力，教师以"公园地图"引入，创设"做导游"的真实生活情境，通过让学生看地图找方向和路线，用地图辨别方向，加深其对二维空间的认识，培养学生的空间认知能力。

四年级"影子变变变"活动通过观察和猜测物体的影子的活动，激发学生的想象，将同一个平面图形还原成不同的立体图形，或者从不同角度将立体图形转换成平面图形，实现三维图形和二维图形之间的灵活转换，提升学生思维的深刻性和灵活性，培养学生的空间认知能力。

六年级"谁主沉浮"活动通过让学生观察物体在水中的沉浮情况，使其初步掌握科学探究的基本方法和控制变量研究问题的方法，逐步养成主动探究的习惯；培养学生的观察能力、实验能力、推理能力和综合解决问题的能力。教师创设生活情境"小鱼在水中游泳"，引出问题"小鱼为什么可以在水中游来游去，是什么控制小鱼的沉浮？"引发学生思考，激发积极思维。

真实性的活动情境是针对关键性问题的，具有去陌生化的结构意义。创设真实性的活动情境，让学生在真实的情景刺激下产生兴奋情绪和好奇心，进而产生渴望学习的心理，让他们自然地融入活动中，实现活动环节的层层推进，让活动变得真实而生动。具有真实性的活动情境要考虑学生的学习需求，是学生在学习中确实需要的、贴近生活实际的，而不是刻意营造的一种伪情境。真实性的情境，能满足各年龄学生的身心需求、成长需要和学习需求。

活动真实情境最大化。创设真实情境要发挥情境的最大作用，引导学生自主性、发展性地完成活动任务，使效能最大化。真实情境减少了活动困难，可以进行有效的师生互动、生生互动，保证活动质量的有效提升。

活动真实情境多功能化。真实性情境要具有趣味性、真实性、有效性和可表达性。活动中真实性情境的合理运用，是指知识的形成、能力的提升和素养的养成，形成一定的思维品质。在真实性的情境中，从关注知识本身转向关注思维方法，凸显思维能力。

2. 活动内容的任务化设计

活动内容的任务化设计是为实现具体的、可操作性的活动目标而设计的一系列任务。活动以任务为中心，教师通过积极创设情境、及时点拨指导，学生通过表达、沟通、解释、询问、合作等活动形式，师生共同完成学习活动。活动任务的设计应从思维方法和能力的培养出发，遵循学生的认知规律，螺旋式逐步深入，鼓励学生主动参与、自主探究、合作交流，帮助学生理解、建构，丰富完整认知结构，实行多元思维，实现深度学习，促进能力向素养转化。

五年级“谁动了实验室的物品”活动是基础能力训练篇的内容，目的是培养学生的推理能力。教师创设活动情境，设计活动任务链（见表 6-1），积极引导学生通过观察、比较发现事物前后的变化，并将前后的变化建立起较严密的逻辑关系，提升学生思维的灵活性和深刻性。

表 6-1 “谁动了实验室的物品”活动任务设计

活动任务 1	观察：图中有哪些物品，哪些物品前后发生了变化
活动任务 2	分析：请将观察到的物品状态填入表格
活动任务 3	探究：你有什么发现？哪个物品状态不变？哪个物品状态变了？你还有什么发现吗？

活动任务的设计由浅入深，由易到难，形成任务链。任务设计以问题情境为依托，积极引导学生观察、比较、分析、归纳，找到事物之间的共性和差异，积累活动经验，培养学生的发散思维和直觉思维，激发学生合理想象，让学生逐步感受、领悟推理方法，并尝试运用思维方法展开想象，提出见解，解决问题。学

生在深刻体验和理解中获得推理思维方法，有效促进推理能力的发展。

五年级“探秘地球”活动是综合能力训练篇的内容，侧重问题解决能力的培养。教师设计查找地球相关资料等活动（见表6-2），让学生通过分析主题进行提问的方法，提升思维的深刻性和敏捷性，培养学生提出问题、表征问题、分析问题和创造性解决问题的能力。

表6-2 “探秘地球”活动任务设计

活动任务1	提出问题：关于地球你们想知道什么？把想知道的问题记录在问题单上
活动任务2	查找资料：通过利用书籍或咨询同学、老师等方式查找资料
活动任务3	解决问题：根据调查获知的信息进行知识问答
活动任务4	归纳总结：写下活动心得

活动任务设计有提出问题—分析问题—解决问题—归纳总结几个阶段。学生主动提问，在激活学生思维后采用合作学习方式让学生对问题积极探讨、分析和解决，学生互相聆听，互相交流，思维的火花不断绽放，思维得到了碰撞、融合和提升。问题解决后，教师及时引导学生回顾整个问题解决过程，鼓励学生发表独到的见解，学生通过反思将他人的思维技能内化为自己的，完善自身认知结构，提高解决问题的能力，培养综合思维能力。

活动任务设计强调要让学生“做中学、用中学”，让学生“有事做，有话说”。在设计活动任务时，要提供给学生明确、真实的问题情境；要设计阶梯型任务，由简到繁、由易到难，逐层深入，从初阶任务到高阶任务，再由高阶任务涵盖初阶任务，形成由数个微型任务组成的任务链；要给学生提供创造的机会，让学生享受成功的喜悦，提高学生的学习兴趣、学习积极性和主动性。

3.活动形式的多样化设计

“学思维”活动课程的活动设计具有多样化特点。思维训练和具体实践活动是分不开的。活动从学生的思维发展特点出发，学生在各种具体的、操作性强的实践活动中进行充分的思考，体验思维方式的差异，感悟思维路径的区别，提高思维品质，完善思维方法。

(1)操作实践活动。

操作实践活动是活动教学中的重要一环，强调动手操作，强调直观教学，有利于培养学生思维，发展能力。一年级“我把图形来分类”教师创设“图形分类”活动，学生在动手操作中掌握分类的方法。二年级“会变魔术的长方形”教师创设“画一画”活动，引导学生展开关于长方形的想象，从不同角度进行再现性想象和创造性想象，培养学生的想象能力和突破定式的能力。四年级“祖国在心中”教师创设“观察记忆中国行政区划图”活动，让学生运用形状联想的方法记忆整体图形的结构，运用谐音联想的方法记忆名词，综合运用多种方法提高记忆的效率，提升学生的思维的深刻性，培养观察能力、想象能力和联想能力。五年级“哥伦布的鸡蛋”教师创设“让鸡蛋立起来”活动，引导学生发散思维，从各角度寻找方法，突破思维定式，提升学生思维的敏捷性、深刻性、灵活性和独创性，培养他们突破思维定式的能力和发散思维能力。

(2)创作实践活动。

创意设计和故事创作是综合思维能力的重要组成部分。教师设计创作类活动，有利于培养学生的创造性思维和综合性思维。二年级“沙漠隐身衣”教师设计“设计沙漠隐身衣”活动，让学生学会根据设计需求，多角度进行创意设计，提升学生思维的独创性，培养创意设计能力。四年级“创意广告”教师设计“自主设计广告”活动，让学生抓住事物主要特点，用简练、精准语言和形象的图画进行描述，提升学生思维的灵活性。六年级“故事大赛”教师设计“编故事”活动，提供不同词性的词语让学生在规定时间内编出逻辑清晰、具有创造性的故事，培养学生抽象概括、重组、想象、发散思维能力和故事创作能力。

(3)实验实践活动。

实验实践活动是科学探究的重要研究方法。创设学生探究实验过程，引导学生观察、交流、讨论，在足够的空间和时间内，促使学生有效理解和掌握知识，提升学生的实际操作能力和知识应用能力，提升素养。四年级“硬币的运动轨迹”教师设计“硬币留下的印迹是什么?”“硬币边缘上的点将留下什么样的轨迹?”“硬币的中心点将留下什么样的轨迹?”三组实验活动，让学生体验“猜想—验证”的探究过程，体会“论点是可以通过实践来验证的”。对于同类型的问题，学生经过猜想和验证，能总结出一般规律，从而提升学生思维的灵活性和深刻性，培养学生的科学探究能力。五年级“谁主沉浮”教师设计“物体沉浮”实验活动，引导学生初步掌握科学探究基本方法和控制变量研究问题的方法，培养学生的观察能力、实验能力、推理能力和综合解决问题能力。六年级“翻杯子”教师设计“翻杯子、称色子”实验活动:设计实验计划，小组讨论、实践验证，让学生在实验中发现过程和结果的关系，培养归纳推理能力。

开展丰富多元的活动，学生经历观察、操作、思考、修正、完善等具体过程，积累活动经验，渗透思维方法，提升思维品质。活动中必须把思维方法同实际问题结合起来，有意识地、有计划地运用思维方法去解决实际问题，在解决过程中及时提炼概括要点，不断总结经验，反思思维过程。通过反复地实践，把理论和方法内化为一种思维技能，并在以后的实践中把这种思维能力迁移到其他思维活动上去，在实践中巩固、拓展思维技能。

三、"学思维"活动课程的教学实施

(一)"学思维"活动课程教学实施要求

1.明确教学目标

活动课程的实施必须有明确的教学目标,突出核心素养的培养。教师要深入分析、研读教材,根据活动内容和学生知识储备、心理和技能特点以及各自的学习需求制订明确的教学目标和教学计划,并在活动过程中根据学习现状及时调整教学目标。

2.创设良好情境

良好的教学情境是产生学习问题、引发认知冲突、促进思维提升的先决条件。营造良好的教学情境,教师要平等对待学生,建构"以生为本"的教育观念,鼓励学生积极思考、突破定式、大胆创新,形成主动探究、主动交流的积极的学习氛围。

营造良好的问题情境。良好的问题情境既可以锻炼学生收集分析信息的能力,也可以激活学生原有认知中的相应知识模块,使学生做好思考的准备,有利于指引学生思考的方向,激发学生思考的动机。

联系生活实际,营造问题情境。教师将问题置于不同的生活情境中,引导学生更好地观察事物、发现问题,进而从不同的情境中内化解决问题的规则和方法,培养学生提出问题及综合地运用知识经验解决问题的能力,促进知识之间的迁移能力和创造力的形成。教师还应鼓励学生在日常生活中发现问题,把发现的问题带到课堂上来讨论,以培养学生的创造意识和激发学生的创造动机。

新旧知识结合,营造问题情境。教师通过构建以学生已有的知识为情境的问题或问题组,设置一系列的层次鲜明的、具有系统性的问题,引导学生实现已有的知识向新知识的转化与过渡,培养迁移知识的思维方法。

引发认知冲突,营造问题情境。教师根据教学内容与学生已有的认知之间的矛盾和冲突设计合适的问题情境,打破学生原有思维的平衡,引发学生的认知冲突和认知矛盾,进而指引学生寻找解决问题的方法。教师还可以设置与原有思维习惯不同的问题,培养学生逆向思维的能力,使学生突破习惯性思维的束缚,朝着与习惯性思维方向完全相反的方向进行探索。

3.关注学习过程

活动中教师要营造一个自由、平等、宽松、安全的氛围,设计问题链,促使学生主动探索。活动中要重视概念、规律等形成的过程，让学生充分体验学习过程。活动中留给学生足够的时间和空间，让每个学生都有参与活动的机会，使学生在动手中学习，在动手中思维，在思维中动手，让学生在动手、思维的过程中探索。逐渐让学生掌握概念建立、规律探索、知识形成、问题分析、问题解决的方法，让学生敞开心扉，畅所欲言，尽情发挥，使思想始终处于大幅度自由驰骋的状态，通过多向思维、奇异联想、天马行空的想象培养思维能力，提升思维品质。

4.关注个性差异

学生的认知差异、思维水平差异、能力差异是客观存在的。活动中教师要关注学生的个性差异，充分尊重学生，实施分层教学，有效发展学生的个性差异，全面提升学生核心素养，增强活动实效性。首先，教师在教学时，注重教学内容的开放性，这样学生在学习时，就会充分发挥自身的个性特点，并可以根据自己的实际水平进行活动，既可以有效提高学生的自主学习能力，又可以充分发挥学生的想象力和创造力，为分层教学做好铺垫。其次，教师设计有坡度的问题，满足不同层次学生的需求。教师设计的问题要处于学生思维水平的最近发展区，对不同层次的学生实施不同的提问策略，充分调动学生学习的积极性，培养学生能力。教师在教学时，还要训练学生思维意识，让学生充分发展自己的个性，将思维随着活动内容拓展训练，全面提高学习效果。

(二)“学思维”活动课程教学实施过程

“学思维”活动课程旨在让学生掌握基本思维方法和综合思维方法，并能将其应用到学习生活中。教师创设情境，布置任务，引导学生感悟、理解、掌握各种思维方法，形成思维品质。课堂教学具体过程如下：

1.情境与问题(活动导入)

此环节旨在引发学生的认知冲突。每个活动都在深入浅出、贴近学生生活实际的真实性情境中导入，唤醒学生的问题意识，激起学生参加活动的兴趣及参与操作的愿望，充分调动学生参加活动的积极性。

2.探究与合作(活动过程)

教师围绕任务主题组织学生开展合作学习，学生组内观察、思考、讨论、实验，对问题进行多角度、多方位的分析。在和谐、开放、宽松、愉悦的环境中，学生主动参与、自主建构、合作交流、思维碰撞、达成共识，教师引导学生发展类比、想象、推理等思维能力，每个学生都能感悟思维方法，都有不同程度的收获。

3.总结与反思(活动心得)

此环节旨在引导学生对自己的思维过程进行再思考。教师引导学生回顾过程：在解决问题过程中，你有什么收获？解决问题过程中要注意什么？对此你有什么独到的见解？教师积极鼓励学生对思维方法进行反刍，引导学生及时归纳思维要点。学生及时吸收内化，正确建构知识框架，归纳总结思维方法，培养学生对整个解决问题过程的监控和反思能力，培养初步的抽象概括能力和问题解决能力。

4. 应用与迁移（活动拓展）

此环节对学生有正迁移性的实质影响。教师引导学生向生活和其他学科领域拓展迁移本课学到的思维方法，使学生在遇到同类问题时能自主迁移，主动按照解决步骤解决问题，逐步形成思维意识。此环节一般以课内＋课后的作业形式出现。

具体教学过程如图 6-3 所示：

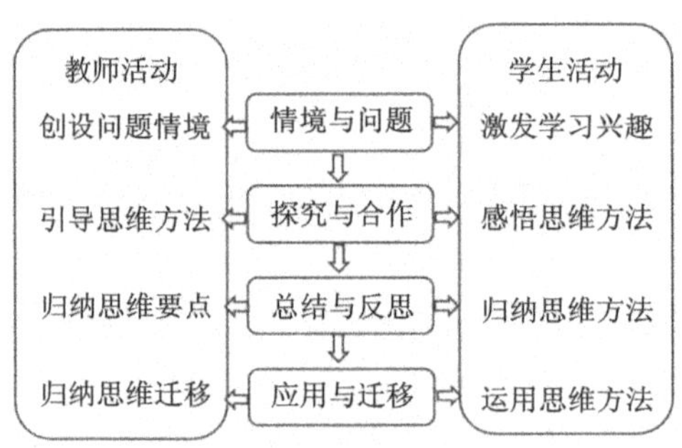

图 6-3 “学思维”活动教学过程

（三）“学思维”活动课程实施注意要点

1. 思维能力和品质的培养要注重整体性和阶段性

学生思维能力和思维品质的培养不是一蹴而就的，而是长期的、系统的过程。因此，活动开展要注重整体性和阶段性的有机结合。既要有对整体思维能力发展目标的确立，又要分阶段、分层次，针对学生各阶段的特点，有目的、有计划地开展活动，有效培养思维能力和品质。

2. 跨学科思维能力的培养要注重个性化和差异性

跨学科思维是高阶思维。“学思维”活动课程的活动内容涉及语文、数学、科学、美术等多学科。在教学中教师要打破学科间的壁垒，突破学科局限与束缚，开阔眼界，深入了解学科间的联系，切实找出同学科相近、相关的内容，自然运用，发挥特定内容在不同学科中的教育功能和作用，或将方法运用到不同学科内容中，促进学生在不同学科间的思维迁移。跨学科思维能力要允许不同学生有不同的发展，不同学生设定不同的学习目标和发展目标，关注学生的个性和差异性，以期逐步贯通不同学科的共同概念，进行梳理、理解、应用、迁移和创造。

3. 思维不能独立于活动之外抽象形成

思维能力的培养需要在学生主动的活动中发展。“学思维”活动课程的基本形式就是以活动为载体，学生在活动中发现问题、分析问题、解决问题。在解决问题的过程中每个学生都有机会充分发挥个人的思维力，提出解决问题的设想和途径，并将设想付诸行动以检验其可行性，从中获得个人体验。因而，活动的结果具有极强的个人特点。“学思维”活动课程主张尊重个人想法的独特性，甚至略显荒唐的想法也有机会受到验证和认可。学生发现问题、解决问题的动力被大大地增强，探索未知的好奇心也大大增强。

思维是智力和能力的核心，思维能力的培养是一个长期的系统的过程。“学思维”活动课程作为思维能力培养的有效载体，创设活动让学生体会思维乐趣，学会思维方法，训练思维品质，提高学生的学习能力，提升综合素养。

四、“学思维”活动课程的教学案例

“学思维”活动课程围绕教授思维方法，提升思维能力展开。“学思维”活动课堂中学生是主角，教师不再讲授一个个标准答案，灌输一个个知识点，而是通过创设一系列活动引导学生独立思考，大胆表达。在课堂中解放学生思维，展现学生思维，促进学生思维能力的提升。

（一）指向推理思维能力的活动案例

案例6-1 “学思维”活动课 二年级 帮山羊找座位

教材分析：“学思维”活动课程围绕教授思维方法，提升思维能力展开，有三种教学模式：基础思维能力训练的教学模式、问题解决能力训练的教学模式和创造性思维提升训练的教学模式。这三种教学模式基本上是按照由简到繁、由单一到综合、由思维能力的基本方法到思维能力的核心（即创造力）对学生进行系统培养的。“帮山羊找座位”这一课是二年级上册基础能力训练篇中的活动课，主要培养学生的推理能力，让学生通过推理进行排序，解决问题。

学情分析：二年级学生的认知水平虽处在初级阶段，但已基本形成完整的知识结构体系。由于学生所特有的年龄特点，学生有意注意力占主要地位，以形象思维为主。从整体上看，二年级学生都比较活跃，大多数学生上课基本能够跟上教师的讲课思路。

思维培养:“学思维”活动课程是一门鼓励创造性思维的活动课程。教师在教学的时候,不仅要理解各种思维方法的含义、活动课程的教学要求,还要掌握思维型课堂教学的策略,促进学生积极思考,引导学生思考得更多样、更广泛、更深刻。综合各种教学策略,“学思维”活动课程中教师需掌握的教学策略如下:

活动导入策略,包括解冻或热身、提供问题的线索、鼓励与赞美、矛盾法;活动过程策略,包括发散与集中策略、形态分析法、归类法、突破定式策略、反向思维策略、发明创造策略;教学组织策略,包括跨学科教学策略、容忍暧昧策略、辩论教学策略、创造性倾听策略、创造性表达策略、探索策略、创造过程教学策略。

活动目标:

1.让学生在动物排座位和排名次等活动中,根据情境和线索进行推理,提升学生思维的批判性,培养学生的推理排序能力。

2.通过想一想、摆一摆、说一说等方法训练学生的动手实践能力和语言表达能力,同时培养学生的逻辑思维能力。

3.让学生在情境中体会推理的乐趣,熟练运用推理的方法与步骤解决生活中的问题。

活动准备:希沃课件、小动物卡片、学习合作单。

活动环节:

1.活动导入(出示小动物卡片,以谈话的形式情境导入)。

师:小朋友们,今天老师请了几位农场里的小动物来到我们的课堂,大家想知道它们是谁吗?让我们一起来看看吧!

(放映动画,学生说说小动物名称:山羊、兔子、马、奶牛、鸭子、鸡、猫、狗)

设计意图:二年级学生年龄较小,对任何事物都充满了好奇心。教师在导入环节采用谈话设疑的形式创设情境,能够激发学生学习的兴趣、开启学生的思维、调动课堂活跃的氛围。

2.活动过程一:帮山羊找座位。

师:动物们住在农场里,每个星期天它们都要来这里召开农场动物大会。开会时,它们都有自己固定的座位。今天大家都相约来到这里。看!小动物们正开心地围在一起聊天呢,它们在说些什么呢?让我们一起来听听吧!噢,原来小动物们是在谈论自己的座位,可是山羊却忘记自己坐在哪里了,这可怎么办呢?这需要我们小朋友帮帮山羊找到它的座位。在找到山羊的座位前,我们需要根据其他小动物之间的对话帮它们安排座位。

(1)出示线索。

师:请同桌间合作,看清要求,想一想先确定哪个小动物的座位,然后根据线索将小动物们摆放到正确的座位上,之后同桌间互相说一说你是怎样找到这些小动物的座位的(见图6-4)。

(2)反馈:请一位学生来摆动物的座位,另一位学生说说为什么这样摆放。(预设:最先确定奶牛的座位,线索里说奶牛坐在最前面,所以它坐这里。接下来是马的座位,它坐在奶牛的左手边……)

(3)请多组学生上台交流,教师打乱动物顺序让学生重新根据线索和自己的理解安排动物们的座位,从而找到山羊的座位。

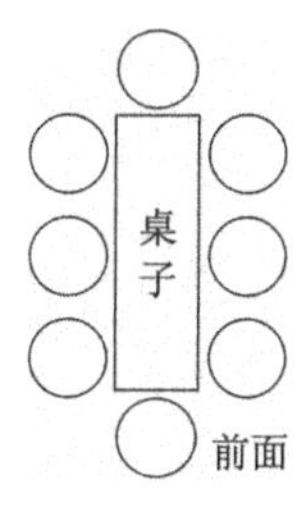

图6-4 小动物座位图

设计意图:“帮山羊找座位”是一节推理课,主要训练学生的逻辑推理能力。在这一课中让学生学会读线索,根据已知条件去推理是重点也是难点。对于二年级学生来说,这种推理课是第一次上,因此教师需要引导学生去分析线索。在说明线索时,教师可以用动物的卡片代替动物的名称,以减轻学生阅读的负担。分析完线索后,教师让学生根据分析的结果,将动物们安排在各自的座位上。在这一环节的教学过程中,教师让学生想一想、摆一摆、说一说,通过动手实践、合作学习,学生将思维可视化,从而碰撞出思维的火花。

3.活动过程二:100米跑步比赛排名次。

师:现在小动物们都已经找到了自己的座位,终于可以开始开大会了。今天开会的内容是选出5只小动物参加100米跑步比赛。根据讨论投票,最终决定由马、奶牛、山羊、鸭子和兔子这5只小动物参加。它们站在起跑线上已经准备就绪,开始比赛了。小朋友需要根据小动物们给出的线索给它们排名。

(1)出示线索。

师:请小朋友们阅读线索,有序排列小动物们并排出相应的名次。(课件出示线索:马跑得最快,鸭子的后面没有小动物,奶牛的前面有两只小动物,但奶牛跑得比羊快)

(2)反馈:请学生来说说自己是怎么安排名次的,先确定谁,为什么,再确定谁。要求语言范式:先确定……因为……,再确定……因为……

(预设:学生汇报说说排序的理由——先确定马,因为它跑得最快,所以是第一名。然后确定鸭子,因为线索显示它后面没有小动物,可以知道它跑得最慢,是最后一名。再根据奶牛说的话,可以知道奶牛是第三名且山羊在奶牛后面为第四名。最后推断出兔子为第二名)

(3)校对:请有错误的小朋友进行修改,补充完整。

设计意图:100 米跑步比赛排名次是对上一个活动的巩固和延伸,通过第一个活动让学生感受推理的过程和步骤,将其迁移应用到其他推理题上,从而掌握推理的方法。在这一活动中,教师设计让学生说一说、评一评来培养学生的观察思考能力和语言组织能力。

4. 活动心得。

教师带领学生回顾活动过程一、二的推理过程,梳理推理方法与步骤(见图 6-5)。

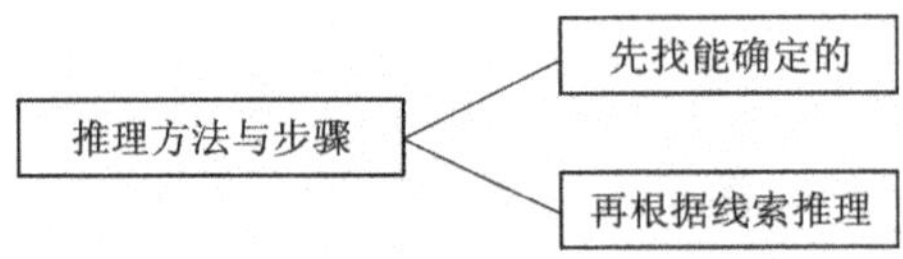

图 6-5　推理方法与步骤

师:活动过程一和活动过程二我们都是先找能确定顺序的小动物,再根据线索去推理其他小动物的顺序。这就是推理的方法与步骤,请小朋友一起来读一读,记住它。

设计意图:“学思维”活动课程与其他学科课程不同且特殊的一点就是让学生说活动心得。教师引导学生对推理的过程进行回顾和总结,让学生反思推理的方法和步骤,这有利于培养学生的反思能力。

5. 活动拓展。

过渡语:“帮山羊找座位”和“100 米跑步比赛排名次”都是属于生活中的情境推理,生活与数学又是紧密相连的,所以数学中也有许多推理题!让我们一起来做一做,成为小小推理家吧!

(1)数学情境推理。

欢欢、乐乐和笑笑是 3 只可爱的小狗。乐乐比欢欢重,笑笑是最轻的。你能在图中写出它们的名字吗?(见图 6-6)

图 6-6 数学情境推理

（预设：最先确定的是笑笑，因为题目中说笑笑最轻，那么 5kg 的就是笑笑。其次根据“乐乐比欢欢重”可以知道乐乐最重，那么 9kg 的就是乐乐。最后可以推理出 7kg 的是欢欢）

(2)趣味推理：天平质量问题（见图 6-7）。

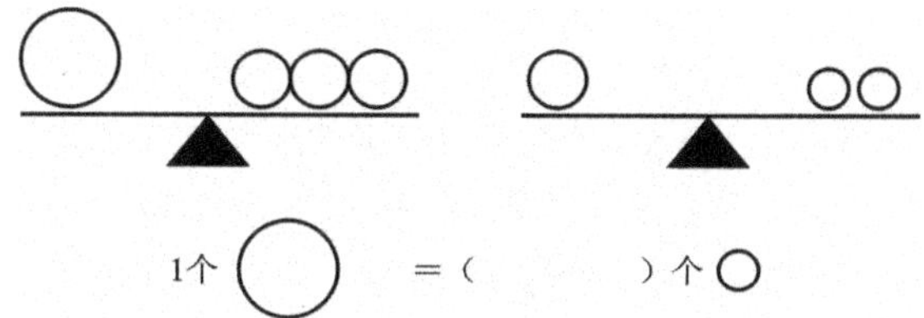

图 6-7 天平质量问题

(3)数字推理。

观察数字，运用推理思维的方法找出数字规律，并按规律把空缺的数字写出来（见图 6-8）。

1	1	6	7	15	16	
3	5	▲	14	17		
4	9	13				
10	12					
11						

图 6-8 数字推理

设计意图：“学思维”活动课程要求教师要从学生思维特点出发，让他们在各种具体的、操作性强的活动中充分思考，提高思维品质，完善思维方法。我在设计这一环节时将情境推理与生活推理结合，贯穿“思维训练”这一主线，侧重思维方法的训练，让学生能够将课堂上学到的思维方法迁移到其他问题情境中去。

教学反思：

“帮山羊找座位”是二年级上册推理思维活动课。本课是基于思维型课堂教学理论，根据二年级学生的实际学情进行设计的。在创设情境导入环节教师通过谈话、看图认小动物等形式激发学生的学习兴趣，调动起课堂氛围。教师遵循由简到难、由容易到复杂这一顺序进行有梯度的问题设计。随着问题的层次递进，促进学生的逻辑思维能力不断提高。从教学情况来看，整堂课教学环节衔接流畅、逻辑清晰，学生情绪高涨、兴趣盎然、思维活跃。但还是存在着一些不足需要改进：

(1)没有给学生足够的时间自己思考问题并进行探究。因为担心二年级学生年龄小，不能自己独立思考问题，所以在教学过程中教师总是带着学生分析线索、解决问题。

(2)学生说得不够多，没有体现学生的主体性。整节课下来教师说的内容很多，学生说的很少。例如：在“活动心得”这一环节，教师直接根据板贴来总结本课所学内容，没有让学生回顾活动，发表心得。

思维型课堂教学理论强调在教学过程中创设问题情境，以激发学生的学习动机，引发认知冲突。杜威曾提出“反省思维”，以及教学过程的五个阶段：从情境中发现疑难；从疑难中提出问题；做出解决问题的各种假设；推断哪一种假设能解决问题；经过检验来修正假设、获得结论。这是一种在“做中学”的教学步骤，在“做”中思维，通过思维提出问题，做出解决问题的假设，并在“做”中验证效果。

（本案例由嵊泗县菜园镇第三小学许新媛老师提供）

(二)指向分类思维能力的活动案例

案例 6-2　“学思维”活动课　四年级　各种各样的动物

教材分析：“学思维”活动课程注重培养孩子的思维方法，提高思维能力，提升思维品质。“各种各样的动物”这一课是四年级上册教材中的活动课，主要是让学生在观察和比较的基础上对事物进行分类，认识到分类需要按照一定的标准，穷尽所有的对象，增强学生的思维深刻性、敏捷性和灵活性，培养学生的分类能力。

学情分析：四年级的学生大脑发育正好处于内部结构和功能完善的关键期，生理和心理特点变化明显，是培养良好学习能力、情绪能力、意志能力和学习习惯的最佳时期。四年级的学生开始转变思想方法，从过去笼统的印象判断转变为主观性的分析，能进行一些较复杂的分析。他们的思维形式向抽象思维过渡，该时期也是辩证思维的转折期，他们能在反复比较中说服自己，并调整自己的立场和看法。

思维培养："学思维"活动课程是一门鼓励创造性思维的活动课程。本节课课堂教学中不仅要培养学生分析和综合、抽象和概括的能力，还要培养学生从不同角度或多个角度看问题的能力，即培养他们思维的灵活性和创造性。学生的创新不同于科学家、艺术家的创造发明，创造出新的"产品"，多数情况下学生的创新是指解决问题时想出了其他办法和策略。在课堂上，教师要注意创设学生熟悉的情境，引导和激励学生，激发他们的潜能和思维，让他们大胆设想，主动探索，积极提出他们自己的新思想、新观点、新方法。

活动目标：

1. 创设学生熟悉的生活情境，引导学生在情境中学习，在情境中思考。

2. 通过观察、比较，创设说一说、摆一摆等活动让学生了解分类的一般方法，训练学生的分类能力、概括能力、表达能力和动手操作能力。

3. 学生在给事物找标准、分类等活动中，学会建立一定的标准对事物进行分类，提升思维品质。

活动准备：希沃课件、动物卡片。

活动环节：

1. 活动导入。

(1)师：同学们，动物世界千姿百态，今天老师就带领大家一起走进动物王国。

(2)教师出示三组动物朋友：海龟、大白鲨、小丑鱼；老虎、猫、狗；瓢虫、蝴蝶、蝙蝠。你能分别说一说它们的特点吗？

设计意图：四年级学生掌握了较丰富的课外知识，对这些动物已经有了一定的认知和理解。教师在导入环节可以简单地介绍一下这些动物，通过问题"你能找出动物之间的相同点和不同点吗？"导入本课的活动：以此激发学生的学习兴趣，积极主动引发对这些动物的思考。

2. 活动过程一：哪一个动物最特别。

(1)对海龟、大白鲨和小丑鱼进行比较。

教师向学生展示这三种动物的图片。

师：我们来看第一组的三种动物，它们之间有着哪些相同点呢？教师引导学生把这三种动物两两进行比较，找出三者中最与众不同的一个。

（预设：学生寻找这三种动物的相同点，着重从生活环境、身体结构、食性、颜色等方面进行比较）

师：这一组的动物中，哪一个是最特别的呢？教师引导学生寻找动物的相同点和不同点，在比较的过程中把自己的想法和理由写在书上。

[预设：从生物的类别来看，小丑鱼是鱼类，大白鲨也是鱼类，海龟是爬行类。学生找到每组中自己认为最特别的动物之后，完成“我觉得（ ）最特别，因为……”的句式，同桌之间相互说，之后向教师汇报]

(2)对老虎、猫和狗进行比较。（找出相同点和不同点）

(3)对瓢虫、蝴蝶和蝙蝠进行比较。（找出相同点和不同点）

(4)学生分小组讨论，分析各种动物的特点，并按照一定的标准对三种动物进行比较。

设计意图：“各种各样的动物”是一节培养学生分类能力的课，主要培养学生把分类的多样性和分类的目的联系起来的思维能力，以及按照不同的标准对或抽象或具体的事物进行分类的能力。

活动过程一主要引入分类的前提和依据，以一些常见的动物为例子展示给学生要分类的事物（即动物）都具有相同点和不同点。本活动的几个问题旨在让学生独立思考、自主寻找每一组动物的相同点和不同点，对分类的过程有一个粗浅的认识，锻炼学生的独立思考能力，从而使他们的新知识与旧知识发生碰撞；同桌之间相互交流并向教师汇报。这一环节锻炼了学生的语言组织及表达能力。

3.活动过程二：动物分类。

基于活动过程一中对动物进行分类的方法，教师引导学生利用上述思维方式，先建立分类依据，再对教材中出现的动物进行分类。

(1)师：刚才大家都表现得很不错。又有一个问题出现了，王国里又来了一些动物朋友，他们还没有分好小组（即分类），我们能不能帮帮他们呢？（教师拿出事先发下的动物卡片，让学生根据一定的标准给这些动物分类，即根据动物的相同点和不同点分门别类）

（选取标准预设：按“能否家养”分类，分成“可以家养”和“不可以家养”两类，学生回答这是为了方便饲养；按“生活环境”分类，分为“水里生活”和“陆地生活”，这是为了便于安排居住；按“是不是濒危动物”分类，分为“濒危动物”和“非濒危动物”，这是为了便于保护动物）

(2)师:你选取了以……为标准,说说看为什么你会选择……来做标准。

教师提示在分类之前先选取一个都适用的标准(学生先填写书本上的分类标准一栏),再着手分类。

学生合作交流讨论分类标准,动手摆放卡片;小组派代表上台通过课件展示交流。

教师小结:无论按什么标准,都需要把所有出现的动物进行分类,不能落下其中一个。

(3)师:大家看一看用自己的分类标准能不能把所有的动物进行分类呢?如果不行的话想想如何修改自己的分类标准。

设计意图:通过活动过程一学生掌握了分类的基本方法。活动过程二的设计是为了让学生亲自设计分类标准为这些动物分组,活用刚学习的分类方法和知识,重视思维方法的应用,还考查了学生和小组合作能力和动手操作能力。如果出现问题,也可以在这一环节的学生上台展示过程中很好地呈现出来,便于纠错和反思,也能锻炼学生的语言组织和表达能力。

4.活动心得。

教师带领学生回顾活动过程一、二的分类过程,梳理同学们是如何找不同的,分类依据又是如何选择的,分类结果是否只有一个。写下你的活动心得吧!

活动心得总结见图6-9。

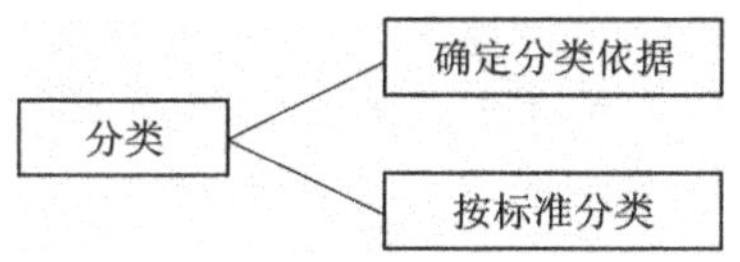

图6-9 活动心得总结

(1)比较事物,从相同点和不同点入手。

(2)分类标准不同,所得到的分类结果也会不同。

设计意图:“活动心得”这一环节主要是让学生分析这一节课的收获,即总结反思。教师引导学生对给动物找相同点和不同点、分组的过程进行回顾和总结,让学生概括和总结自己用到的方法和诀窍,有助于培养学生的反思能力。

5.活动拓展。

师:看来大家都已经掌握了分类的方法,现在老师碰到了一个难题,大家帮我一起解决吧!

出示搬家问题：如果要搬家，该如何打包行李，请大家为打包制订一个计划，要求便于搬运、便于查找。(学生根据一定的标准给待打包物品分类)

设计意图：这一活动把分类方法的运用从书本上转移到生活中来，引导学生在学科学习和生活中主动运用本节课学的分类法。搬家打包行李是一个很贴近生活实际的问题，学生可以从要打包行李的形状、大小、材质等角度给它们分类。这次的分类不同于之前的动物分类，更要从实际出发，落实这一节课的知识的运用，做到知识的迁移巩固。

教学反思：

“各种各样的动物”是四年级上册的分类思维活动课。根据“学思维”活动课思维能力训练的基本模式设计了情境导入、方法感悟归纳、方法运用和迁移巩固流程。在课堂的实施情况中，也发现一些问题：

1.根据新课程的要求，教师由传统的知识传授者转变为学生学习的组织者；教师成为学生学习活动的引导者，而不再是主导者。在“各种各样的动物”这节课的教学中，学生因在三年级的科学课中学习过一定的分类知识，已经有了一定的分类能力，教师在不了解学生知识掌握情况的条件下，在引入分类方法和引导学生动手分类的环节花了比较多的时间，但其实没有必要，适当放手让学生自己分类的效果可能会更好。

2.师生间充分的对话交流，无论对群体的发展还是对个体的成长都是十分有益的。思维课堂中，很重要的一点就是学生和学生、学生和教师之间思想的碰撞，这也需要通过对话途径实现。本课中学生的交流发言还不够多，应该准备足够的时间让学生发言谈谈自己的想法，在选出自己心中的小队长这一环节中，可以让有不同意见的学生相互争论，让学生和学生之间的思维碰撞出火花，这样能更有助于激发学生的思考，课堂氛围也能更活跃。

本节课的“分类”思维方法其实是以“比较”思维方法为基础的，根据研究对象的相同点和不同点，把事物分门别类的思维方法。事物之间本身就存在着各种各样的相同点和不同点，我们平时可能不会去关注太多，这节课就把我们的目光聚焦到了常见的动物身上。人们根据研究和学习的目的，以某种特征为标准将对象归入不同的类别，在同一类别中，又根据对象的不同点将它们划分为下一层次的较小类，通过“分类”和若干次“再分类”将事物划分成具有一定从属关系的等级系统，动物分类学的界、门、纲、目、科、属、种就是分类的产物，便于我们对生物的各种类群进行命名和等级划分。

这节课也体现了"分类"思维方法所要遵循的三个原则:第一,分类必须按照一定的标准进行;第二,分类要遵循穷尽性原则;第三,分类要反映层次和次序。

(本案例由嵊泗县菜园镇第三小学周严琛老师提供)

第二节 学科项目化学习的教学实践

项目化学习不仅是国际教育潮流的大趋势,也是国内基础教育发展的新动向。2019 年 6 月《中共中央国务院关于深化教育教学改革全面提高义务教育质量的意见》明确提出:"优化教学方式……探索基于学科的课程综合化教学,开展研究型、项目化、合作式学习。"近年来,我们在县域整体推进"学在思维"课程改革的基础上,开展了基于学科综合化的项目化学习的研究和实践,取得了较好的效果。

一、学科项目化学习概述

(一)学科项目化学习的起源及发展

"项目化学习"概念来源于欧美国家的"project-based learning"(PBL),最早可追溯到 16 世纪意大利对建筑专业学生的培养方法。20 世纪初,美国两位著名的教育家克伯屈和杜威对项目学习进行相关理论的探讨和分析,使之充实了教育学的理论。20 世纪 60 年代,美国医学院学者巴罗斯首创了以问题情境来促进学生学习的模式。随后人们进行了更精细的探索,从问题式学习转向项目化学习,应用的范围由高等学校扩展到基础教育学校、从工程教育领域扩展到 STEM、STEAM 以及人文社会科学领域。从项目化学习的简要发展历程来看,它是对传统教学方式简单的知识传授的不满和变革,更是对于教育培养目标新要求的顺应。项目化学习以解决问题为导向,强调运用综合知识和技能解决问题,有利于促进学科之间的融合及学生思维能力和综合素养的培养。它为学生提供了思考、解决问题和应用所学知识的机会,希望以项目驱动来解决传统教育中的理论与实践相分离的问题。

基于对项目化学习发展历程和当下国内教学现状的研究,华东师范大学夏雪梅教授认为,学科项目化学习是从某一个学科切入,聚焦关键的学科知识和能力,用驱动性问题指向这些知识和能力,在解决问题的过程中进行学科与学科、学科与生活、学科与人际的联系与拓展,用项目成果呈现出对知识的运用和深度理解。基于学科，又超越学科，这是“项目化学习”的特点，所以，我们称之为“学科项目化学习”。

（二）学科项目化学习的定义

通常认为，学科项目化学习是跨学科的。它是基于两个或者两个以上的学科的核心概念与能力，或者是基于一套超学科的概念体系的共同作用来促进对世界的深度理解。学生汇聚两个及两个以上的学科概念来解释现象、解决问题、创造作品，从而产生新的理解，创造出新的意义。有效的学科项目化学习中，不同学科不是简单地围绕着一个主题排列，更不是随意杂乱地堆在一起，而是不同学科通过问题、概念、成果联系在一起，使学生能够对正在学习的主题产生新的、更深入的、更有说服力或更细致的理解。

（三）学科项目化学习的特征

学科项目化学习一般具有以下七大特征：一为注重培养学生在面对大概念、开放式问题、挑战或者困难时，开展研究并找到解决方案的能力；二为教授学生学术知识，并且帮助理解并学以致用；三为以探究型学习为基础；四为运用高阶思维，例如批判性思维、沟通、协作和创造力等；五为学习过程中可以做出自由选择，允许给出反馈，以及对计划和项目进行修改；六为要求学生展示自己的问题、研究过程、方法和成果；七为必须符合课标。学科项目化学习的这些特征也是学校改变学教方式、提升学生核心素养的课程改革工作的特质。

（四）学科项目化学习的核心要素

学科项目化学习作为一种“以研代教”的新尝试，它具备了其他学习方式所不具备的优势，解决了分科与综合、知识与能力的矛盾，主要凸显了以下四个核心要素（见图 6-10）。

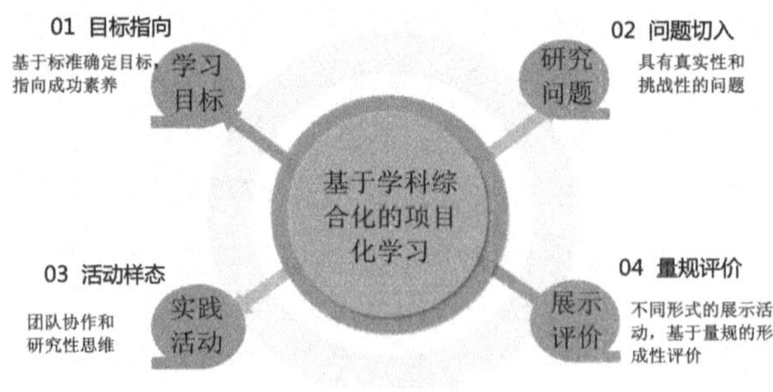

图 6-10　学科项目化学习核心要素

(1)学习目标:基于标准确定目标,指向成功素养。成功素养是指取得成功所需具备的基本素养,包括批判性思维能力、解决问题的能力、团队协作的能力、自我管理的能力等。学习目标是学科项目化学习的第一要素,构建学科项目化学习目标离不开项目的核心概念,更离不开学生的学习体验和成功素养。

(2)研究问题:具有真实性和挑战性的问题。在学习和生活中,发现的真实的具有挑战性的生活问题,就是学生开展学科综合化学习的重要素材。以这样的问题为驱动力,组织学生进行有效学习活动和研究体验,对于学生更具有挑战性和参与性。

(3)实践活动:团队协作和研究性思维。要让学生以团队协作的样态参与学习活动,首先就是要设计协作支架,让每一位成员都经历问题提出和筛选的过程,在共同参与、讨论协商、做出决策的过程中,积极地开展研究性学习和探究实践,培养学生突破学习重难点的思维力和行动力。

(4)展示评价:不同形式的展示活动,基于量规的形成性评价。基于学科项目化学习的开放性和深度学习,我们对学习成果形成的过程进行展示和监测,对协作学习的效度进行监测和调整,对反思和总结的成果进行展示和评价。

二、学科项目化学习的教学设计

我们根据学科项目化学习的特征和核心要素,以语文、数学、科学、美术等国家基础学科为核心,开展了学科综合化项目化学习的设计和实施。通过研究和实践,我们提出了学科项目化学习的教学设计样态。

(一)基于真实的体验,激发探究学习动机

杜威认为,儿童与课程的冲突,在于我们始终没有把教材转化为生活。当课程跟儿童看到的、感觉到的以及爱好的东西缺少联系时,教材就会成为单纯的形式和符号,儿童看不到课程对自己、对生活的价值,学习就会成为额外的负担,儿童与课程之间就会产生距离。基于真实生活情境实施学科项目化学习,不仅可以缓解儿童与课程的冲突,激发儿童学习的动机,提升教与学的效能,而且能够让学生把学习成果应用到实际生活中,帮助学生形成正确的人生观和价值观。

此外,学科项目化学习本身也有一些特征会增进学生在学习过程中的真实体验,促进学生与真实世界的联结,主要包括三个方面:

(1)打破传统课程对时间和空间的局限。学科项目化学习不拘泥于学校和课堂,不拘泥于“排排坐”的方式,更不拘泥于40分钟的课内时间。学生们会走来走去,利用课内外时间,参与校内外的实践,动手动脑,在身体上和精神上都

积极行动，寻找各种资源、方法、途径来解决问题。

(2)实施多元化的互动和评价。解决一个问题或完成一项任务，往往不是一个人独立进行的，而是要经历各种社会性的互动。在进行学科项目化学习的过程中，学生相互讨论交流，团队分工协作，每一个阶段的行动和产生的成果都要接受各种质疑和评价，包括学生的自我评价、同伴间的相互评价和外部相关人事的评价，这些都会增加学生的真实体验。

(3)产生可视化的实用性的成果。学科项目化学习的成果不是纯文字的游戏或者是空洞的理论，而是可以回归真实世界的，对自己、对他人、对周围的世界能够产生意义的，看得见、摸得着、能够起到一定作用的真实成果。

案例 6-3　如何设计一份科学合理的小学生书包收纳攻略？

我们在平时的学习生活中，经常会发现学生课桌内书本凌乱，来上学总是会忘带作业或者文具……这一现象就会引发学生思考，如何对书包内的文具进行分类整理？如何养成良好的整理习惯？如何把整理的生活习惯迁移到学习习惯中……以现实生活中的小问题引发思考，形成一个项目化学习，能直接激发学生进行项目化学习的兴趣。

（本案例由嵊泗县菜园镇第一小学戴绍晖老师提供）

(二)探寻关键概念，构建跨学科知识网络

学科项目化学习和学科教学有什么不同呢？学科项目化学习并不会直接指向琐碎、零散的知识点，一定要指向对概念的本质性理解、指向超越知识点的核心概念，构建跨学科的知识网络。简而言之，学科项目化学习是基于学科中的关键概念和能力的学习。它的知识观指向对与学科本质有关的核心概念或关键概念、能力的整体理解，定位更综合、更上位，是用学科概念作为聚合器，不断地聚集更多的知识信息，将事实性的知识整合起来，构建学科知识网络。

学科项目化学习往往通过对关键概念的把握，自上而下地构建跨学科的知识脉络，从而培养学生的复杂性思维和解决现实问题的能力。“关键概念”像是车轮的“中心轴”，而涉及的各个学科的知识就是车轮的“辐条”，知识是辐条状的，没有严格的学科边界，学生能够在核心概念的引导下进行高阶思维活动，灵活运用多种知识应对问题情境。

教师选择跨学科核心知识，要注重各学科知识间的关联性和可探究性，切记不要走入知识庞杂纷繁的歧路，在选择核心知识时灌注大量与学科知识无关的社会性知识和经验性知识，易导致学生对学习内容浅尝辄止。教师在设计跨学科项目化学习时，若机械地拼接各学科零碎知识点，将会破坏跨学科项目化

学习的整合性以及知识的逻辑系统性，导致无意义学习。因此，教师在设计过程中不能偏重于低层次的事实性知识，而应该涉及概念性知识，以基本概念为中心，整合与之有内在联系的多学科知识，构建跨学科知识地图谱系。知识地图是教师在提取核心知识时可采用的设计工具，知识地图可以对核心知识及其关系予以可视化展示与管理，教师通过知识地图，可以清晰地明确各个学科知识点之间联结的频次与强度，能够更为直观地选择核心知识。教师在学生经验基础上，分别选择各学科的核心概念知识，寻求强关联的概念联结点，整合跨学科项目化学习的核心知识。

案例 6-4　如何绘制一本图文并茂的"青饼制作手工书"？

我们在"传承文化、青饼寄情"这一学科项目化学习中，围绕"清明"和"青饼"的核心概念，借助语文知识了解清明文化和习俗，借助科学观察认识和区分艾草、了解屠呦呦和青蒿素，通过数学计算掌握制作青饼的材料配比，在课外的综合实践活动中制作青饼和青团，在美术老师的指导下制作"青饼手工书"，综合各学科的知识素养，在发展学生探究、关联、创造等可持续能力的同时，引导学生学习中华传统文化知识。

（本案例由嵊泗县菜园镇第一小学张娜老师提供）

（三）设置驱动性问题，引发跨界学习行为

在项目化学习中，驱动性问题(driving question，DQ)指的是一个能够连接学习目标和项目过程的问题。它基于现实或者半现实的环境，激发学生探究知识的需求以及寻找解决方案的需求，或者激发学生讨论、询问和调查这个话题并最终生成针对该问题的完整解决方案。驱动性问题一般是具有一定的宏观视野、需要跨学科方法来解决的问题，也是需要持续思考促进思维发展、深度学习的问题。它往往不是单一的问题，而是由核心问题引发的问题链，是由多个环环相扣的子问题组成的问题串，每一个子问题都指向项目化学习的每个环节。

驱动性问题是由比较抽象的、深奥的本质问题转化而来的特定年龄段的学生感兴趣的问题。驱动性问题直接影响项目化学习的实践过程和结果。一般来说，好的驱动性问题，往往具备以下几个特征：

(1)来源于真实生活。情境认知理论认为知识是蕴含于情境之中的，离开了特定的境域，就不存在任何的学习主体与学习行为，也就无法驱动学生自觉地进入学习状态。

(2)具有一定的挑战性。有挑战性的驱动性问题，可以帮助学生改变原来

学科学习从低阶思维开始并停留于低阶思维的特征。它一定是具备挑战性的，是能够贯穿学生学习的始终的，是在学生学习的过程中能够帮助学生获得高阶思维能力的。

(3)能够形成问题链。由驱动性问题引出的问题链应该既具有全面性，又具有衔接性。问题与问题自然、紧密、有机组合，呈螺旋式结构、有梯度上升，这样才能真正指引学生去探索获取知识、解决问题之道。

(4)一定是指向深度学习的。学科项目化学习要学生学的是核心知识，训练的是学生的高阶思维。因此，学科项目化学习的驱动性问题指向的一定是学科中的关键概念、学科能力，要指向深度学习，避免“驱动”低效或无效。

案例 6-5　如何策划一场具有嵊泗特色的腊八节创意手工展？

在“寻觅久违的年味——腊八”这一学科项目化学习中，我们的驱动性问题是：如何策划一场具有嵊泗特色的腊八节创意手工展？组织形成的问题链是：子问题 1，我国传统节日腊八节在不同的地方有哪些故事和风俗习惯？子问题 2，如何用创意让传统腊八节“潮”起来？子问题 3，如何使腊八粥文创产品充满嵊泗本土特色？通过螺旋上升的问题链，直指学生的问题解决能力、团结协作能力、创新能力、劳动素养。

(本案例由嵊泗县菜园镇第一小学忻锋老师提供)

(四)设计多维度任务，发展学生的高阶思维

项目化学习的开展需要学生的亲身实践，需要学生带有思考、假设、探究性质的动手动脑的行动。夏雪梅教授把项目化学习实践大致分为五种实践形态：探究性实践、社会性实践、审美性实践、技术性实践和调控性实践。这五种实践形态并不是相对独立的关系，而是有一定的交叉与融合。每一个项目化学习中，都会涉及至少三种实践。其中，探究性实践、社会性实践和调控性实践是不可或缺的。而在有些学科项目化学习中，五种实践形态几乎是全覆盖的。教师在设计学习活动时，恰当地将不同的学习实践形态有机地融合在一个项目化学习中，组织多维度的任务，让学生参与尽可能多元的学习实践，积极投入实践活动，以满足学生的多元需求，发展学生的高阶思维。因此，在项目化学习实施的每一个阶段，我们都会有明确的任务，且有明确的任务分工、预期成果和评价反馈。在多元的学习实践中，学生不断提高解决综合性问题的多种能力，将跨学科知识内化迁移到现实情境中去。

案例 6-6 如何撰写一份可供学校参考的校园卫生调查报告？

在针对校内的流感疫情实施的学科项目化学习中，我们会提出一个核心问题：如何控制校内流感疫情的暴发？这一核心问题所指向的终极任务就是提交一份可供学校参考的校园卫生调查报告。但这不是唯一的任务，我们会设置四个子任务。针对子问题“什么是流感？其传播途径是什么？什么程度可成为疫情？”，我们要求学生完成“制作校园流感疫情海报”的第一个子任务；针对子问题“如何利用所学的知识，守护家庭健康？”，要求学生完成“制定个人/家庭健康卫生约定”的第二个子任务；针对子问题“‘九成流感疫情发生在校园内’这个新闻是真实的吗？”，要求学生完成“追踪和调查，制作‘流感疫情统计表’”的第三个子任务；最后针对子问题“校园内是否存在容易引发流感疫情的隐患？你能够发现和解决吗？”，要求学生完成“撰写一份可供学校参考的调查报告和改进建议”的终极任务。学生在从多维度去完成任务的过程中，训练了问题解决、创见、决策、实验、调研、系统分析的高阶思维，提升了核心素养。

（本案例由嵊泗县菜园镇第一小学杨碧君老师提供）

（五）运用表现性评价，选择心智自由学习

评价，从本质上来说是“基于证据的推理和表达”，评价本身就是一种提高学生思维能力的方法。表现性评价是指“教师让学生在真实或模拟的生活环境中，运用先前获得的知识解决某个新问题或创造某种东西，以考查学生知识与技能的掌握程度，以及实践、问题解决、交流合作和批判性思考等多种复杂能力的发展状况”。表现性评价是注重过程的评价，一般具有以下特点：①评价时要求学生演示、创造、制作或动手做某事。②要求激发学生高水准的思维能力和解题技能。③使用有意义的教学活动作为评价任务。④唤起真实情景的运用。这些特点和项目化学习的目标不谋而合。

“项目化学习”中的“项目”是一种学习的方式和途径，“学习”才是项目的落脚点和真正目的，实现“做中学”的“学”达成效果，才是项目化学习的真正追求，才是心智自由的学习。学生的策划、行动和实践，往往是不完美的，因此在这一过程中，评价的作用更为重要。在每一个阶段进行表现性评价，可以让学生看到自己的成功，获得必要的成就感，坚定其下一阶段的信心，也可以让学生厘清思路，进行判断、调整和修正，为下一阶段的学习提供依据，还可以让学生发现问题、正视问题、解决问题，更好地完成任务。学生在自评、互评、被评的过程中，将自己的收获与学习过程中的行动进行关联性思考，提升自我调整、自我行动的能力。

案例 6-7　如何让传统玩具“竹节人”散发新魅力?

在“竹节人”的学科项目化学习中,我们让学生课前收集制作竹节人这一传统工艺的相关信息,在班级中交流展示,并进行表现性评价(见表 6-3)。

表 6-3　六年级“竹节人”资料收集交流情况评价表

评估点	★★★	★★	★	自评	互评
主动探究	课前能根据要求认真收集资料,资料全面,书写工整	课前能根据要求收集资料,但内容较简单,书写较工整	课前收集的资料极少,书写潦草	★★★(　) ★★(　) ★(　)	★★★(　) ★★(　) ★(　)
交流展示	将收集到的资料进行组内分享,能自信表达,能够一直吸引其他学生	交流时表达较为清晰,能够吸引其他学生	交流展示时声音轻,缺乏自信	★★★(　) ★★(　) ★(　)	★★★(　) ★★(　) ★(　)

(本案例由嵊泗县菜园镇第一小学沈芬娜老师提供)

三、学科项目化学习的教学实施

(一)学科项目化学习实施样态

学科项目化学习是在教师的指导和促进下,学生围绕项目进行的自主、合作的探究活动,它不是机械的、固化的流程,在内容上应该是比较开放和灵活的(见图 6-11)。

1. 确定选题

项目化学习是以项目驱动的学习,好的选题是项目化学习的关键载体。一个好的选题应符合以下特征:首先是具有真实性。只有来源于真实生活中遇到的问题,才能让学生体会解决问题的实用性和必要性,才能获得第一手的资料和信息,才能激发学生参与项目、实施项目、解决问题、创造成果的原动力。其次是具有趣味性。有趣味性的选题才能充分调动学生的各种感官参与项目,才能促进学生的原有知识与其发生关联并生动展现,才能促进学生的高阶思维的发展。再者是有小切口。小学生年龄小,掌握的知识都是碎片化的,缺乏系统性和完整性,无法完成庞大和烦琐的项目。围绕学科中的核心知识,以小切口切入,避免一味追求宏大完美而浮于表面。最后是呈主题化。项目化学习要有

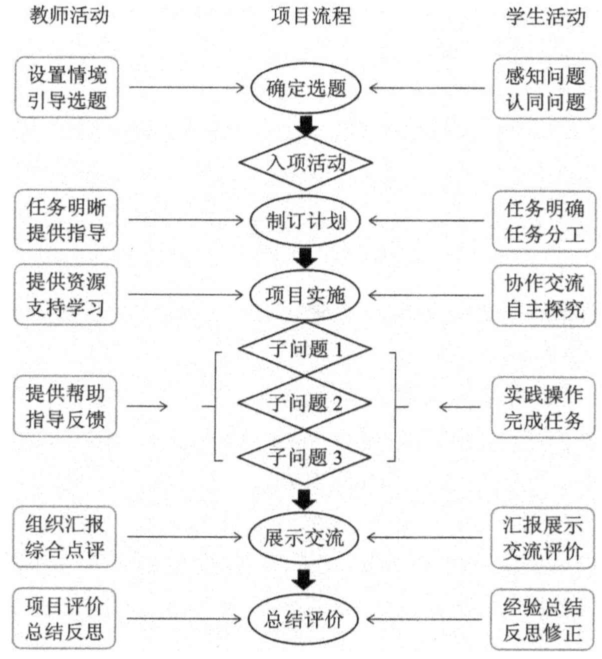

图 6-11 学科项目化学习实施样态

明确的学习主题，围绕学习主题将国家课程知识进行改造，以主题化的形式将课程知识在教学中进行重新组合，以更适合学生学习规律的方式引导学生学习，才能取得更好的项目成果。

2. 制订计划

项目化学习较之传统课堂教学更为复杂，需要系统的规划。好的计划可以减少项目实施过程中的盲目和混乱。这时候就需要学生在驱动性问题的指引下开展入项活动，并制订项目实施概览。项目概览中要明确项目实施的目标，明确项目涉及的核心概念和学科知识，通过驱动性问题下的问题链明确每一阶段的思考方向和阶段性任务，明确要通过项目化学习培养的成功素养。同时，要考虑学科之间的关系以及时间和空间的安排。此外，对参加项目的学生进行任务的明确和分工，既要保证参与的学生能够独立自主完成分工的任务，又要保证学生之间形成互助合作的团结意识。

3. 项目实施

这一过程是项目化学习的核心，要围绕核心概念的应用和成功素养的培养，开展探究性的学习。学生根据驱动性问题下面的子问题，逐一持续地推进项目。按照“现象—原因—问题—方案”的架构，每一个子问题都是激发学生进行研究性学习的动力，也是项目推进的每一个环节的支架。而所有的子问题构成的问题串又构成了整个项目的学习支架。在项目实施的过程中，每一个子问题的展开，都要保证全体成员的合作参与，避免指导者或者个别优秀学生替代其他学生的现象出现。同伴协作、提出问题、讨论协商、分工合作，了解自己在团队中的价值。当学生遇到困惑和难点的时候，教师需要构建多元的过程性评价模式，引导学生进行反思和调整，并为学生提供一定的信息资料和学习方法，帮助学生调整方向，解决问题，重拾信心，并获得阶段性成果。

4. 展示交流

项目化学习需要一定的作品作为学习成果，且成果应该是可观测的。学习的成果可以为实体产品、学习报告、汇报演出、视频资料等。教师要为学生提供交流学习成果的平台。展示交流是学生个体与团体自我展示的过程，对项目化学习的实效提升有较大的作用。在交流学习成果的过程中，就如何呈现成果、如何表达等问题对学生提出较高的要求，有利于学生思维能力的发展和成功素养的提升。交流学习成果的过程也是相互学习的过程，学生在观摩和聆听的过程中可以发现其他小组的优点以及不足，为自身项目的完善提供借鉴，通过相互点评收获更多。由于学习成果的形式具有多样性，学生展示交流的形式也是多样的。

5. 总结评价

项目化学习并非以生成项目结果为最终旨趣，“学习”才是项目的落脚点和真正目的。那么，在项目化学习中对学生实际发展结果进行总结和做出评价就不可或缺。在项目化学习中，学生评价的主要内容涵盖学生成长的两个测量维度：一是项目所涉及的单一学科或跨学科的知识、能力、态度；二是学生的多种核心素养。因此，每一个项目化学习的环节都需要同时运用过程性和总结性评价的策略，以及多元主体参与的评价方法来促进学生真正地投入，总结和评价驱使学习深度发展。总结和评价的主体可以是教师，可以是学生，可以是家长，也可以是专家，还可以是校外的项目参与者和旁观者。借助事先准备好的评价工具，学生可以通过自评、互评，发觉自身在项目化学习中的所得、所能和所长，体验项目化学习的乐趣，从而产生后续学习的意愿。教师通过对项目的理论依托、知识覆盖、现实应用、难度系数、完成速度、成果质量、使用工具和学习轨迹等的总体评价，引导学生进一步反思和优化学习过程。

(二)学科项目化学习的实施类型

基于学科核心素养的项目化学习，与传统课堂教学路径不同，项目化学习强调学习与真实世界的链接、以项目成果为导向的逆向教学设计，重在核心素养的培育。一个真实的、鲜活的主题是一个项目的“心脏”。根据实施项目化学

习选题的不同,我们把学科项目化学习分为以下四种类型:

1.基础性学科项目化学习

基础性学科项目化学习,一般着眼于国家基础课程的课程标准和教学内容,对国家基础课程教材中的内容进行深入的思考,从某一学习内容出发,提炼出与这一内容相关的核心素养,设计实施有利于学生发展的学科项目化学习,促进学生的深度学习。

案例 6-8 老玩具·新玩法

《竹节人》是部编版小学语文六年级上册第 9 课的教学内容,作者通过对制作竹节人、斗竹节人以及老师没收竹节人却也自己偷偷玩竹节人的叙述和描写,表现了童年游戏的乐趣,展现儿童的喜悦与满足。通过学习,学生对这一传统的老玩具充满了新奇,于是就有了"老玩具·新玩法"项目化学习(见表 6-4)。

表 6-4 "学科项目化学习案例:老玩具·新玩法"实施表

项目名称	老玩具·新玩法	实施年级	六年级
项目类型:☑基础性项目化 □拓展性项目化 □主题性项目化 □研究性项目化			
涉及学科:☑A.语文 ☑B.数学 □C.英语 □D.科学 ☑E.美术 □F.音乐 ☑G.其他			
项目简述: 每个时代都有不同的玩具,竹节人是传统玩具中比较经典的一种,但就目前的情况来说,传统玩具正在逐渐淡出孩子的玩乐世界。仔细观察校园,几乎找不到传统玩具的影子,这些,不仅仅是玩具的丢失,更是一种传统文化的丢失。 本项目在六年级语文课《竹节人》一文学习的基础上,整合学校劳动实践教育,为使学生深入地体验传统玩具带来的快乐,引入本项目的学习任务。通过了解传统玩具,引导每个学生在简单制作的基础上发挥创意,既拓展了他们对本学科学习的深度,又使他们体验到劳动的乐趣和成功的喜悦,让学生感受传统玩具带来的独特乐趣与魅力;学生通过动手做提升发现和解决问题的能力,还培养了合作精神和创新思维			
驱动性问题	核心问题	如何让传统玩具"竹节人"散发新魅力?	
	子问题	1.你知道哪些有趣的传统玩具?	
		2.如何制作传统玩具——简易竹节人?	
		3.如何让传统玩具竹节人更具魅力,更受小朋友欢迎?	
核心概念与跨学科概念	核心概念:人们可以通过现代的、创新的方式来呈现和传承传统文化。 涉及学科知识:语文。 其他领域:数学、劳技、美术		

续表

<table>
<tr><td colspan="2">学习目标</td><td colspan="2">知识目标：通过自主调查，了解传统玩具，认识相关劳动工具，学会制作竹节人，玩竹节人，并把它介绍给别人。
技能目标：提高学生的劳动技能，收集与处理信息的技能，同时培养学生勇于创新的精神。
情感目标：感受父母童年的快乐，体验制作的乐趣，激发学生对传统玩具、中国文化的热爱</td></tr>
<tr><td rowspan="4">成功素养</td><td>动手能力</td><td colspan="2">做竹节人必须经历选材—制作—改进的过程，这中间要学习使用不同的劳动工具，通过制作竹节人提高学生的动手能力</td></tr>
<tr><td>问题解决能力</td><td colspan="2">在整个项目活动中通过表演第一版竹节人发现1.0版竹节人制作的不足并尝试解决，提高学生自我解决问题的能力</td></tr>
<tr><td>团队协助能力</td><td colspan="2">认识劳动工具，并互相帮助砍竹子，制作第一版竹节人；在改进竹节人、展示竹节人时能为他人提建议、想办法</td></tr>
<tr><td>创新能力</td><td colspan="2">从最初选材制作1.0版竹节人，到互相交流，修改不足，创新制作成2.0版竹节人，使之更具有时代气息</td></tr>
<tr><td rowspan="4">项目实施过程</td><td>项目选题</td><td colspan="2">驱动性问题：如何让传统玩具“竹节人”散发新魅力？
入项活动：
1.语文教师教学课文《竹节人》。
2.激发兴趣，网上搜索传统玩具，了解相关知识。
3.动手尝试制作最初版的竹节人</td></tr>
<tr><td rowspan="3">项目实施</td><td colspan="2">子问题1：你知道哪些有趣的传统玩具？</td></tr>
<tr><td>教师活动</td><td>学生活动</td></tr>
<tr><td>一、认识传统玩具
1.通过各种方式认识传统玩具。
2.比较传统玩具与现代玩具的不同。
3.感受传统玩具带来的乐趣。
二、学习课文《竹节人》
1.了解竹节人的做法。
2.了解竹节人的玩法。
3.联读《有趣的竹节人》。
三、课外延伸
1.上网搜索有关竹节人的知识。
2.准备制作简易竹节人的相关材料</td><td>一、指导学生认识传统玩具
1.什么是传统玩具？出示传统玩具图片。
2.说说有哪些有趣的传统玩具？
3.传统玩具和现代玩具有什么区别？
4.播放玩传统玩具的视频。
5.再次出示竹节人图片，引出课题。
二、组织学生学习课文《竹节人》
1.讲解竹节人的做法。
2.学习竹节人的玩法。
3.出示联读资料《有趣的竹节人》。
三、课外延伸
1.指导学生上网搜集有关竹节人的知识。
2.布置准备制作竹节人的相关材料的作业</td></tr>
</table>

续表

<table>
<tr><td rowspan="7">项目实施过程</td><td rowspan="7">项目实施</td><td colspan="2">项目成果:传统玩具知多少学习单、创意竹节人制作采访记录表</td></tr>
<tr><td colspan="2">过程性评价:学生通过上网了解传统玩具与竹节人的相关知识,确定了采访话题,组内进行了分工,明确了任务。在校园内,分组就各个不同年龄层的同学对传统玩具的知晓情况展开了采访。每个组圆满地完成校园内有关传统玩具的采访与拍摄任务,并对收集的信息进行整理,效果颇佳。在活动中,学生学会了分析、整理、归纳,以及提高了协作能力和交往能力</td></tr>
<tr><td colspan="2">子问题2:如何制作传统玩具——简易竹节人?</td></tr>
<tr><td>教师活动</td><td>学生活动</td></tr>
<tr><td>一、介绍准备材料、劳动工具
1.教师介绍所需材料:
竹节人身体材料:竹子(去节)。
辅助材料:纳鞋底的线、纽扣等。
2.介绍劳动工具,并指出安全使用注意事项。
劳动工具:斧头、锯子、锥子、螺丝刀、刻刀、针等。
二、引导学生学习竹节人制作步骤,并指导其完成制作指南
三、指导学生初步制作
指导学生完成竹节人的制作。
四、组织学生展示交流
1.组织学生展示作品,并引导学生对作品进行自评与互评。
2.组织学生交流制作中遇到的困难,并探讨解决方案</td><td>一、认识材料和制作工作
1.了解并认识制作竹节人的相关材料、劳动工具。
2.了解劳动工具的使用与注意事项。
二、学习交流竹节人的制作步骤
1.组员学习竹节人的制作步骤并完成制作指南。
2.小组成员交流制作指南。
三、学生初步制作
1.准备材料。
2.每位成员制作竹节人1.0版。
四、交流展示
1.每位组员展示自己的1.0版竹节人,并进行自评与互评。
2.简单交流竹节人玩法。
3.交流制作中遇到的困难及解决方案</td></tr>
<tr><td colspan="2">项目成果:竹节人制作指南、竹节人的玩法介绍、简易的竹节人</td></tr>
<tr><td colspan="2">过程性评价:在活动中,学生体验到劳动的乐趣和成功的喜悦,感受传统玩具带来的独特乐趣。此活动不但提高了学生的自主学习能力、口语表达能力,还提高了他们的动手实践能力和解决问题的能力</td></tr>
</table>

续表

<table>
<tr><td rowspan="6">项目实施过程</td><td rowspan="5">项目实施</td><td colspan="2">子问题3:如何让传统玩具竹节人更具魅力,更受小朋友欢迎?</td></tr>
<tr><td>教师活动</td><td>学生活动</td></tr>
<tr><td>一、组织学生讨论如何改进1.0版竹节人,从哪些方面改进(教师引导可以从服饰、道具、舞台设计等方面入手)
二、设计2.0版竹节人
三、组织2.0版竹节人制作交流</td><td>一、组内讨论:
1.我们的竹节人出现了什么问题?
2.为什么会出现这种情况?
二、设计2.0版竹节人
1.设计2.0版竹节人(从服饰、道具、舞台设计等方面入手)。
2.交流新设计(组内)。
(1)组员交流改进之处。
(2)大家有没有什么问题和建议?
三、2.0版竹节人制作交流
1.制作2.0版竹节人。
2.组员交流展示2.0版竹节人。
3.组内评价</td></tr>
<tr><td colspan="2">项目成果:2.0版竹节人美化方案、2.0版竹节人</td></tr>
<tr><td colspan="2">过程性评价:在活动中,学生按照2.0版竹节人美化方案进行最后的制作,每位成员展示自己美化好的竹节人,组员根据2.0版竹节人制作标准进行自评与互评。在创作中,不但提升了学生发现和解决问题的能力,还培养了他们的合作精神和创新思维,同时其动手制作能力和审美能力都有了很大提高</td></tr>
<tr><td>展示交流</td><td colspan="2">一、1.0版竹节人展示交流与改进
1.我们先通过组内展示,选出最佳作品,进行班内展示。接着针对1.0版竹节人如何改进,展开了如下讨论:①我们的竹节人出现了什么问题?②为什么会出现这种情况?③从哪些方面改进?随后,教师引导学生从服饰、道具、舞台设计等方面入手改进。
2.接着,学生从服饰、道具、舞台设计等方面入手设计2.0版竹节人,完成2.0版竹节人美化方案,并对自己的设计在组内进行交流,组员提出改进之处,及时进行修改。
二、2.0版竹节人展示交流
按照2.0版竹节人美化方案进行最后制作,每位成员展示自己美化好的竹节人,组员根据2.0版竹节人制作标准进行自评与互评</td></tr>
</table>

续表

项目实施过程	总结评价	本次的创意竹节人制作项目化活动内容与学生的生活紧密相关，历时半个月，让学生体会“做”的成功和乐趣、增强了自信心。在不断的探究中，取得了不错的活动效果。 在活动中，学生分工明确、团结合作，做到多动手、多实践、多讨论、多探索，学会了分析、整理、归纳，提高了观察能力、劳动能力、协作能力、交往能力和问题解决能力，培养了合作分享、努力创新的精神。在创作中，学生的动手制作能力和审美能力都有了很大提高。 这样的项目化学习活动不但让每个人都动了起来，而且让学生真切地感受到传统玩具的魅力，更重要的是他们是为了自己而创作玩具，有种“我的玩具我做主”的感觉

（本案例由嵊泗县菜园镇第一小学沈芬娜老师提供）

2. 拓展性学科项目化学习

拓展性学科项目化学习，一般着眼于学生在某一学科学习中所需要培养的学科素养，从学科素养出发，选取生活中的现实问题，重构学习内容和学科方式，设计实施学科项目化学习，让学生在解决问题的过程中获得学科素养。

案例 6-9　点亮校园

校园的晚上太暗，学校没有路灯。作为学校的主人，我们如何利用学过的科学知识，为学校设计一份校园亮灯工程落地方案，解决这一现实生活中的问题呢？为此，五、六年级的同学开展了“点亮校园”的学科项目化学习（见表 6-5）。

表 6-5　“学科项目化学习案例：点亮校园”实施表

项目名称	点亮校园	实施年级	五、六年级
项目类型：□基础性项目化　☑拓展性项目化　□主题性项目化　□研究性项目化			
涉及学科：□A. 语文　☑B. 数学　□C. 英语　☑D. 科学　☑E. 美术　F. 音乐　☑G. 其他			
项目简述： 本项目的设计源于学生真实的校园环境，源于学生生活的痛点：夜间校园没有灯光，给教师和学生带来不便。如：晚上放学（特别是冬天），天色暗得快，值日生倒垃圾看不清路面容易摔跤；夜间校园太黑，师生来校园拿些东西，经常看不清台阶而摔跤；一些教师晚上在学校加班，看不清校园路面而扭了脚。这些生活中的痛点变成了学生内心“改变”的驱动：点亮校园。 本项目学习以工程设计流程为指导，学生通过现场测量、小组讨论、思维碰撞等方式设计校园亮灯工程方案，并在教师的指导下学习如何通过合适的比例绘制平面图，如何根据校园亮灯区的特点，利用身边的材料和工具完成夜间校园亮灯区模型。			

续表

<table>
<tr><td colspan="3">本项目在小学科学四年级下册“电”单元的基础上，以“电路”这一关键概念，用“选择合适的电路连接方式点亮二极管”这一本质问题重构部分教学内容，对接《小学科学课程标准》中“6.4.1　电路是包括电源在内的闭合回路，电路的通断可以被控制”“18.2　工程的关键是设计”“18.3　工程设计需要考虑可利用的条件和制约因素，并不断改进和完善”三项标准</td></tr>
<tr><td rowspan="5">驱动性问题</td><td>核心问题</td><td>如何设计校园亮灯工程落地方案？</td></tr>
<tr><td rowspan="4">子问题</td><td>1.夜间校园的哪些区域需要有灯光的照亮？</td></tr>
<tr><td>2.如何体现校园亮灯工程的设计理念？</td></tr>
<tr><td>3.如何呈现校园亮灯工程的设计理念？</td></tr>
<tr><td>4.在方案中如何说服校长实施学校的亮灯工程？</td></tr>
<tr><td>核心概念与跨学科概念</td><td colspan="2">核心概念：工程的关键是设计，设计需要经历不断改进的往复过程。
涉及学科知识：
1.电路是包括电源、导线、用电器在内的闭合回路，可以用开关来控制电路中电流的通断。
2.电路的连接方式有串联和并联。
其他领域：
1.立体造型可以采用剪、拼、贴、刻、塑等不同的方法。
2.综合运用“图形与位置”“比例尺”“测量”等知识</td></tr>
<tr><td>学习目标</td><td colspan="2">1.知道工程需要经历明确问题、设计方案、实施计划、检验产品、改进完善、发布成果等过程。
2.利用工具制作实物模型，尝试应用科学原理指导制作过程。
3.对模型进行有科学依据的迭代改进，最终进行展示。
4.了解简单纸电路有关的知识，认识三种制作材料。
5.掌握制作纸电路点亮LED灯的方法。
6.能根据校园不同的亮灯区的特点选择合理的材料和简单的工具完成模型的制作，锻炼正确选择和使用工具的能力。
7.能绘制出清晰、美观的设计图。能根据所学的美术造型知识，制作出不同造型的夜间校园亮灯区模型。
8.利用测量工具标注尺寸、裁剪出标准尺寸，学习绘制平面设计图的方法，根据设计图与模型的比例，计算所需材料的量和成本，提高材料利用率</td></tr>
</table>

续表

<table>
<tr><td colspan="2" rowspan="5">成功素养</td><td>解决问题能力</td><td colspan="2">在项目实践过程中遇到问题能通过查找资料、寻求教师帮助来解决</td></tr>
<tr><td>团结协作能力</td><td colspan="2">通过制订项目活动表、评价表培养学生有计划地活动及能与他人协作的能力</td></tr>
<tr><td>统筹整合能力</td><td colspan="2">根据自己的立体模型的特点统筹安排二极管安装的位置，导线铺设的路线的能力</td></tr>
<tr><td>主人翁意识</td><td colspan="2">通过整个项目的开展，培养学生的主人翁意识，增强归属感，为美丽校园助力</td></tr>
<tr><td>证据意识</td><td colspan="2">通过实地调查、亲自实践获取有力证据，有理有据地说服校方让项目落地</td></tr>
<tr><td rowspan="6">项目实施过程</td><td>项目选题</td><td colspan="3">驱动性问题：如何设计校园亮灯工程落地方案？
入项活动：
1. 创设情境：出示本县亮灯工程改造后的夜景视频和本校夜间的校园视频。
2. 谈谈你看了这两个视频后的感受。(发现问题)
3. 怎么来解决这些问题？
确定项目主题：点亮校园</td></tr>
<tr><td rowspan="5">项目实施</td><td colspan="3">子问题 1：夜间校园的哪些区域需要有灯光的照亮？</td></tr>
<tr><td colspan="2">教师活动</td><td>学生活动</td></tr>
<tr><td colspan="2">1. 教师出示两个问题：
(1)夜间校园的哪些区域需要有灯光的照亮？
(2)如果让你来打造校园亮灯工程，你会怎么做？为什么这么做？
2. 制定“点亮校园”亮灯工程优秀方案的评价标准，根据学生提出的标准补充评价单</td><td>1. 组建小组，完成组内分工。
2. 围绕两个问题进行组内讨论。
3. 通过实地调查校园各区域，明确校园内需要亮灯的区块。
4. 完成实地调查学习单的设计。
5. 与教师一起制定“点亮校园”亮灯工程优秀方案的评价标准</td></tr>
<tr><td colspan="3">项目成果：①“点亮校园”亮灯工程优秀方案的评价表；②小组组建讨论表；③实地调查学习单</td></tr>
<tr><td colspan="3">过程性评价：
1. 小组根据评价标准对校园夜间需要照明区域的调查情况进行自我评价，主要评估点有准确性、完整性。
2. 小组互评，组内成员观察其他小组的活动表现，根据标准进行评价，主要对设计的调查表的“创意性”进行评价</td></tr>
</table>

续表

<table>
<tr><td rowspan="8">项目实施过程</td><td rowspan="8">项目实施</td><td colspan="2">子问题2:如何体现校园亮灯工程的设计理念?</td></tr>
<tr><td>教师活动</td><td>学生活动</td></tr>
<tr><td>1.出示“点亮校园”亮灯工程优秀方案的评价标准。
2.引导学生通过咨询、讨论、上网查阅等方式,了解各种亮灯工程的设计以及优缺点,初步确定“点亮校园2.0”亮灯工程的设计理念。
3.复习“图形与位置”“比例尺”“测量”等知识,指导学生绘制平面设计图。
4.引导学生对设计图进行修改。
5.复习电路相关知识,指导学生绘制设计电路图</td><td>1.通过讨论、咨询、查找资料等方式合作完成小组想要打造的校园夜间亮灯区设计理念。
2.体现设计理念,完成平面图设计。
3.初稿设计反馈,根据评价标准对设计方案进行点评和补充。
4.改进设计图。
5.绘制设计电路图。
任务目标:在设计图上标注需要安装二极管的位置,电路的铺设,材料的选择等</td></tr>
<tr><td colspan="2">项目成果:①“点亮校园”亮灯工程的设计图;②“点亮校园”亮灯工程电路图</td></tr>
<tr><td colspan="2">过程性评价:
1.小组根据评价标准对校园亮灯工程的设计图、电路图进行评价,主要评估点有合理性、科学性。
2.小组互评,组内成员观察其他小组的活动表现,根据标准进行评价,主要对校园亮灯工程的设计图、电路图的“创意性”进行评价</td></tr>
<tr><td colspan="2">子问题3:如何呈现校园亮灯工程的设计理念?</td></tr>
<tr><td>教师活动</td><td>学生活动</td></tr>
<tr><td>1.介绍不同的立体造型的方法。
2.明确制作的一般流程。
(1)根据一定的比例把平面设计图放大到相应的KT板上。
(2)根据设计图制作每一个小部件。
(3)把部件安装在相应的区域。
(4)讨论交流后再加固,初步完成模型,并进行美化。
(5)了解二极管安装的方法,选择材料完成对景观灯的安装。
3.出示任务书:小组展示交流后改进作品,撰写说明</td><td>1.完成组内再次分工,各小组明确任务、合理分工,确定详细的制作步骤,组长制作分工计划表。
2.确定制作立体模型的形式并准备好所需要的材料。
3.制作立体模型。
4.分组展示模型,交流模型的结构和创意点,其他小组点评或者提出问题。
5.各小组整理、探讨其他组的良好建议,形成改进措施与方案。
6.将其他组的建议汇总并做适当的归类。
7.分析改进建议的可行性(考虑三个方面:设计理念,结构利弊分析,电路铺设、材料的使用是否合适)。
8.小组撰写说明,完成自评表,商讨展示形式,并做好分享准备</td></tr>
</table>

续表

<table>
<tr><td rowspan="12">项目实施过程</td><td rowspan="8">项目实施</td><td colspan="2">项目成果：①“点亮校园”亮灯工程的立体模型；②“点亮校园”亮灯工程说明书</td></tr>
<tr><td colspan="2">过程性评价：
1. 小组根据评价标准“模型展示阶段”中的成果交流展示进行评价。主要评估点有协作性、可行性。
2. 小组互评，组内成员观察其他小组的立体模型从设计理念，结构利弊分析，电路铺设、材料的使用是否合适等评估点进行评价</td></tr>
<tr><td colspan="2">子问题 4：在方案中如何说服校长实施学校的亮灯工程？</td></tr>
<tr><td>教师活动</td><td>学生活动</td></tr>
<tr><td>1. 引导学生了解招标流程。
2. 出示工程投标书样本。
3. 组织开展模拟招标大会。
4. 宣布中标小组</td><td>1. 走访专业人士，了解招标流程。
2. 通过学习招标书的格式、要求，结合小组的特色，撰写投标书。
3. 分组投标、展示自己的模型，并接受同学和专家们的提问</td></tr>
<tr><td colspan="2">项目成果：投标书</td></tr>
<tr><td colspan="2">过程性评价：
1. 小组根据评价标准“点亮校园”亮灯工程的招标书及模拟招标会进行评价。主要评估点有组织性、规范性。
2. 专家点评根据小组回答专家的问题的完整度，及能否用自己获取的有力证据，有理有据地说服校方让项目落地进行评价</td></tr>
<tr></tr>
<tr><td>展示交流</td><td colspan="2">1. 个人成果。
(1)完成 1 份校园亮灯工程的初步设计图；
(2)参与团队合作，记录学习过程中遇到的问题与解决方法。
2. 团队成果。
(1)完成 1 份学生活动手册。
(2)校园亮灯工程的设计图，以及该设计图相对应的模型。
(3)完成展示学习过程与成果的海报或 PPT。
3. 交流形式。
以 PPT 或海报形式介绍小组的设计方案和作品，汇报学习过程中出现的问题、解决方式和收获</td></tr>
<tr><td>总结评价</td><td colspan="2">1. 活动总结。
在项目中，我们采用了小组合作的方式，选择相同项目的 4～6 名学生组成一个项目研究小组，在研究过程中，学生合中有分，分中有合。各自收集相关资料，利用集中学习时间进行讨论交流，还主动寻求教师的帮助与支持，不断修改和完善作品。整个学习活动培养了学生沟通交流、创造批判等综合素养，对学生合作创新能力有很大的影响。</td></tr>
</table>

续表

项目实施过程	总结评价	在整个学习实践中，我们还真切地感受到项目化学习与非智力因素有直接的正向联系，尤其是对成绩中等或不良的儿童更加有效。在项目化学习中发现：那些在传统环境下学习比较困难的学生，居然在项目化学习过程中找到了自信，动起手来比平时成绩优秀的孩子还要敏捷。 2. 活动反思。 通过整个项目的实施和学习，在多学科知识综合运用过程中，学生初步掌握了综合知识运用的创作方法，尝试并熟悉了不同的立体造型工具，同时，提高了自身团队合作能力和表达能力。对于学生和教师而言，项目化形式的综合实践活动是一种尝试，一种机遇，更是一种挑战

（本案例由嵊泗县菜园镇第一小学毛红老师提供）

3. 主题性学科项目化学习

主题性学科项目化学习，主要着眼于某一主题，以自主、合作、探究为主要方式，围绕主题统整各类学习活动，引导学生体验用学科知识解决问题、探究主题活动意义的过程，在积极浓厚的学习氛围中自主建构知识，解决真实问题。

案例 6-10　寻找端午代言人

端午节又称端阳节，是传统文化中的一个重要节日。端午节蕴含着深邃丰厚的文化内涵，在传承发展中融合了多种民俗于一体，节俗内容丰富。为挖掘优秀传统节日的深厚文化内涵，更具体、详细地了解端午节，在活动中传承爱国主义精神，二年级的教师特意为孩子们规划了一次“寻找端午代言人”的学科项目化学习（见表 6-6）。

表 6-6　“学科项目化学习案例：寻找端午代言人”实施表

项目名称	寻找端午代言人	实施年级	二年级
项目类型：□基础性项目化　□拓展性项目化　☑主题性项目化　□研究性项目化			
涉及学科：□A. 语文　☑B. 数学　□C. 英语　□D. 科学　☑E. 美术　☑F. 音乐　☑G. 其他			
项目简述： 农历五月初五为端午节，是中国的四大传统节日之一，迄今已有两千多年的历史，民俗之繁多复杂可与春节相媲美。传统节日具有重要的文化价值和育人功能，在“双减”大背景下，我们充分挖掘其中的教育价值，让学生体验节日习俗，传承传统文化。二年级学生年龄小，喜欢探索新鲜事物，本项目以“寻找端午代言人”为驱动性任务，在真实的学习情境中，让学生初步习得“包粽子”“做香包”等劳动技能，经历真实而有意义的学习过程，初步了解端午这一传统节日的文化内涵			

续表

<table>
<tr><td rowspan="4">驱动性问题</td><td>核心问题</td><td>谁是“端午”的最佳代言人？</td></tr>
<tr><td rowspan="3">子问题</td><td>如何制作一个有海岛特色的香包？</td></tr>
<tr><td>如何包出好吃又好看的粽子？</td></tr>
<tr><td>如何组织一场陆地划龙舟比赛？</td></tr>
<tr><td>核心概念与跨学科概念</td><td colspan="2">核心概念：
1.端午节是中国的传统节日，有很多传统习俗；
2.家乡嵊泗是一个海岛，端午节的习俗具有海岛特色；
3.“端午代言人”是采用合适的方式对家乡端午节文化进行宣传的人。
涉及学科知识：
美术：了解端午节为什么要佩戴香包；香包制作的基本方法。
体育：了解端午节划龙舟的传说；划龙舟比赛的规则，协同进行旱地划龙舟比赛。
音乐：初步了解劳动号子的作用和基本表现形式。
数学：运用数学方法计算包粽子的用料和食材采购费用。
其他领域：
初步掌握粽子的基本包法，了解雄黄酒的功能；诵读与端午节相关的古诗词</td></tr>
<tr><td>学习目标</td><td colspan="2">1.通过请教家长、故事分享等形式了解端午节是中国的传统节日之一，具有很多传统习俗。
2.欣赏歌曲《划龙船》，感受“一领众和”的演唱形式，能模拟进行一场旱地龙舟赛，感受热烈的端午节划龙船场景。
3.学习香包的制作方法，能创造性制作海岛特色香包，体会端午节挂香包的含义。
4.通过调查了解粽子的种类，并尝试学习包粽子。
5.小组合作，用喜欢的方式介绍端午节的习俗，为端午节代言</td></tr>
<tr><td rowspan="4">成功素养</td><td>审美能力</td><td>音乐欣赏，感受并了解劳动号子“一领众和”的演唱形式。学习对物品进行装饰，会创造性地制作具有海岛特色的香包</td></tr>
<tr><td>劳动能力</td><td>学习使用针线缝制东西；学习包粽子，体会劳动的快乐，培养生活能力</td></tr>
<tr><td>合作能力</td><td>能和小伙伴一起合作，互相帮助，共同完成为端午节代言的任务，体会合作的快乐</td></tr>
<tr><td>计算能力</td><td>采购食材，能计算包粽子的费用</td></tr>
</table>

续表

<table>
<tr><td rowspan="5">项目实施过程</td><td rowspan="5">项目实施</td><td colspan="2">驱动性问题：谁是最佳端午代言人？
入项活动：我们学校即将进行“传统文化进校园”活动，各班要选择一个传统节日并为这个传统节日做代言。我们最想为哪一个传统节日做代言？
1. 学生讨论，教师引导并达成共识——为端午代言。
2. 聚焦问题，合作讨论。
问题一：什么是代言人？
问题二：可以为端午节进行哪些方面的代言？
问题三：用什么形式进行代言？
3. 提供视频资源，支持学习。
4. 组建活动小组，指导制订计划。
(1)自由组建小组，借助讨论结果制订计划。
(2)师生点评计划表。
(3)学生修正计划表</td></tr>
<tr><td colspan="2">子问题 1：如何制作一个有海岛特色的香包？</td></tr>
<tr><td>教师活动</td><td>学生活动</td></tr>
<tr><td>环节一：拷贝不走样。
教师示范用布料拷贝出样板纸的布样，启发学生自主发现问题并总结方法。
环节二：飞针走线。
教师示范各种走针，然后请学生练习。
环节三：大显身手。
学生进行香囊雏形缝制，教师随机点评指导；组织评选小巧手。
环节四：精雕细琢。
教师示范：①填充物包裹；②碎边与花边的缝制；③小部件与主体的缝制；④彩线的应用；⑤珠花的应用。(鼓励学生用自己的方法进行装饰)
环节五：我型我秀。
1. 优秀成果展示。
2. 组织评价。
3. 总结提升</td><td>1. 交流海岛特色香包的造型。
2. 观察教师示范，找到拷贝过程中的注意点。
3. 练习各种走针的方法。
4. 根据所学进行香囊雏形的缝制。
5. 根据评价要求评选小巧手。
6. 提出缝制过程中遇到的困难。讨论发现缝制香包的注意点：必须在布料反面缝制；要留出预留口。
7. 组内交流各自的装饰设想，交换分享各自的小饰品。
8. 进行香包的装饰。
9. 结合评价标准评选优秀作品。
10. 交流制作香包的心得</td></tr>
<tr><td colspan="2">项目成果：①香包制作说明书；②每位学生制作一个体现海岛特色的香包</td></tr>
</table>

续表

<table>
<tr><td rowspan="8">项目过程实施</td><td rowspan="8">项目实施</td><td colspan="2">过程性评价：
1. 自我评价。结合评价标准和优秀作品进行评价，主要评估点为拷贝的相似度、走针的精致度、填充的适合度、装饰的精美度。
2. 教师评价。对学生的香包制作过程进行评价，主要评估点为学习态度是否认真、香包制作的基本针法是否掌握、香包的设计是否体现海岛特色</td></tr>
<tr><td colspan="2">子问题 2：如何包出好吃又好看的粽子？</td></tr>
<tr><td>教师活动</td><td>学生活动</td></tr>
<tr><td>环节一：认识粽子。
1. 出示各种口味的粽子图片。
2. 统计学生“最喜欢吃的粽子”。
环节二：了解包法。
1. 交流包粽子需要的材料。
2. 出示箬叶、糯米、红枣等实物，认一认。
3. 教师介绍粽子的各种包法。
环节三：创设情境，计算食材的价钱。
我们准备利用本周末开展假日小队活动学习包粽子，要提前采购食材，请大家帮忙算一算，大概要准备多少钱？
环节四：实践活动。
组织假日小队开展包粽子活动</td><td>1. 借助图片交流各种粽子，了解粽子的多种口味。
2. 回顾课文《端午粽》，知道包粽子所需要的材料。观察实物：箬叶、糯米、红枣。
3. 观看视频，初步了解粽子有多种包法，其中包成三角粽是我们家乡常用的包法。
4. 为本次假日小队活动采购计算价钱。
5. 家长带领孩子参加假日小队活动，学习包粽子</td></tr>
<tr><td colspan="2">项目成果：①制作包粽子的说明书；②在大人指导下学习包粽子</td></tr>
<tr><td colspan="2">过程性评价：
1. 学生互评。观察组员在本次假日小队活动中的参与情况并进行评价，主要评估点为粽子外形。
2. 家长评价。对学生在活动过程中的态度和动手能力进行评价，主要评估点为活动纪律、学习态度、动手能力</td></tr>
<tr><td colspan="2">子问题 3：如何组织一场陆地划龙舟比赛？</td></tr>
<tr><td>教师活动</td><td>学生活动</td></tr>
</table>

续表

<table>
<tr>
<td rowspan="4">项目过程实施</td>
<td rowspan="3">项目实施</td>
<td>环节一:初识旱地龙舟。
针对学生提问,引出旱地龙舟。
讨论:划旱地龙舟需要怎样的场地和需要做哪些准备?
环节二:关键问题讨论——如何让旱地龙舟快速划起来?
1. 结合划龙舟视频分析、总结要领。
2. 组织进行划龙舟尝试练习。
环节三:欣赏歌曲《划龙船》。
1. 欣赏音乐,引导体会划龙舟时增加音乐会有什么不一样的效果。
2. 指导在歌曲的哪一部分加入划船动作,划得最有劲儿?感受“划龙船”的热烈场面。
环节四:小组合作划龙舟。
1. 劳动号子和划龙舟赛相结合。比一比哪一组划的龙舟又快又稳。
2. 评选最佳划龙舟手。
环节五:总结评价</td>
<td>1. 讲端午节划龙舟的传说故事。
2. 学生质疑:怎样划龙舟?为什么我们这里没有划龙舟的习俗?
3. 观看旱地龙舟视频,进行讨论。
4. 尝试旱地龙舟练习。
5. 在音乐《划龙船》中,感受热烈气氛。
6. 劳动号子和划龙舟赛相结合,模拟旱地龙舟赛。
7. 交流端午划龙舟的收获</td>
</tr>
<tr>
<td colspan="2">项目成果:能介绍端午划龙舟的由来以及划龙舟的方法</td>
</tr>
<tr>
<td colspan="2">过程性评价:
1. 组员互评。观察组员在划旱地龙舟活动中的参与情况并进行评价,主要评估点为遵守规则、互相合作。
2. 教师评价。对各组学生在活动过程中的表现进行评价,主要评估点为遵守规则、互相合作</td>
</tr>
<tr>
<td>展示交流</td>
<td colspan="2">一、班级层面
1. 情境创设。大家经过两个星期的学习,一定收获非常大。今天我们来进行一场PK,看谁能成为“端午”的最佳代言人?
2. 师生商量制定评选标准。
3. 依据标准评选代言人。
二、学校层面
物化成果布置展板进行校内展示。
对推选出来的端午代言人进行视频拍摄,学校推广</td>
</tr>
</table>

续表

项目实施过程	总结评价	一、项目总结 本项目旨在引导学生初步感知端午节的文化内涵，在真实的学习情境中，以“谁是最佳端午代言人”为驱动性问题，充分调动了学生学习兴趣。三个子问题是学生提出的最感兴趣的端午习俗，教师和家长提供学习上的支持。每一个环节由指导、实践、成果展示和评价反馈组成，较好地推动学生形成认知、习得能力。评价贯穿整个项目化学习始终，评价既注重学生情感态度，也注重知识能力的提升，还关注到学生的合作能力，评价不仅要起到发展学生能力的作用，对于二年级学生还要注重激励。 二、学生成长 二年级学生虽然独立学习能力尚不足，但是参与意识很强，为获得“最佳端午代言人”称号，积极参与本项目学习。大家能合作讨论本次活动想解决的问题，准备怎么去做，还能合理分工，在家长、教师的帮助下一起探究端午节的习俗，最后学生们以自己喜欢的形式呈现学习成果，站在展示的舞台上，自信心和成就感得到提升。 三、反思修正 随着活动开展遇到了很多问题，我们根据实际情况作出调整，同时引导学生自己发现问题，修正计划。在实践过程中学生遇到困难会向家长和教师寻求帮助，为了达到最佳的展示效果，学生们学会在总结经验的基础上及时反思修正

（本案例由嵊泗县菜园镇第一小学张艳老师提供）

4.研究性项目化学习

研究性项目化学习，着眼于社会生活中的某一元素，旨在通过共同关注的问题，引发学生的审辩式思维和批判性思维，通过学生的研究和实践，形成对问题的认识和看法，获得一定的学习成果。一般情况下，研究性项目化学习的社会性和综合性更强。

案例 6-11 12 道嵊味的密码

随着嵊泗旅游业的发展，海鲜成了舌尖上的美味。家乡有哪些具有特色的美食？这些美食为什么能吸引众多的游客前来品尝？我们对家乡的味道有怎么样的认识呢？美术老师带着 3～6 年级的孩子们进入了学科项目化学习“12 道嵊味的密码”（见表 6-7）。

表 6-7 “学科项目化学习案例:12 道嵊味的密码”实施表

项目名称	12 道嵊味的密码	实施年级	3～6 年级
项目类型：□基础性项目化 □拓展性项目化 □主题性项目化 ☑研究性项目化			
涉及学科：□A. 语文 □B. 数学 □C. 英语 ☑D. 科学 ☑E. 美术 F. 音乐 ☑G. 其他			

续表

<table>
<tr><td colspan="3">项目简述：
“海鲜”是家常菜，更是逢年过节、喜庆宴客必不可少的美食，嵊泗的海鲜早已不再单纯地用来满足人们的生存需要，它还通过不同的烹调形式，给人带来精神上的享受，成为一种文化形式。逢年过节，丰盛的菜摆满一桌，一般以12道菜为好，“12”代表一年有12个月，每个月都能丰衣足食，能顺顺利利、吉祥如意。那么，在12道嵊味中每一道嵊味藏着怎样的密码？又承载着什么样的精神呢？这是值得我们探究的课题。选择3～6年级学生开展此项目，通过项目化学习，我们希望提高学生对社会生活的积极态度和参与海洋美术项目化学习的兴趣。让项目融入生活，有效地发展学生的核心素养，使其在实践中启智，学会做事，做一个“完整”的人</td></tr>
<tr><td rowspan="4">驱动性问题</td><td>核心问题</td><td>本质性问题：如何将陶泥和瓷绘融入美术语言来表现盘中的情感呢？
驱动性问题：12道嵊味承载着什么样的精神？</td></tr>
<tr><td rowspan="3">子问题</td><td>如何选定“12道嵊味”？</td></tr>
<tr><td>如何制作“12道嵊味”？</td></tr>
<tr><td>如何推荐“12道嵊宴”？</td></tr>
<tr><td>核心概念与跨学科概念</td><td colspan="2">核心概念：通过各种途径获取家乡菜的信息，体会家乡菜的内涵，用美术形式表现“12道嵊宴”，以此对“12道嵊味”进行宣传推广。
涉及学科知识：科学（了解家乡菜制作的原材料、营养价值和种类）；综合实践（了解家乡菜烹任方法及过程）；美术（掌握摆盘的艺术性，利用泥塑制作立体的12道嵊味）。
其他领域：陶艺（釉上彩）、摄影</td></tr>
<tr><td>学习目标</td><td colspan="2">学习目标：
1.通过走访、调查等多种途径获取家乡菜的信息，感受海岛饮食文化的独特魅力，感受家乡人民的勤劳智慧品质。
2.通过学习瓷盘（板）画技法、摆盘艺术和陶泥的制作技法，自主探究创作具有嵊泗精神的12道嵊味宴，在不断改进中加深对作品背后的文化理解，从而提升动手能力、审美能力和创作能力。
3.通过学习让学生养成合作、分享、积极进取等良好的个性品质，在活动中培养爱家乡、感恩家乡和家人之情。
学科链接：
审美链（美术）：学习摆盘知识，掌握有艺术性的摆盘技巧。学习用釉彩颜料在瓷盘（板）中进行创作，掌握画面的构图能力。感受家乡的海鲜特点，结合所学知识，利用泥塑制作立体的12道嵊味。
文化链（科学）：通过采访、实地查看等形式，了解家乡菜制作的原材料、营养价值和种类。文化链（综合实践）：通过网络搜集资料、采访等形式，了解家乡菜背后的故事，感受家乡人民的勤劳智慧品质；通过采访厨师等形式了解家乡菜烹任方法及过程，感受海岛饮食文化的独特魅力。在自主探究过程中，加强学生探究、分享、合作的能力。
生命链（情感）：通过学生自我探究与感受，加深对“12道嵊味”背后的情感认知和文化理解，进而达成为家乡的海鲜美食做推广，形成对自然的关爱、对家乡和对自我的责任感</td></tr>
</table>

续表

<table>
<tr><td colspan="2" rowspan="6">成功素养</td><td>培养发现和提出问题的能力</td><td>能够通过观察、比较,发现事物的特点,提出问题,能够简洁、完整地表述事物特点和解决问题</td></tr>
<tr><td>培养规划与设计的能力</td><td>学会组建团队和小组合作的方法,通过认识个体优势合理分工,学会小组合作定目标、列计划、设计活动步骤</td></tr>
<tr><td>培养动手与审美能力</td><td>培养学生动手能力,能结合摆盘艺术完成一道家乡菜。小组合作用泥塑形式创作“嵊宴”,提高学生的审美能力</td></tr>
<tr><td>培养合作与担责的能力</td><td>充分挖掘家乡饮食文化资源,培养学生团结协作能力,在探究中体验合作共学的乐趣</td></tr>
<tr><td>培养总结与交流的能力</td><td>学会整理研究过程的资料,写下感受和收获,展示本组的创作成果</td></tr>
<tr><td>培养收集与处理信息的能力</td><td>能积极采访实践,学会用上网查阅资料等方式搜集文献资料,尝试整理、分析与发布信息</td></tr>
<tr><td rowspan="6">项目实施过程</td><td>项目选题</td><td colspan="2">驱动性问题:12道嵊味承载着什么样的精神?
入项活动:在入项活动中,以“东海美食节”主办方征集“12道嵊味”真实情境创设、驱动性问题提出、明确内容制订计划三个流程展开;学生修正计划表</td></tr>
<tr><td rowspan="5">项目实施</td><td colspan="2">子问题1:如何选定“12道嵊味”?</td></tr>
<tr><td>教师活动</td><td>学生活动</td></tr>
<tr><td>1.出示“三鲍鳓鱼”“糟鱿鱼”图片,引导小组探究这两道菜的由来、烹饪方法。
2.进一步了解家乡菜其他方面的知识。引导学生选用多种方法了解家乡菜的信息。
3.引导各小组交流成果。
4.根据任务驱动,教师引导学生思考:你们心中的“12道嵊味”标准是什么?</td><td>1.利用周末与假期,通过分组走访调查,采访老一辈人,了解家乡菜的由来或其背后的故事,做好记录。
2.全班分组分享交流调查情况,体会渔家人的勤劳与智慧。
3.结合各组的调查情况,向各班征集学生心目中的“12道嵊味”</td></tr>
<tr><td colspan="2">项目成果:“12道嵊味的密码”调查成果分享表、采访记录表、“我心中的12道嵊味”表、“嵊味”小报</td></tr>
<tr><td colspan="2">过程性评价:
1.小组根据评价标准对活动的开展情况进行自我评价,主要针对“知识与能力准备阶段”中的“知识准备”“调查展示”进行评价。
2.小组互评,组内成员观察其他小组的活动表现,根据标准进行评价,主要对“探究成果展示”进行评价</td></tr>
</table>

续表

<table>
<tr><td rowspan="12">项目实施过程</td><td rowspan="12">项目实施</td><td colspan="2">子问题2:如何制作“12道嵊味”?</td></tr>
<tr><td>教师活动</td><td>学生活动</td></tr>
<tr><td>1.通过欣赏瓷绘和陶艺作品,让学生了解瓷绘和陶艺的制作方法,提高学生的审美情趣和思维拓展力。
2.引导学生借助学习单开展讨论、分工及创作。小组讨论:选择用瓷绘创作,还是用陶泥创作呢?用什么技法来表现“12道嵊味”呢?
3.学习“餐盘中的画”摆盘艺术,引导学生做好瓷盘中“食材”的层次表现、整体构图与色彩搭配</td><td>1.技能准备。
(1)学生欣赏瓷绘作品,了解釉上彩和釉下彩的区别,尝试体验两种技法。
(2)欣赏陶艺作品,了解陶艺的一些基本技法,合理运用工具刀,并利用瓷泥或陶泥作品尝试各种技法。
2.小组合作初体验。
选择一种表现形式自主探究进行制作,根据初体验进行反馈。
3.第二次体验。
根据讨论后的结果,掌握摆盘重要性,继续完成作品。学生对第一次尝试时出现的问题加以改进</td></tr>
<tr><td colspan="2">项目成果:“12道嵊味的密码”创作学习任务单、具有代表性的“12道嵊味”瓷绘作品、“12道嵊味”立体造型作品</td></tr>
<tr><td colspan="2">过程性评价:主要针对“创作阶段”中的“制作阶段”进行评价</td></tr>
<tr><td colspan="2">子问题3:如何推荐“12道嵊宴”?</td></tr>
<tr><td>教师活动</td><td>学生活动</td></tr>
<tr><td>1.引导学生创设情境,推荐家乡菜品。
2.引导学生根据学习单展开探究,学生完善作品,设计餐具、菜单等,最终摆一桌“嵊宴”,让学生体会家乡人民的热情好客,及家乡饮食文化的独特魅力</td><td>1.每组推荐本组创作的家乡菜品,说推荐理由。其他组提出建议或意见。
2.根据学习单展开讨论:如何将一道道“嵊味”变成一桌“嵊宴”呢?
3.小组分工合作,将菜单、餐具等及12道嵊味进行组合,变成一桌有家乡特质,富有精神的“嵊宴”</td></tr>
<tr><td colspan="2">项目成果:“嵊宴”立体作品、“嵊味”菜谱、“家乡菜品我推荐”瓷板海报</td></tr>
<tr><td colspan="2">过程性评价:
1.主要针对“展示阶段”中的成果展示进行评价。
2.根据标准进行评价,主要对“成果汇报展示”进行评价</td></tr>
</table>

续表

项目实施过程	展示交流	1. 班级展示——小组用喜欢的形式进行成果分享，在不断地听取他人意见后再次修订。根据各小组的介绍，最终评选最具代表性的"12道嵊味"。 2. 公开成果——以参观青沙渔俗馆中嵊泗老厨房激发学生灵感并使其产生共鸣，最终以"嵊泗印象——老灶头"为场景布置作品进行展览，展览中有学生的解说，有礼仪接待，有体验互动参与区，让更多的人了解家乡文化
	总结评价	1. 评价总结： 成果评价：除小组自评外，各小组项目介绍后采取小组互评、教师点评方式对作品进行评价，根据意见修订成果。 学习评价：回顾整个学习过程，组织学生进行总结性评价。组内自评，对组员在项目实施过程中的学习态度进行评价，教师对小组进行整体评价。最终根据项目化学习过程中的综合表现进行评估，确定班级的实践小能手和优秀实践小组，进行表彰。 情感提升：学生谈自己对小组作品的感悟，美味的家乡菜离不开渔民辛勤捕捞，但"禁渔期"内捕捞影响鱼类资源生长，根据这一话题展开思考，师生谈谈自己的感受，树立保护海洋资源意识，培养热爱家乡情感，形成对家乡和对自我的责任感。 2. 成效反思：调查、访向、制作、整理、研究、展示过程，激起了学生探究兴趣，使其产生了探究欲望。尤其在交流汇报的过程中，他们不仅将自己的成果做了介绍，而且融入了自己的思想，他们讲述着家乡菜背后的密码(故事)、自己和家乡菜的故事等。在活动中，学生开阔了视野，汲取了丰富的营养，充分地感受到家乡饮食文化的魅力，增强了热爱家乡、热爱人民、热爱传统文化的思想感情。对于学生来说，他们亲身参与社会实践，获得了感性体验，他们的个性、特长得到了充分的发挥，学生之间的合作意识，以及各方面的能力也得到了增强。在项目化学习活动开展中，我们不能全部包揽给家长，教师要起到引导作用，更多是让学生参与，人员分配、活动中的构思等都是学生的想法，这样既培养了学生的能力，也让这个活动更有意义

(本案例由嵊泗县菜园镇第一小学张娜老师提供)

在项目化学习中，教师是培养学生用表现展示能力的指导者，而不是将自己的理解告知学生的讲述者，这是教师的角色定位，也是组织项目化学习的出发点。为未来而教的项目化学习方式能让学生感受到学习的价值和意义，产生学习的愿望和期待，形成学科思维方式，面对真实、复杂问题和情境时有思考、处理的能力。项目化学习为学生的成长带来无限可能，课堂成为师生最美的相遇之处。

参考文献

[1]胡卫平."学思维"活动课程教师用书[M].北京:外语教学与研究出版社,2018.

[2]胡卫平,单欣欣."学思维"活动课程对小学生学习动机的影响[J].教育理论与实践,2009(9):53-56.

[3]张蕾,胡卫平."学思维"活动课程的教学模式探索[J].教育理论与实践,2009(8):40-42.

[4]陈小荣."学思维"活动课程对小学生减负与创新素质培养的实验研究[D].西安:陕西师范大学,2013.

[5]郭贞满."学思维"活动课程对小学生创新思维能力培养的影响[J].甘肃教育,2019(3):72.

[6]隋欣,武宝军."学思维"活动课程对小学生创新思维培养的影响[J].基础教育参考,2012(5):15-17.

[7]隋欣.略论"学思维"活动课程的导入[J].基础教育参考,2015(23):38-40.

[8]金常鹰."学思维"活动课程对小学生创造性倾向的培养[J].新课程(上),2018(1):16.

[9]邵晋英.在小学开设"学思维,学创造"活动课程的理论构想[J].教育理论与实践,2006(12):37-38.

[10]黄洪霖,黄家骅.项目化学习的内涵、意义与实施[J].福建基础教育研究,2021(8):4-7.

[11]夏雪梅.在学科中进行项目化学习:学生视角[J].全球教育展望,2019,48(2):83-94.

[12]夏雪梅.项目化学习设计:学习素养视角下的国际与本土实践[M].北京:教育科学出版社,2019.

[13]金建芳.基于提升学生核心素养的项目化学习实践[J].上海教育,2019(Z2):22-23.

[14]李会民,代建军.基于课程统整的跨学科项目化学习设计[J].教学与管理,2020(4):29-31.

[15]黄洪霖,黄家骅.项目化学习的内涵、意义与实施[J].福建基础教育研究,2021(8):4-7.

第七章 “学在思维”教学的技术支持

思维导图、数据诊断、多元交互等是“学在思维”教学的重要技术支持，将它们应用于课堂，可以助力思维成长。思维导图重在表达，其重点是在思维的有序性和深刻性上做文章、下功夫，“导”是桥梁（转化），让思维过程和结果可视化。积极建构学习过程诊断管理平台，将教学与数据联动，借信息技术助力教学品质提升，重点研磨“具有引领性的诊断目标”“具有匹配性的诊断练习”及“知识与素养双注重的错因分析”等教学内核；借助移动终端进入课堂观察平台，围绕“数学原理讲解、数学应用技能、数学思维构建、数学实践体验”四个维度进行数据采集，采集数据必须准确，等级评判必须客观，评估结论要基于数据。

第一节 思维导图助力思维过程可视化

一、思维导图概述

(一)思维导图的概念、特点及应用

思维导图又称脑图或心智图，近年来广泛应用于教育领域，被誉为21世纪全球性思维工具。英国学者托尼·布赞在大学时随着阅读量和知识量的迅速增长，遇到信息吸收、整理及记忆困难后，开始寻求解决这些问题的办法。他在研究达·芬奇、爱因斯坦等人时发现，这些天才人物的手稿主要由图像、图形、符号、文字构成。于是，托尼·布赞学习了心理学、神经生理学、信息理论、神经语言学等，并逐渐认识到，如果让人类大脑的各个方面彼此协同工作，则其发挥作用的效益和效率会更高。譬如，只是简单地把词汇和色彩这两种大脑皮层技术合并在一起，就会使记笔记的效果大为改善。1974年，随着托尼·布赞的《启动大脑》一书的出版，“思维导图”的概念首次被正式提出。

思维导图是放射性思维的表达，因此也是人类思维的自然功能。这是一种

非常有用的图形技术,是打开大脑潜力的万能钥匙。实质上它是一个思维的自然表达过程,以图式的方式呈现看不见、摸不着的思维结构和路径,使人们的思维过程清晰可见,是比文字更加富有成效的表达方式。具体来说,就是按照单元(章节)内容,利用关键词、图形、线条等要素来绘制知识的网络结构图。关键词代表思维导图的主题或核心内容,连线表示各主题之间的关系。通过分层级的线条连接各知识点,搭建各个知识点间的内在关联,促进知识的整合,形成清晰的知识结构图。思维导图与文字相比,具有如下特点:第一,信息承载量大。“千言万语不及一张图”,图像比词汇更具新鲜感和吸引力。研究表明,使用视觉辅助能使学习效率提高 400% 。第二,有明显的个人风格。每个人都有独特的认知,知识结构、思维习惯及学习喜好都不尽相同,考虑问题的角度和切入点也不同,因此相同主题的思维导图也不尽相同。第三,层次分明,重点突出。思维导图的中心主题在中央明确显示,分支主题向四周分散,中心主题与分支主题联系紧密、关系分明,形成了一个个相互连接的节点结构。思维导图通常为树状结构,有助于人们梳理思路、厘清主次。

思维导图的教育应用起始于 20 世纪 60 年代初期,用于信息处理,即将信息加以归纳和综合,辅助人们思考复杂问题和表征信息。思维导图使用者将信息表征工具,包括图片、图形、词语等,加以组合运用,通过呈现概念之间的层次关系和思维顺序关系,实现概念表征的可视化。这种可视化能够使使用者从一种全局和整体的视角思考问题,进而提高使用者的思维灵活性和发散思维能力。思维导图的教育应用被认为有助于教师和学习者在思考过程中,以一种可视化的方式,创造性地探索、修正和总结某一学习问题的想法。它的应用有助于增强记忆力、提高学习效率和创造性地解决学习过程中的问题。思维导图使教师和学习者通过有助于视觉感官刺激的关键词、符号、颜色和联想意象等,增强记忆力,进而有助于提高教学和学习的效率。用思维导图的创始人托尼·布赞的话来讲,“利用思维导图,你可以有效地提高记笔记的效率、提升你的记忆力、增强你的创造力,并使你做事时充满乐趣”。

(二)思维导图的结构特点

1. 焦点集中,主题突出

思维导图的主题可以是一个事物或者一个概念,主题可以用文字来表示,也可以用图像来表示,或者用图像与文字一起表示。每个思维导图的主题都是唯一的。主题一般位于图中央,有少部分居于左侧,无论是在哪个位置,主题的文字和图像都比思维导图其他部分的文字和图像大,用彩色文字时,主题文字应使用最醒目的颜色,且与其他文字颜色有所区别。

2. 由内向外，主干发散

由思维导图的主题向外发散延伸形成了各个主分支，每个主分支下面还有若干子分支，分支之间条理清晰。主干向外发散，不仅方便人们很快看到各个主分支，了解思维导图的主要内容，还方便人们根据思考和需要，随时添加分支。思维导图向外发散的结构有助于人们进行持续思考和广泛联想。

3. 层次分明，节点联结

思维导图的分支并不是随意发散和布局的，必须根据它的内容进行分级加工，重要的话题或者与主题关系密切的内容，要尽量放在靠近主题的主分支上，次要的内容一般安排在导图边缘的位置。

4. 关键词语，厘清关系

关键词是写在线条上说明事物属性、特点或不同对象之间关系的词，关键词以名词、形容词居多。写在线条上的关键词要精心提炼，含义明确、简洁准确，能够清晰地表达从主题出发的各级分支之间的联系与特点。

（三）思维导图的常见类型

常见的思维导图有八种：圆圈图（circle map）、气泡图（bubble map）、双气泡图（double bubble map）、树型图（tree map）、括号图（brace map）、流程图（flow map）、复流程图（multi-flow map）、桥状图（bridge map）。

1. 圆圈图

圆圈图用来定义一件事或一个物体，由两个大小不同的圆圈组成，里面的小圆圈填写学生们需要描述的主题，外面的圆圈则是让学生自由发挥，想到什么就填什么（见图 7-1）。

2. 气泡图

气泡图用来描述一个事物的属性，由很多泡泡组成，中间的泡泡填写要描述的事物主题，外边的泡泡与中间的泡泡用直线连接，通过描绘主题的深度与多样性帮助孩子学习知识（见图 7-2）。

3. 双气泡图

双气泡图用来做分析比较和对照，是气泡图的升级版，比气泡图多了一个主题泡泡，可以帮助孩子对两个事物做比较，共同点、差别性一目了然（见图 7-3）。

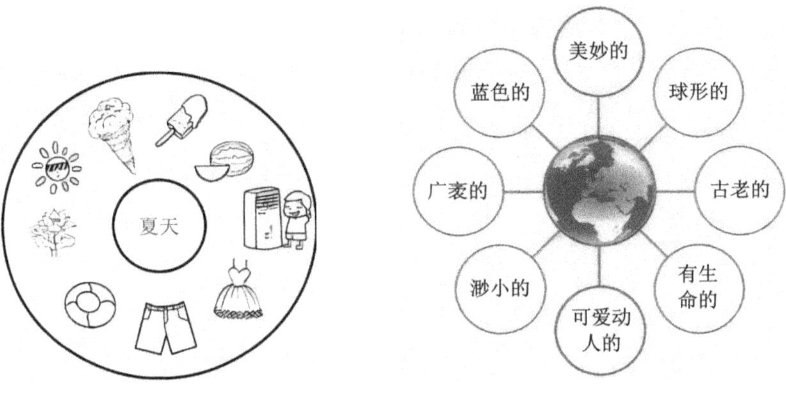

图 7-1　圆圈图模型　　　　图 7-2　气泡图模型

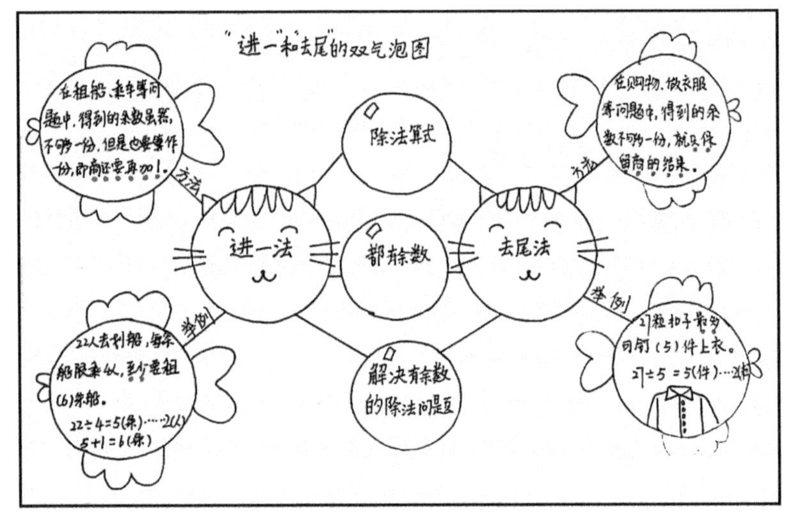

图 7-3　双气泡图模型

4. 树型图

树型图用来做分类和归纳，由不同级别组成，像一棵树的伸展，主题是树根，树杈和枝叶代表着主题的具体内容描述。在一边写上主题，之后填写每个部分的细节，帮助孩子理解主题与分支之间的关系（见图 7-4）。

5. 括号图

括号图用来表述整体与局部的关系，由一个大括号与若干小括号组成，在大括号左边写上主题，之后填写每个部分的细节，帮助孩子理解主题与分支之间的关系（见图 7-5）。

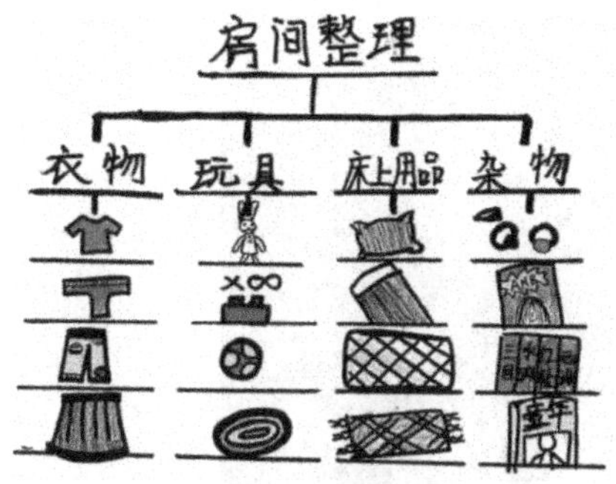

图 7-4 树型图模型

图 7-5 括号图模型

6. 流程图

流程图用来弄清事物的先后顺序，首先在空白处写好主题，然后从第一个小方框开始描绘完成这个事情的每个步骤，再用箭头将这些步骤串联起来。非常能锻炼学生的逻辑思维能力，增强思维的缜密性(见图 7-6)。

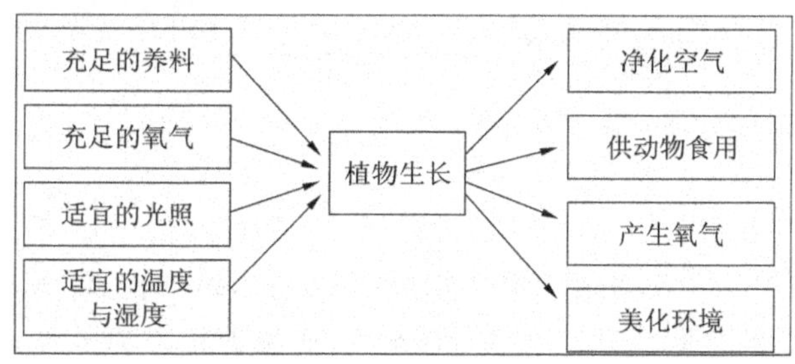

图 7-6 流程图模型

7. 复流程图

复流程图将步骤、顺序关系变为原因和结果的描述，如图 7-7 所示，图中箭头均从原因指向事件，再由事件指向结果，利用图示在分析过程中可以锻炼多角度思考，有助于更深刻地认识事物，并且能够有理有据地表达自己的观点。

8. 桥状图

桥状图用来类比和推类，由一根桥状的横线串联，根据最下面定义的相关因素，在横线上面和下面填写具有关联性的一组事物，然后在桥的另一端列出有相似主题的事物(见图 7-8)。

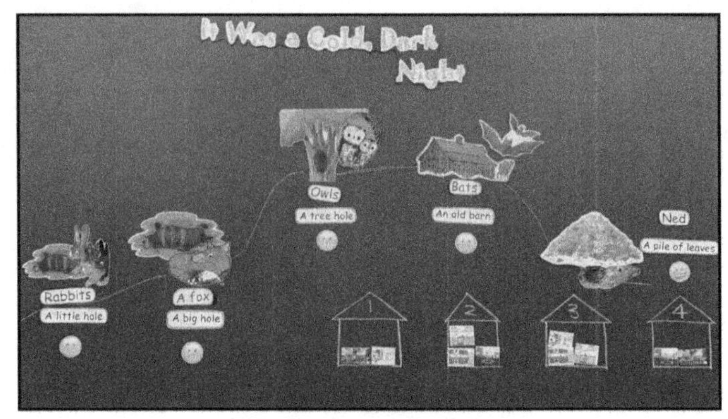

图 7-7 复流程图模型

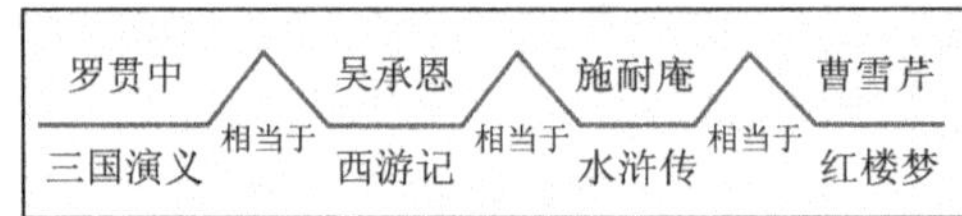

图 7-8 桥状图模型

(四)思维导图的教学功能

1. 教学设计工具

在数学教学中,可以利用思维导图进行课程体系分析、课程单元重点分析、教学设计思路的归纳整理等。思维导图将原来显现在教师头脑中的教学内容、教学理论和教学经验以可视化的形式呈现出来,相当于在虚拟的环境中完成了教学过程,教师能更有效地组织教学内容。

2. 教学实施工具

(1)导入的工具。

课堂教学伊始,教师告诉学生将要学习什么,要达到什么目标。就好比你去一个地方旅行,首先要买张地图一样,教师告诉学生他们现在所处的位置以及前进的方向,使学生不会迷失学习的方向和疑惑学习的意义。思维导图就是一张很好的“知识地图”。实践表明,在数学教学中运用思维导图展示教学内容、创设情境,会起到很好的导向作用。

(2)总结的工具。

思维导图是一种总结的工具。它可以作为数学复习课的教学工具,对学习的知识进行归纳总结,作为总结工具的思维导图有助于学生良好知识体系的形成。思维导图的应用使得学生对知识的理解更加深刻,对概念之间的联系更加清晰,对知识领域的全貌了然于胸,实现对知识的“三度”(深度、跨度和广度)理解。

3.教学评价工具

思维导图可以作为评价学习效果的重要工具。一方面是学生的自我评价，通过思维导图，学生可以了解自身学习的缺陷和不足，自觉地进行反思修正，有目的、有重点地加强学习，方便、快捷地完善自己的知识结构，有效实现个性化学习。另一方面是教师对学生的评价，通过观察学生的构图能够有效评估学生对相关知识的掌握程度，了解其学习进展，并作出诊断，改进教学。思维导图作为教学评价工具反映出的不是抽象的分数，而是学生的知识结构，它是一种关注学生学习过程的评价工具。

(五)思维导图的教学价值

思维导图具有图解教材知识、使教材知识结构形象化的特征，能够增强大脑对知识的"渴望"，发挥学生左右大脑的功能，调动整个大脑参与学习的积极性、增强记忆效果。作为一种可视化思维工具，思维导图正逐渐成为一种有效的教与学的工具，优化着教师的教与学生的学。

1.提高课堂教学效率

思维导图强调视觉表象，教师在充分了解教材知识结构及梳理教学内容脉络的基础上，将教学内容以可视化的图像、文字、符号、色彩等形式直观形象地呈现出来，建立立体的知识体系。大量的现代认知科学的实证研究显示，可视化的表达方法较仅仅基于文本的表达方法在知识的重建、扩散和应用等方面发挥更重要的作用。另外，根据建构主义的观点，结构化的知识体系是减少认知负荷的一种有效方法。因此，应用文字、符号和图像相结合的思维导图，教师和学生可以快速地找到教学内容的核心知识点，发现各知识点间的关联，使整个教学内容的主线一目了然，避免教学偏离主题，有效避免教学精力浪费现象，确保教学活动的内在效能实现最优化、最大化，切实提高课堂教学的效率。

2.促进学生有意义学习

任何一门学科的知识都有内在的关联，不是一群毫无联系、零碎知识点的集合。有效的学习除了要掌握零散的知识点外，还要通过整理、归纳，把众多知识点联系起来，建立一个完整的认知地图。正如布鲁纳所说，"获得的知识，如果没有完满的结构把它关联在一起，那是一种多半会被遗忘的知识。一串不连贯的论据在记忆中仅有短促得可怜的寿命。"借助思维导图这一可视化思维工具，学生带着他们记忆中已有的各种图式来面对新的学习任务，把新知识汇入原有的知识结构中，将零碎、片段的机械式学习转变为注重逻辑关系的有意义学习。

3.培养学生发散能力

知识不等于思维，只关注知识而忽视知识背后"思维"的教学方式危害极大，若学生长期处于死记硬背、机械训练、不思考的状态，其思维能力、想象力和创造力的发展必将受到阻碍。大脑拥有无限联想和创造的潜能，思维导图强烈的可视化视觉符号能够激发学生的想象力和创意，学生可以自由联想、迁移，不断产生新想法和新观点，多角度、全方位地思考问题，从而使发散思维能力得到可持续发展。

4.激发学生学习兴趣

传统教学大多停留在知识表层，机械重复、枯燥乏味，这正是让学生学习负担重，甚至产生厌学心理的症结所在。“创建思维导图的主要宗旨就是每个分支主题应包含与中心主题相关的图片和短语来帮助回忆信息”，运用颜色、线条、符号等将大量枯燥的文字转变成色彩丰富、易于记忆、有组织逻辑性的图像，利用“左脑＋右脑＝全脑”思考方式，将左脑的逻辑、数字、词汇、顺序、列表、分析功能和右脑的图像、空间感、维度、想象、色彩、韵律、情感功能全部调动起来，充分发挥人类左右脑的潜能。比起枯燥单一的文字表述，含有色彩、图像、符号等多种元素的思维导图更加具有吸引力与冲击力，能够更加形象直观地将所要传递的信息传达给学生，增强了教学的趣味性，刺激思维发散，激发学生的学习兴趣，调动学生学习的积极性，满足了学生的学习欲望，促进学生自主参与学习，变被动为主动，使学习成为一种乐趣。

5.促进师生间平等交流

思维导图可以由一个学生单独完成，或者几个学生合作完成，或者在教师的指导下完成，在梳理知识点的同时，加强学生与学生之间、学生与教师之间的交流与合作，各取所长，使教学氛围更加活跃融洽。在这个过程中，学生是主体，教师指导并解答学生在绘制思维导图过程中遇到的问题，给予积极正面的引导。同时，学生发挥个人的主观能动性和学生团体的创造性共同创建思维导图。抛弃了传统教学中枯燥乏味的死记硬背和机械灌输的讲授，绘制思维导图的过程不仅锻炼了学生与他人沟通的能力，还培养了生生之间、师生之间的合作精神和团结意识，达到教学相长的效果。

二、基于思维导图的教学设计

(一)基于思维导图的教学设计实施路径

1.利用思维导图辅助教学设计

(1)细化教学目标。

首先是因为思维导图可以清晰系统地呈现教学目标，使教学目标更细化。

教师在进行教学设计时，将课程标准分解成每学期、每单元、每节课的学习目标。课程标准分解的程序是先寻找关键词，然后扩展或剖析关键词，最后形成剖析图，这与思维导图的制作规则和制作过程基本一致(见图 7-9)。

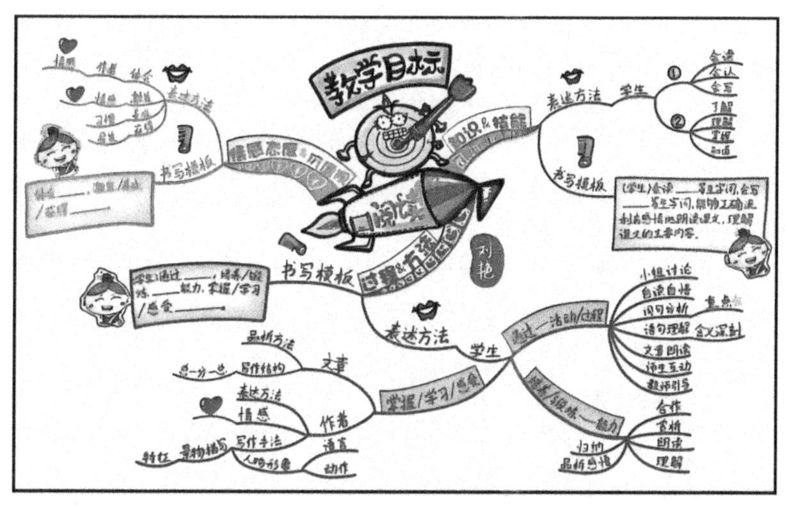

图 7-9 教学目标思维导图

(2)构建知识体系。

利用思维导图辅助教学设计可以构建教材的知识体系。利用思维导图的开放性、层次性与发散性，教师在进行教学设计时，将一节课的教学目标、重点内容、知识点都列举出来，制作一节课的思维导图。把每节课的思维导图作为一个个节点汇聚起来，就形成了这门课的知识体系图。思维导图全面而发散的思维方式令大脑处于被激发和开放的状态，根据教学实际情况增减教学内容，构建更科学完善的知识体系。

(3)方便教学更新。

在教学过程中，教师可以方便、快捷地随时将新接收的知识和信息添加到同一主题的思维导图中，触发不同的讲课内容，这就避免了一成不变的教学内容，又不会加大教师的工作负担。思维导图已成为教师深度剖析教材，更新教学内容，实现高效设计的有力帮手。

2. 利用思维导图记课堂笔记

托尼·巴赞最初创造思维导图时就是将其作为一种记笔记的方法，常见的笔记中一般只包含字母、词汇和数字，几乎没有视觉节奏、视觉模式、色彩、图像、视觉化、维度、空间感、完整倾向和联想，他认为这种制作笔记和记笔记的办法事倍功半，人们需要的是一种事半功倍的方法。用思维导图替换掉成堆的线性笔记，将关键词简要地记入笔记，只记相关的词可以节省 50%～95%的时间，集中精力在真正的主题上，这就解决了记录速度跟不上教学节奏的问题，保持思维的连贯性和一致性，避免造成顾此失彼的现象。学生积极地参与课堂学习，找出重点内容，选择重要的细节、正确的解释、批判性的评价和总结，如图 7-10 所示，通过记笔记时应用思维导图来实现。在用思维导图记笔记的过程中，学生既可以随意加入自己的想法和观点，从一个知识点出发，引出与之相关的知识点，产生清晰、适当、有组织的联想，又不会使笔记显得杂乱无序。记笔记不是一字不差地抄录，其应是一种有效的学习方式，一种完善充实知识体系、进行创造性学习的途径。好的笔记不仅会帮助记忆、分析信息，还会起到跳板的作用，借以产生创造性思维。

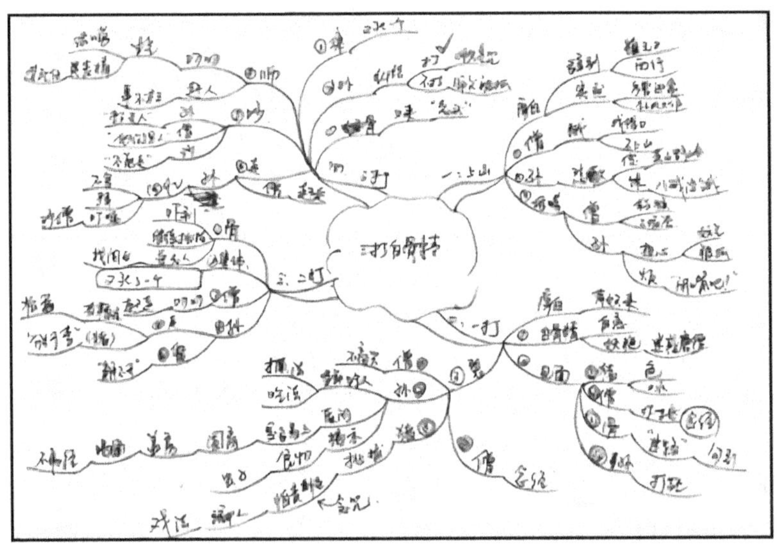

图 7-10　课堂笔记

3. 利用思维导图巩固教学内容

作业是课堂教学的延伸和深化，学生做作业能进一步巩固与消化课堂上学到的新知识，提高运用所学知识解决实际问题的能力。然而，数量过多、重复性过强的作业带来了过重的课业负担，失去了查漏补缺、完善教学的作用。思维导图可以支持信息更丰富和更深层次的整合，促进陈述性知识（显性知识）和程序性知识（隐性知识）的掌握与批判性思维的培养。另外加入自己的理解和看法，实现知识结构向认知结构的转化，以帮助学生摆脱机械的、无意义的学习，转向有意义、建构性的学习。由于每位学生构建知识的方式、思维能力和想象力不同，对课程知识的理解程度也不尽相同，所以他们绘制的思维导图带有明显的个人风格。“个性化的认知对同化、组织、整合、存储信息发挥着重要的作用，思维导图的特性对其有利。”把思维导图作为作业方式的一种（见图 7-11），打破了过去单一性的作业模式，体现了对学生个体差异的尊重，使得学生在对所学内容进行复习巩固的同时，培养积极思维的意识，发展创新能力，也能从中体会到学习的乐趣，从而激发学习积极性，使得学生的个性得到张扬，能力得到展示。较为开放的作业形式，在起到复习巩固作用的同时，给学生提供了自由创作的空间，不仅利于学生个性的发展，还能拓宽学生的知识面，培养学生的创新能力。

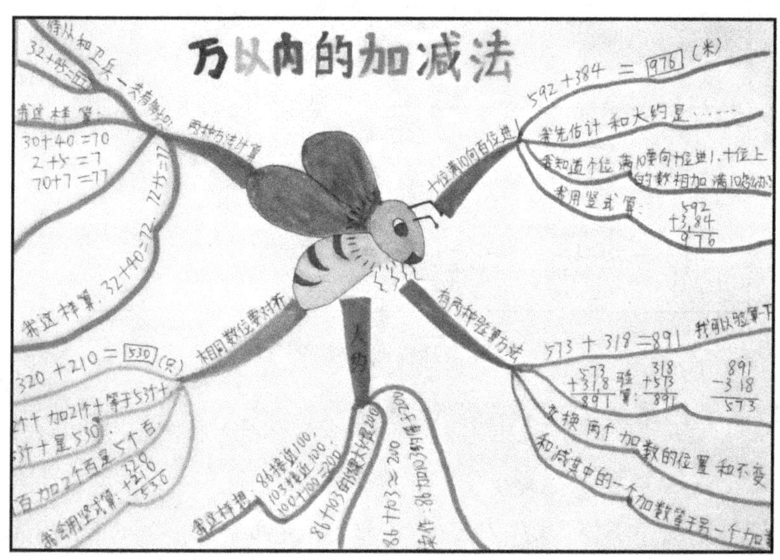

图 7-11 思维导图作业

4. 利用思维导图促进教学评价

如果要检验教师的教学能力和学生理解和掌握知识的能力，运用思维导图是较为理想的办法，它作为教学评价手段已被广泛运用。思维导图是形成性评价的好选择，它为师生提供了一个清晰且客观的全景，可以让学校看出师生是否总体上按照学校的整体评价标准一一落实与达成(见图 7-12)。

同时，思维导图也可以作为学生进行自我评价的工具。学生在绘制一节课或一单元课程的思维导图遇到困难或阻碍时，就会清楚地认识到自己对哪些知识点的掌握不够熟练，哪些内容需要加强，可以有针对性地弥补不足，这有利于帮助学生识别问题，从而去探索问题的答案。而且，学生可以把自己绘制的思维导图和教师的思维导图或同学的思维导图作对比，评价反思自己的作品存在的缺陷，从而逐步精致完善，巩固学习成果，最终提高学习成绩。

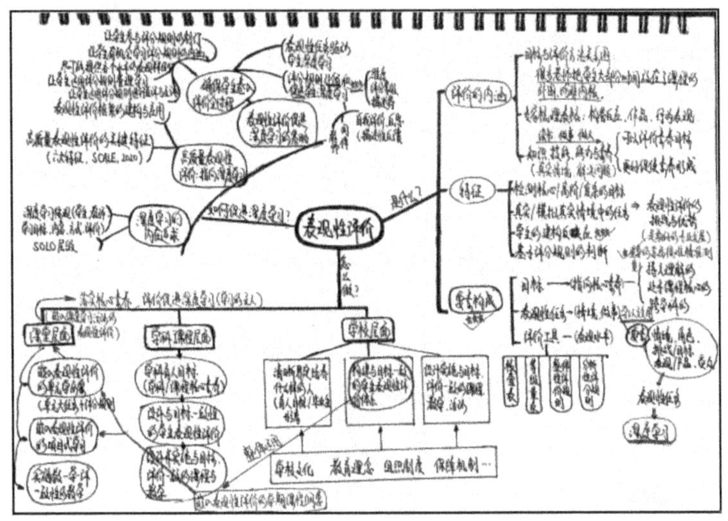

图 7-12 评价体系

(二)基于思维导图的教学设计原则

1. 自主参与原则

体现“以学生为主体，教师为主导”的理念，实现学生的真正参与，充分发挥学生的主动性和创造性。教学应充分体现“知识让学生梳理，规律让学生寻找，错误让学生判断”，从而充分调动学生学习的积极性和主动性，激发学生的学习兴趣。

2. 系统网络原则

复习课就是要引导学生建立良好的认知结构，让学生把知识片段联结起来，形成逻辑严谨、层级分明的知识网络体系。就好像学习体操时，学习者们先学习分节动作，然后将其连接起来一样，要在知识片段之间建立明确的联系，将整个模块呈现给学生。

3. 应用拓展原则

复习课不是简单的重复，而是对知识的综合和升华。教学中要让学生主动思考、展开联想，要求学生能在不同的情境中应用它们去解决实际问题，促进知识的迁移，从而使学生的应用能力得到提高。

(三)基于思维导图的教学设计要求

1. 建立思维导图的层级结构

思维导图的基本结构是由“中心主题”“分支线”和“关键词”三部分组成的。

中心主题永远处在思维导图的中心地带，这也是最先绘制的部分。任何思维导图都有主题，而且只有一个主题。每次绘制思维导图的时候都要把精力集中在一个大的问题上，而不是多路出击，分散自己的注意力。围绕在思维导图中心主题四周的部分，是分支线和关键词。每个关键词都像毛毛虫趴在树枝上一样紧紧地附着在分支线上，长短相同，大小相宜。分支线和附着在其上的关键词合在一起，被称为“思维导图”的分支。“一级分支”既包括关键词，也包括分支线。按照思维导图各分支与主题的关联远近，可以分为“一级分支”“二级分支”“三级分支”，以至无穷(见图 7-13)。其中，一级分支是与主题直接发生关联的部分，而二级分支则是与一级分支直接发生关联的部分。相比一级分支，二级分支与主题的关联就是间接的，关联性更小一些，所以也离得远一些。三级分支是与二级分支直接发生关联的部分，与主题的关联性更小，所以离得更远……理论上，思维导图的分支是可以无限延伸下去的。需要说明的是，思维导图的关键词可以是语言词汇，也可以是图形，事实上更鼓励学生用图形来表达自己的思想，或者用图形和词汇的组合来表达自己的思想。绘制图形是思维导图最玄妙的一个环节，离开了这个环节，思维导图的魅力和威力都会骤减。

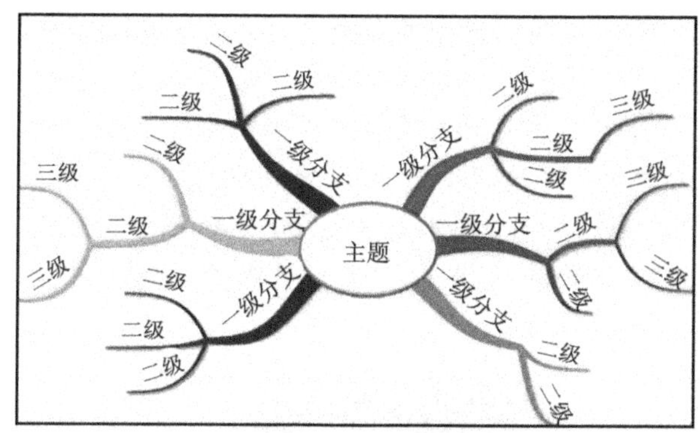

图 7-13 思维导图结构

2. 掌握思维导图的绘制方法

绘制思维导图提倡运用图像、色彩、符号，将教学重点和教学难点用不同颜色、字体、线条标明，使学生能快速地注意到所要强调的内容。最开始画思维导图的时候，可以选择比较大的 A4 纸，这样思维可以尽情舒展。熟练以后，可以根据自己的需求，在平时随身携带的手账本上画思维导图。画思维导图时使用的纸张最好是白纸。纸的摆放方式与传统书写不同，传统书写是将纸张竖放，而画思维导图时要将纸张横放，这符合人类的视觉特点。思维导图本质上是一种图形结构，为了便于从整体上认识整张思维导图，将各分支作为一个完整的图形来记忆，我们采取了和电视机一样的设计方式。这样做可以让学习者们在第一时间浏览到一张思维导图的全部重要内容。

思维导图的绘制顺序与传统书写也不同：传统书写都是从上至下、从左至右进行的；但是思维导图的绘制顺序却是从整张纸的中心开始，向四周扩散。传统的书写顺序其实是线性思维的外在表现，在你写完第一行之前，是没有办法写第二行字的，学习者们必须按照一个固有的顺序去书写，并按照这个固有的顺序去阅读。其实，不同的人有不同的欣赏顺序，任何一个点都可以成为你思考和关注的起点——这是一种非线性的思维方式。思维导图就是一种非线性的思维方式。在绘制思维导图的时候，除了中心主题是你必须最先绘制的，其他主干和分支都是可以随时调整顺序的。怎么画，先画哪个部分，后画哪个部分，可选择的路径不是唯一的。这种非线性的思维方式对于学习者们活学活用知识点、解答一些考得很“活”的习题是非常有利的。

3. 归纳思维导图的分类构图

(1)教学型思维导图。

教学型思维导图是提高一线教师教学质量的有效工具。一个具有高水平的成熟读者能够把一本厚书读薄。教师备课时能把复杂的、冗长的教案在头脑中变成一张简明、清晰、优化的教学思维导图，这就是备课成熟的标志。教师按照这张教学型思维导图(见图 7-14)有效地进行课堂教学，把学生带入引人入胜的学习境界。这就启发我们可以对成熟、优秀的教学过程进行分析研究，通过提炼、概括、抽象等方法，将教案化繁为简，形成优化的教学思维导图；或者将某种先进的教学设计理论运用于教学，转化为实用的教学思维工具，通过构建优化的教学思维导图来指导教师，为其课堂教学提供正确、合理的指引，从而提高教学质量。

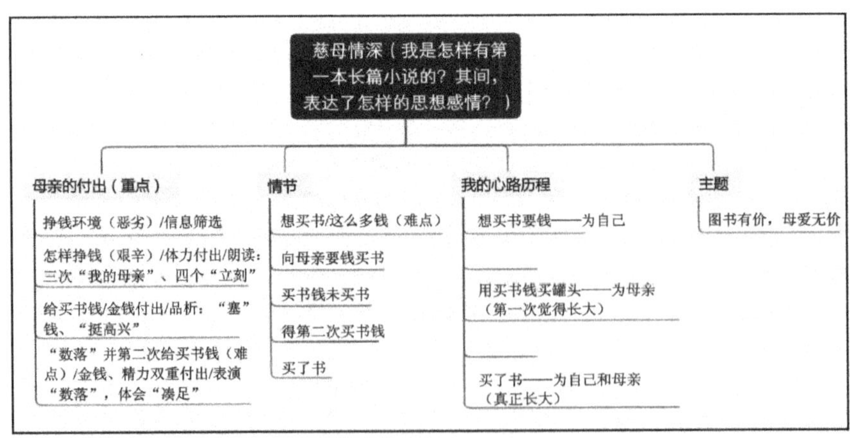

图 7-14　教学型思维导图

尽管课堂教学过程并不是机械不变的，其间有无数的教学生成，需要教育工作者们采用灵活多变的应对策略，但教育工作者们不能否认，预则立，不预则废。没有科学的教学设计和严谨的教学结构，任何主观、随意的教学都无助于学生的学习。优化的教学型思维导图应该成为科学实施课堂教学的蓝图，犹如汽车的导航图能指引驾驶一样，其不仅可以规划好起点到终点全程的路线，还可提供行驶不同路线的预案；不仅对教学新手具有良好的引导作用，也能对教师熟练教学起到规范和促进作用。这里仅就阅读教学中教学型思维导图的构建谈谈看法。教学型思维导图与课文思维导图不是一回事，它们既有区别，又有联系。教学型思维导图反映的是教学过程思路，而课文思维导图反映的是课文行文思路。教学型思路与课文思路又有着千丝万缕的联系，厘清课文思路是确定教学型思路的前提。一个连课文思路都不能梳理清楚的教师，是无法确定正确的教学型思路的。优化的教学思维导图具有整体性、层次性、连续性、简约性和可操作性。

(2)阅读型思维导图。

使用思维导图来简化书的内容，确定整体框架，领悟核心内容(见图 7-15)。把一本书绘制成一个思维导图时，可以通过使用关键字和要点来确定这本书的主要思维。80%～90%的书的内容都可以简化为一段话、一句话、一个短语或者一个字。当你想深入学习一种知识时，要海量地阅读该类别的经典书籍，并通过思维导图来总结你学到的知识和自己的感悟。总结一本书可以入门，总结10 本书可以让你了解整体框架，100 本书＋2000 小时实际经验可以让你达到中等水平。如果你能把 100 本或 1000 本书总结成一本书或一张图，并且能把这本书或这张图上的内容解释给一个 10 岁的孩子或完全不了解这种知识的人听，并让其听明白，你就是这一行的专家级人物了。阅读的书籍最好是本行业的行家推荐的书籍，千万不要追求数量，而要追求质量。万丈高楼平地起。你阅读专业书籍，可能一时绘制不出思维导图，这个时候你需要绘制一张专业术语的思维导图，把这些专业术语按类别和重要程度进行分类。当你把这张思维导图绘制完成，并能说清术语的含义，检验办法如上，即让一个 10 岁的孩子或完全不了解这种知识的人明白你的意思，这时你再把这书本做成思维导图，你会发现很容易。

(3)归纳型思维导图。

使用思维导图来确认没有掌握的知识。从最重要的章节或知识体系开始，完全按记忆来手绘这一章的内容，越详细越好(见图 7-16)。全部完成之后，看看你自己到底掌握了多少知识。没有完成的内容就是你没掌握或不会的内容，这部分需要重新复习。不断地重复这个过程，一直到你不需要任何帮助或提示

图 7-15　阅读型思维导图

就能完成所有的思维导图为止。使用思维导图归纳总结进行快速复习，将其贴在床边上或放在经常能看到的地方，早上起来、晚上睡觉前，工作中休息时都可以看一遍。复习归纳的思维导图不要太大，而且主要分支最多不能超过 9 个，不要超过 7 层，一篇课文或一章最合适。一般来说看完一篇思维导图只需要 2～5 分钟或者更短，复习完一本书也只需要 20～30 分钟，一天最少要复习二遍。还可以把思维导图转为图像，设为电脑桌面、屏幕保护或传到手机中。除了早晚，还可以利用坐车时、饭前、饭后、休息时等一切可以利用的时间来不断地复习。找一个同伴一起完成归纳型思维导图，会让你更有动力和效率。两个人一起制作思维导图速度会快上很多，可以把两人的课堂笔记和各自的见解都整合到思维导图中，知识面会更广，准确度会更高。复习和测试的时候可以轮流考核监督，两个人学习比一个人学习要有动力得多，而且花费的时间会更少。

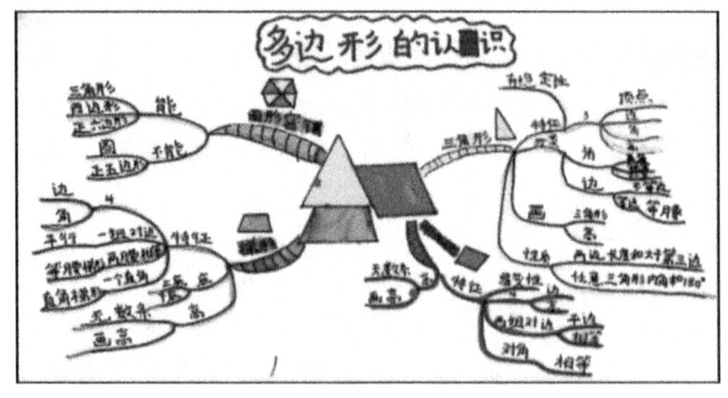

图 7-16　归纳型思维导图

(4)作业型思维导图。

为了发展学生的核心素养,让学生学会多角度思考问题、分析问题,在作业内容和形式上推陈出新,设计了思维导图这个带有探究性、开放性的作业,使学生在形成知识逻辑结构的同时,感受学科知识的应用意识与创新意识。教师引导学生绘制的思维导图形式多样、色彩缤纷,他们用精美的插图、优美的文字,将单元的知识点展示得活灵活现。每一张思维导图于他们而言,都是思考与想象,是热爱与创造,是个性与独立。学生利用思维导图记录一些关键词,把相关知识串联组合,就像路标、指示牌,帮助梳理清楚单元所学知识,并绘制了自己喜欢的图案(见图 7-17)。在他们的笔下,学习不再单调,不再枯燥,它可以像花朵般绽放,也可以像枝丫般伸展,层层叠叠,妙趣横生。分支越多思维越灵活。一张张精美的思维导图,体现了他们设计的用心与巧思,既优化了学科知识结构,又提高了自主学习的能力。

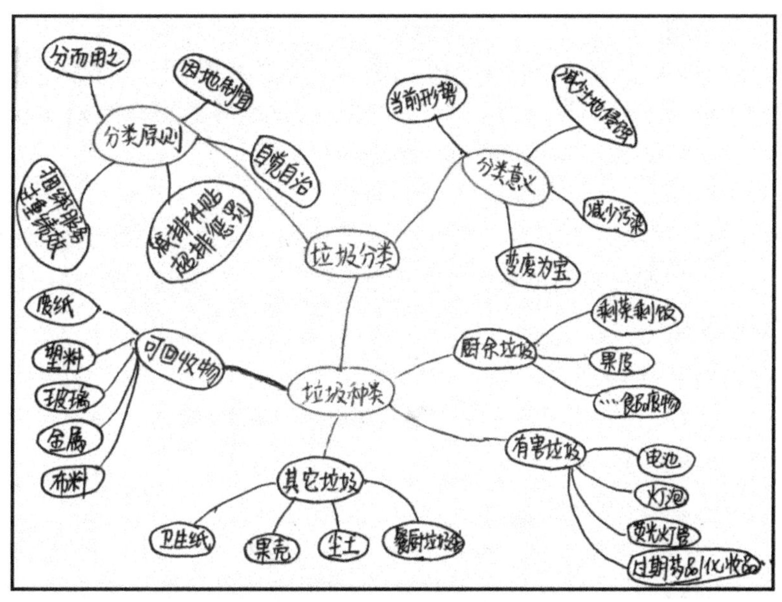

图 7-17 作业型思维导图

思维导图具有极强的可伸缩性,新添加的素材和文章主旨在思维导图当中都一目了然。通过思维导图罗列的大纲既详细又有条理,能在小细节里表达明白,也能掌握大框架的逻辑性,在写作的过程中花几分钟绘制思维导图,再按照思维导图的结构进行作文写作,会条理分明,层次清晰,自然会得高分。画思维导图一直被誉为记忆和思维训练的方法。它可以刺激人的右脑,把人的天赋发挥到极致,让写作方式更加舒服和简化。比如,使用思维导图可以把关键词和颜色、图案等联系在一起,利用各个关键词思考句子的要点到底是什么。从而引导孩子对写作进行积极主动思考。同时，利用思维导图引导孩子思考的过程也是让孩子注意力集中的过程。如此一来，孩子也不会再纠结于作文难写等情绪问题，减省了安抚情绪的时间。时间缩短了，思路清晰了，学习写作的效率自然提高。

(四)基于思维导图的教学组织实施

1.课前准备

(1)学习思维导图。

课前要让学生清楚什么是思维导图，它的用途是什么，以及如何绘制思维导图，这是教学顺利实施的前提。利用多媒体教学设施，向大家演示 Inspiration 软件的使用方法，介绍建构思维导图的具体操作，包括确定主题、列出相关概念、连线并建立概念之间的联系、扩展和修正思维导图等一系列步骤。

(2)布置主题。

确定各类型课中思维导图使用的主题，其中复习课信息量很大，为切实提高复习效率，要向学生们说明复习课的主题，并交代所要建构的知识模块的主要知识点，学生需要先行建构个人的思维导图。

(3)分组协作。

采用小组协作的方式来完成思维导图的建构。课前要分好小组，规定每四人组成一个小组，遵循自愿原则，自由组合，以便于小组内部的交流协作。

2.课堂实施

(1)创设情境，引入主题。

根据复习课的主题以及重要知识点之间的内在联系，设计若干问题情境来引导学生对知识进行梳理。

(2)组内合作，协作探究。

在组内协作探究环节，每名学生都要提出自己的观点，并参照问题，协作完成思维导图建构。教师可以深入学生之中，及时发现问题，及时给予适当的指导。在协作探究中，每个小组都建构了具有鲜明个性的思维导图。

(3)小组汇报，交流共享。

在各小组完成思维导图后，由各小组组长代表小组汇报成果，陈述探究的思路和结论，针对其他组的提问和质疑，做出解释和回答。在这一环节中，学生们集思广益，实现知识的交流和共享，教师可以给予适当的启发和补充，做出适当的点评。

(4)修改完善，总结点评。

在教师的引导下，通过组间的交流和探讨，学生进一步优化小组思维导图，从而使自己的知识体系趋于严谨、完善。在此基础上，教师将各个小组的思维导图进行组合加工，形成全班成果图，教师总结点评。

（5）拓展迁移，课堂测试。

为检验协作建构思维导图的效果，进一步拓展知识，笔者进行了一次随堂测试。学生反映，通过搜索头脑中的思维导图，可以快速准确地解决问题。建构思维导图可以促进知识的拓展和迁移，学生能够在思维导图引导下进行分析、比较、推断、综合等高级思维活动，达到了预期效果。

三、基于思维导图的教学运用

（一）基于思维导图的整本书阅读教学设计

统编教材普及应用之前，整本书的阅读都是放在课外的，要求学生利用课余的时间进行阅读。统编小学语文教材以教学内容和目标的形式，把整本书阅读纳入了课程体系，设置了“快乐读书吧”，把课外阅读课程化，使整本书阅读得到了空前的重视。“快乐读书吧”的出现让整本书阅读“顺理成章”地成了单元课文主题的延伸阅读，但是在实际的教学中也存在很多的限制。其一，学生是不是真正有兴趣去阅读这些书，很大程度上取决于教师能不能激发学生阅读的兴趣；其二，整本书阅读与一般的篇章阅读不同，内容多，时间长，章节之间联系复杂，如果阅读过程中，教师的管理和活动设计不精细，很有可能导致学生的阅读兴趣不能持久；其三，课时的限制很难保证整本书阅读成为系统的课堂学习，往往是蜻蜓点水走过场。为了真正体现整本书阅读的有效性，教师需要思考如何用教学策略和教学方法，让学生成为一本书“较专业的读者”。

案例 7-1 《西游记》阅读思维导图设计

1. 预读阶段：热身起劲，激发兴趣。

预读阶段就是学生在读整本书之前需要的一个“热身活动”，也是我们常说的阅读导读课，因为整本书阅读的时间比较长，如果没有充分的预热和兴趣的激发，学生很有可能读着读着就中途放弃。因此在预读阶段，教师重点要激发学生的阅读兴趣，制订阅读计划。

教学片段一：

《西游记》是学生耳熟能详的故事，大部分学生看过动画片或是看过电视剧，对其中的人物和故事情节都非常熟悉，但是《西游记》这本书属于四大名著之一，里面都是古代白话文，与我们现在的文字表述还是有很大差别的，虽然在第二单元中已经学过名著阅读方法，但是如果让学生自主去阅读有100章的书籍，还是有很大难度的。因此，导读课的设计显得尤为重要。

一般的导读课，教师往往是介绍封面信息，介绍目录，让学生对整本书有大概的了解，然后选取其中的几个片段激发学生的兴趣。但是《西游记》中的故事，学生都耳熟能详了，怎么让学生有兴趣去看原著呢？在上课前，我就提出这样一个问题："如果孙悟空有微信群，应该有哪些群?"让学生分组讨论，学生乍听这一问题都有些疑惑，但后来都非常积极地讨论，最后有的说有"花果山相亲一家人群"，因为孙悟空的老家是在花果山；有的说有"天官打杂群"，因为孙悟空曾经在天庭当过弼马温；有的说"菩提老祖师门群"，这是孙悟空拜师学艺的地方；当然还有"西天取经群"，就是师徒四人；有人还提出有"佛门群"，因为最终孙悟空成了斗战胜佛……一个简单的问题就用现代的方式帮助学生分清主要人物和次要人物，还很有趣，把学生脑海中已有的关于《西游记》的内容都调动起来了。然后我再让学生读一读目录，学生们会发现名著的目录都是以"回"来表示的，每一回的题目都用了非常简练的语言把主要内容概括出来，学生们根据每一回的题目就能推测这一回讲了什么内容，这也是四大名著的共性。因此我让学生在读完目录后，用圆圈圈出孙悟空的名称，然后完成时间轴。通过《西游记》时间轴思维导图(见图7-18)，发现孙悟空在不同时期因为不同的经历，会有不同的叫法，从而让学生对孙悟空的经历有了大致的了解，也知道哪几回是在讲一个内容。在这样的基础上，我再用山形图来让学生对故事的情节进行分析。

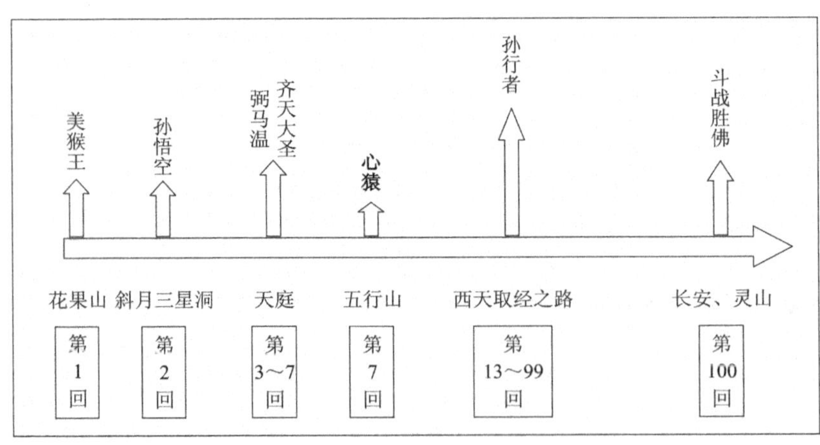

图7-18 《西游记》时间轴思维导图

2.通读阶段:走进文本,把握重要信息。

在通读阶段,学生可以按照自己的兴趣阅读整本书。在这个阶段,教师可以通过活动设计引导学生多次走进文本。在《西游记》整本书阅读的过程中,我设计了阅读打卡记录表引导学生记录和监控自己整本书阅读的节奏与时间。同时我还设计一些选择题帮助学生记忆阅读中的关键点,理解整本书的内容。整本书阅读所需要的时间比较长,如果没有工具辅助记忆,学生可能会遗忘相关内容。在本阶段的后期,我还设计了有趣的活动带领学生多次走进同一文本,以巩固理解。比如我设计了一张孙悟空的人物介绍图,要求学生根据文本中的内容来完成。

教学片段二:

在图7-19中,有的信息学生不看书就知道,比如别称、作者、兵器等,但是有的信息学生一看到就觉得很新奇,孙悟空的年龄和身高书中真的有提到吗?于是师生就一起再次走进文本去寻找答案。在第二回中,孙悟空去找混世魔王算账时,魔王笑道:“你身不满四尺,年不过三旬……”在明代,1市尺大约为32厘米,也就是说,孙悟空在当时身高约等于1.3米,跟小孩子一样高。学生一看,乐了,孙悟空原来这么矮。又如在《西游记》中,你知道孙悟空多少岁了吗?其实有1053岁了,怎么来的?在第三回中,孙悟空被勾魂鬼带去地府中,他看到生死簿中自己的寿命是342岁。之后,孙悟空当了半个多月的弼马温,当了半年多的齐天大圣,按照天上一天,地上一年的算法,就需要加上15再加上182,在书中第八回有写到,孙悟空被如来佛祖镇压了500年才等到唐僧救他,在100回中有写到取经之路经历了14年,当孙悟空完成任务受封成佛时是1053岁。这样一看一算,孙悟空的年龄就知道了,学生跟着老师找完后才恍然大悟,原来书中有这么多的细节值得自己反复去读,去推敲。

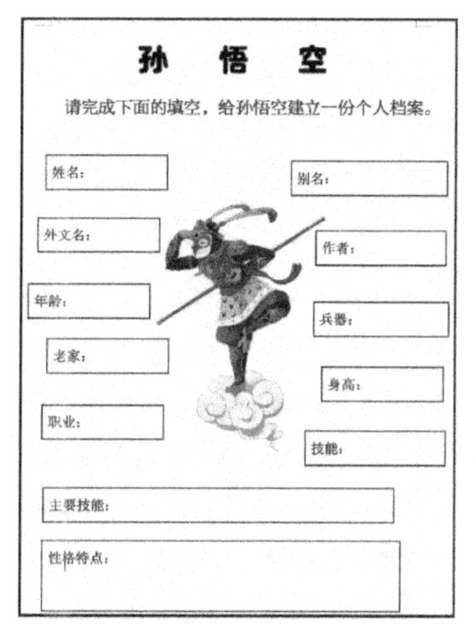

图7-19 《西游记》信息图

3.研读阶段:深度解读文本。

研读阶段是指在学生完成通读之后,教师有针对性地组织教学活动解决阅读中的问题,推进学生深度阅读,也就是我们常说的推进课。在研读阶段，教师所设计的阅读活动，应“隐藏”一定的阅读策略的学习，最大限度地开发整本书教学性资源，让学生在阅读活动中逐步构建阅读策略。《西游记》这本书可以教学的点很多，这里就以孙悟空人物性格的变化为主，用思维导图来帮助学生分析。孙悟空由猴到佛，经历了很多磨难，在经历这些磨难的过程中，他的性格也一直在发生变化，所以在通读阶段填写孙悟空的性格时，学生其实写得都比较片面，在当时不做分析，在推进课中再来解读。

教学片段三：

在课前，我就已经在山形图中标出了孙悟空性格发生变化的几个关键事件，让学生先自己想想这些事件中孙悟空的性格变化，然后在课堂上进行小组 PK，在交流中，每个小组在每个关键事件中都能说很多自己的理解。最终从山形图中，学生们不难发现，孙悟空在前半阶段的性格是叛逆、狂妄自大的，属于猴子的野性比较多，经历了三次出走，变得重情重义，开始像人了，最后不断成熟，成功护送唐僧取得真经，成为“斗战胜佛”。可以说“三次出走”至关重要。

于是我就和全班学生一起分析交流高潮部分“孙悟空三次出走”对他性格的影响。因为学生在阅读整本书时往往是比较粗枝大叶的，不如教师自己有针对性地读，所以在分析时，教师可以提供文本，让学生谈体会。比如“第一次被逐”在第 14 回，“第二次被逐”在第 27 回，“第三次被逐”在第 57 回，通过文本分析，推断孙悟空性格特点。以下是选择第二次被逐后，书中对孙悟空言行的摘要及简单的性格分析。如果时间充裕的话，每次被逐就是一个课时，教师和学生可以通过充分地阅读，来了解孙悟空的性格特点(见图 7-20)。

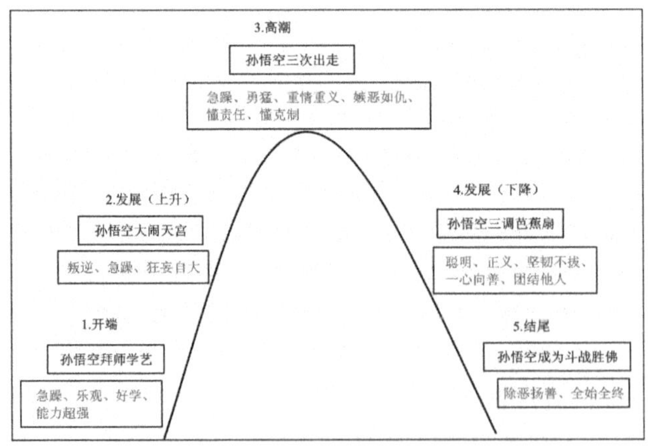

图 7-20 《西游记》故事情节思维导图

（本案例由嵊泗县黄龙小学傅培培老师提供）

2022年，新的语文课程标准出台，整本书阅读的教学一定会更加引起教师和学生的重视。好的思维导图能让学生以一定的阅读目的反复“走进”一本书，用研究性的学习方式进行重读，帮助学生进行思考，进而进行深度阅读。用好思维导图，让整本书阅读体现真正的价值。

（二）思维导图在小学中高段数学复习课中的应用

复习课是小学课堂教学的重要课型之一，在小学数学教学中占有重要的地位，它对全面提高学生素质有着重要的作用，对学生系统学好数学、发展思维能力是极为重要的，同时，在教师弥补教学中的缺欠、提高教学质量的过程中也是不可缺少的重要环节之一。通过整理与复习，原来分散学习的知识得以梳理，由数学的知识点串成知识线，由知识线构成知识网，从而帮助学生完善头脑中的数学认知结构，增进持久记忆。因此，做好小学数学期末复习，提高复习效率尤其显得重要。

1. 复习课的现状

(1)单纯地疏通知识点。

一些教师在上复习课时往往过分强调疏通知识点，只强调知识技巧的掌握，而忽视了整理与复习是一个疏通知识的过程，不像探究新知那样充满挑战的乐趣，“冷饭重炒”势必造成学习过程索然无味，使学生学习动力不足。

(2)上成了练习课。

一些教师在教学中总是将练习层层递进，密度不断加大，角度依次变换，难度随之增加。一堂课下来教师很辛苦，学生很痛苦，事倍功半。时间久了，学生缺少学习成功的体验，对数学也就失去了兴趣。

(3)课堂教学要求单一，造成学生满足度失衡。

许多教师在上总复习课时，担心最多的是：“这一章的知识点有没有遗漏什么?”却很少考虑“这节课主要针对哪部分学生？应采取什么措施满足其余的学生?”以至于一堂课常常会出现学优生觉得内容简单不爱听，学困生觉得内容难听不懂，这样课堂中大部分学生提不起精神来，课堂最终陷于沉闷而成为少数人的课堂。

(4)课堂教学过于重视解题技巧，阻碍了学生的思维发展。

数学复习课上成解题技巧课，主要是因为远离了学生的生活，教师就题论题，学生天天听各种解题的方法和技巧，教师过度发挥了主导作用，很少照顾到学生会怎么想，会怎么说，会怎么做。不是沿着学生的思路去分析问题、解决问题，而是把学生引入自己的思路中，很少引导学生思考与题目有关的知识网络。

如何突破传统教学思想和框架的束缚，让数学复习课焕发活力，是一项重要的研究课题。思维导图的引入使数学复习课教学有了一种新的可能性。

2. 思维导图在复习课中的实践应用

(1)课时复习思维导图。

课时复习思维导图是指在学完某一课时内容之后,运用思维导图对该课的知识内容进行归纳和整理。它的优势是可以准确清晰、快速及时地整理新授内容,突出课时的重点、难点,形成某一小块知识点体系,提高学习效率。在进行课时思维导图绘制时,要先引导学生通过多种形式再现新授内容,然后借助思维导图将其梳理成简单的知识网络。

案例 7-2 "旋转"课时复习中的思维导图设计

例如,学完"旋转"第一课时后,引导学生快速回忆解决问题的方法,当堂画出思维导图。绘制完思维导图后,教师引导学生及时进行交流,查漏补缺,完善自己的思维导图,沟通旋转的三要素以及旋转之后的异同,使之条理化、系统化,帮助学生建立起良好的认知结构(见图 7-21)。

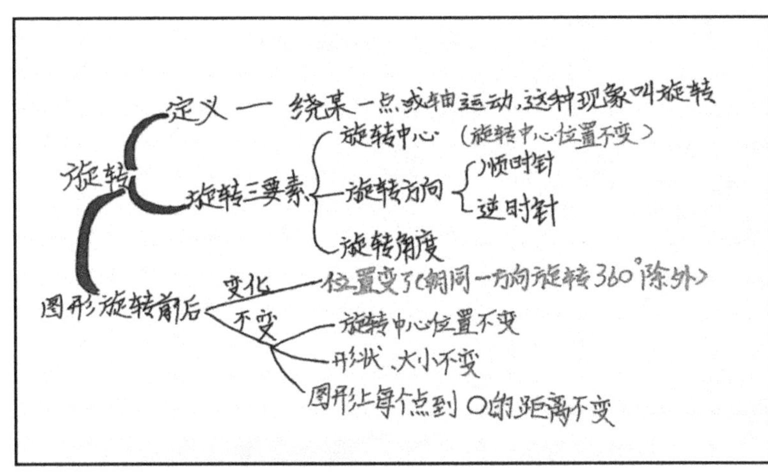

图 7-21 课时复习思维导图

(本案例由嵊泗县黄龙小学沈吉锋老师提供)

(2)单元复习思维导图。

单元复习思维导图是指在学完某个单元之后,运用思维导图对单元内容进行归纳和整理。它的优势是可以呈现单元知识间的内在联系,加强对本单元内容的整体认识,帮助学生形成清晰的知识框架。利用思维导图进行单元整理的方式主要有两个:一是单元课题做分支;二是单元归类整理。

①单元课题做分支。绘制时可以单元名称作为中心主题,利用单元中的课

题名称做思维导图的一级分支，再以每一课题中的具体内容为二级、三级分支。

案例 7-3 “比例”单元体系呈现中的思维导图设计

例如，在数学六年级下册“比例”单元复习中，学生以课题做分支，自己独立整理、绘制出思维导图，思维导图清晰地呈现了该单元的所有知识内容。

（本案例由嵊泗县黄龙小学沈吉锋老师提供）

②单元归类整理。绘制思维导图时不以单元课题作为分支，而是把单元知识内容根据逻辑关系进行整合，归类整理、重组分支。

案例 7-4 “运算定律”单元重点知识梳理中的思维导图设计

例如学完“运算定律”这一单元后，根据复习课的主题以及重要知识点之间的内在联系，教师设计了以下问题来引导学生对该单元内容进行梳理：先整体看，这个单元有哪些内容？五大定律、两大性质分别指的是什么？再部分看，哪些知识可以合并？哪些可以单列？最后思考，怎样完整简洁地表示本单元知识？通过这一系列的问题，唤起学生对本单元知识内容的记忆，使其依次罗列出主要内容。接着根据相关概念间的区别和联系进行整合，找准这些知识的关键词“交换律”“结合律”“分配律”“运算性质”“思想方法”，将其作为一级分支。然后画二级分支，如交换律，可分为加法交换律和乘法交换律，运算性质可分为减法运算性质和除法运算性质等，最后学生形成如图 7-22 所示的思维导图。

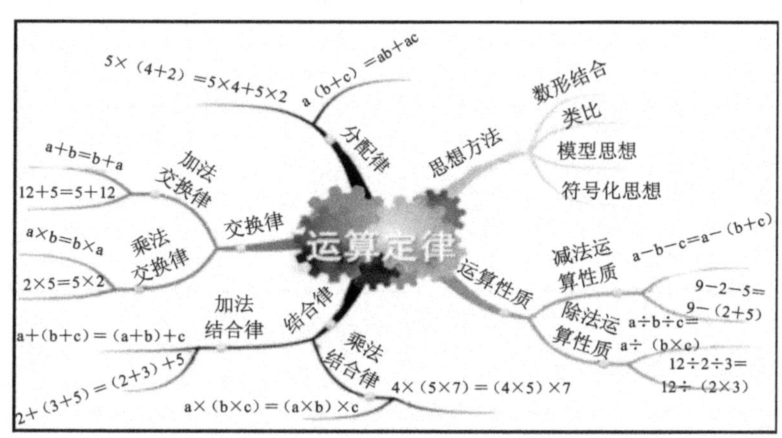

图 7-22 单元复习思维导图

（本案例由嵊泗县黄龙小学沈吉锋老师提供）

无论是哪种方式的单元复习思维导图，学生独立梳理、绘制后，教师都要及时引导学生进行全班交流，对个人的课时复习思维导图进行修正和完善，形成良好的单元知识网络。

(3)整册复习思维导图。

整册复习思维导图是指在学完某一册内容之后，运用思维导图对整册内容进行归纳和整理。它的优势是让头脑中零散的、杂乱的整册知识，通过分类、沟通、梳理，点成线、线成片、片成块，形成一个立体的知识网络体系。一般来说，在整册复习时，首先让学生在课前自主整理本册的内容，绘制成思维导图。课上，通过小组交流、全班交流，发现自己绘制的思维导图的优点和不足。在这个过程中，教师要迅速找准学生的思维障碍点，进行恰当的引导和点拨，使复习更加有针对性和实效性，真正做到因“图”施教。课后，学生进一步修改完善自己的思维导图，实施第二次创造优化，形成更为合理、更为完整的认知网络。例如，学完数学六年级下册，学生梳理的思维导图主要有两种：图 7-23 是学生按照整册单元内容去画，将单元名称作为一级分支；图 7-24 则是学生按照整册书中的五大领域去画。两种方式各有优点，教师应当在都进行表扬的前提下，引导学生去区分两种方法的异同点，做到融会贯通。

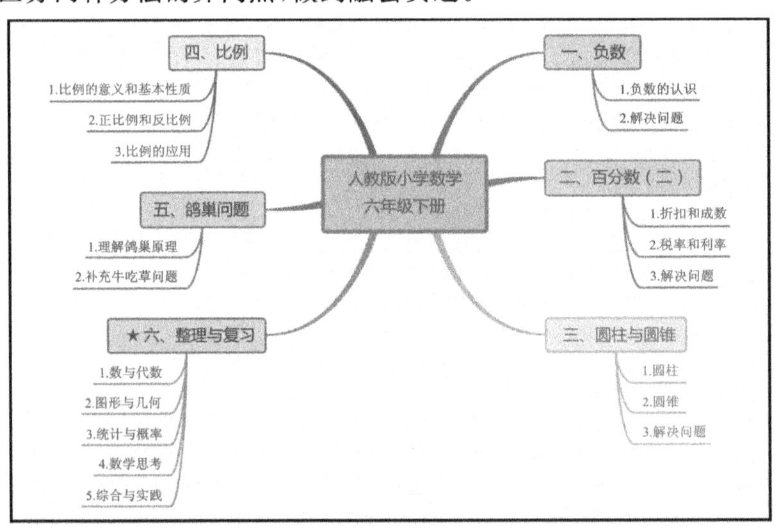

图 7-23　整册复习思维导图(一)

(4)领域复习思维导图。

领域复习思维导图是指在学完某领域内容之后，运用思维导图对领域内容进行归纳和整理。它的优势是通过专题复习将相同类型的数学知识归类，在整理的过程中发掘其相通的数学本质和思想方法，通过举一反三，沟通知识系统。例如复习图形的面积时，引导学生对学过的长方形、正方形、平行四边形、三角

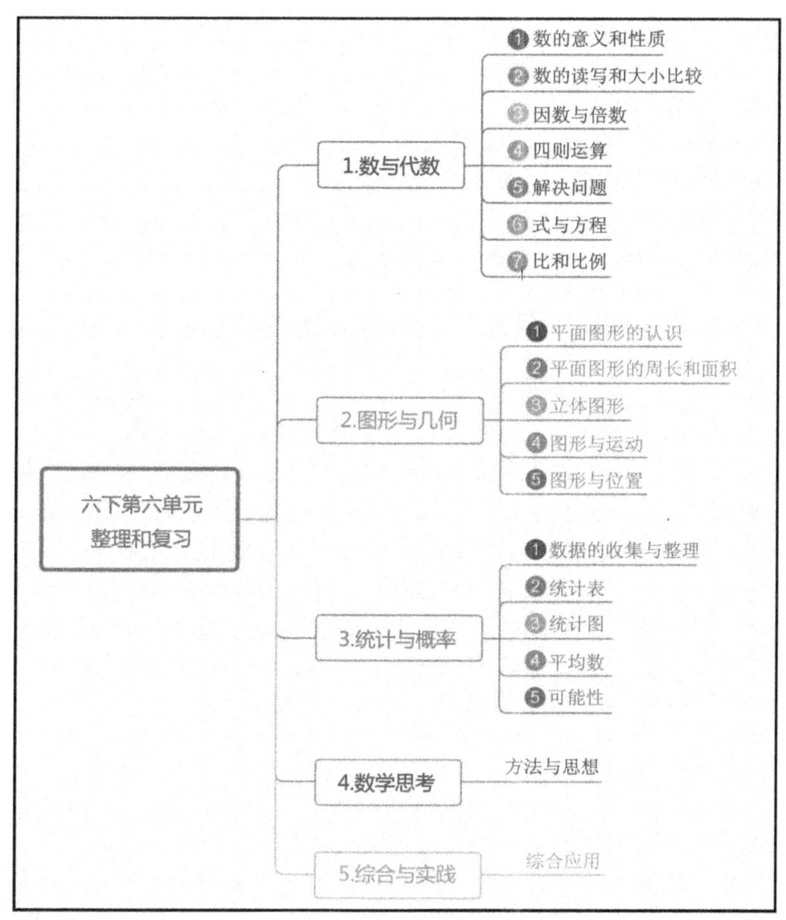

图 7-24 整册复习思维导图(二)

形、梯形及圆的面积推导过程,以及它们之间的联系进行梳理,将这些知识连成知识网络,将数学知识系统化。

案例 7-5 “总复习”领域知识结构中的思维导图设计

再如数学六年级下册总复习分为“数与代数”“图形与几何”“统计与概率”“数学思考”“综合与实践”五个领域,每一个领域又划分成几个板块,如“数与代数”领域分为“数的认识”“数的运算”“式与方程”“比和比例”。教学时,可以借助思维导图按照这些领域分专题进行复习,将分散的内容连成线、组成块、织成网,优化学生的知识结构。

(本案例由嵊泗县黄龙小学沈吉锋老师提供)

应该说,无论是课时复习思维导图,还是单元、整册、领域的复习思维导图,都要在整理、提升和完善上下功夫，复习时可采用“三步教学法”。第一步，教师将思维导图的画法教给学生，指导学生利用思维导图对知识点进行归类总结；第二步，给学生充分的时间和空间，放手让学生主动探索，厘清知识点之间的内在联系，建立起系统的知识体系，并发挥自己的创造能力，绘制出思维导图；第三步，以图为据，汇报交流时，教师适时地点拨提升，进一步引导学生厘清知识之间纵向和横向的内在联系，将“点”连成“片”，促进学生对数学知识进行系统的、深度的把握，进而修正自己的思维导图。

（三）小学英语单元主题意义下思维导图深度的设计运用

思维导图可以应用于学科的某一课时教学，或是单元的整体设计教学或复习。在每个单元学习过程中，教师与学生有意识地从可视化角度审视单元学习主题和内容，提炼有意义和价值的研究主题，共同挖掘驱动性问题。以英语六年级上册第二单元为例，单元主要设计的内容是“交通规则”，结合五年级下册学过的“Keep to the right. / Keep to the left.”，围绕中国交通规则和不同国家间交通规则差异展开探究性学习。学生本身对此话题比较感兴趣，对中西方交通规则的异同充满好奇，以小组为单位的学习方式，使得该单元学习更加丰富有趣。

案例 7-6　“Traffic”单元主题教学中的思维导图设计

1. 任务提出。

如何用思维导图简要全方位地呈现中国的交通规则以及中国与英国等国家之间的交通规则异同？首先，明确本单元学习与思维导图设计运用有机融合，主张各小组成员通过一定时长的小组合作，解决单元主题下真实世界中复杂的、具有挑战性的问题，或完成一项源自真实世界经验且需要深度思考的任务，小组成员通过新旧知识经验间反复的、双向的相互作用而构建，精细分工，积极合作完成。然后将组员随机与数字或字母匹配，组长根据组员特长和能力分配任务，可以有重轻、难易之分，但不可养“闲人”或旁观者，必须人人参与。从厘清交通规则知识、区分中国及其他国家交通规则的异同，到讨论设计思维导图、画图、充实导图内容，组长厘清项目推进的过程和顺序，分工合理，进度有序，展评有效，避免“为设计而设计”。以“交通知识”为主题的思维导图的设计与分工见表 7-1。

表 7-1　思维导图设计与分工

<table>
<tr><td rowspan="2">×××小组</td><td>×××
信息整理、文字誊写</td><td>×××
设计到图、分类分块</td></tr>
<tr><td>☆×××
整体把控、分配工作</td><td>×××
语言交流展示、评价</td></tr>
</table>

2. 制订设计任务。

在完成学习任务的过程中，学生能够结合所学内容和课外知识发挥想象力和创造力，通过小组合作收集资料和信息，根据所得资源信息设计不同风格的思维导图，通过小组合作学习，将整个单元的核心及难点提炼出来，相互探讨形成共识，以备产出形式、内容与成效有机融合的思维导图(见表 7-2)。

表 7-2 思维导图设计任务书

<table>
<tr><td colspan="6">×××小组思维导图设计任务书</td></tr>
<tr><td>名称</td><td colspan="3">六年级上册第二单元思维导图设计</td><td>持续时间</td><td>2 周</td></tr>
<tr><td>主题</td><td>Traffic rules</td><td>年级</td><td>六年级</td><td>小组成员</td><td>××× ×××
××× ×××</td></tr>
<tr><td>任务概述</td><td colspan="5">学生在分组讨论过程中，依据主题，参考教材内容、搜集课外知识，尝试完成既美观又实用的思维导图</td></tr>
<tr><td>驱动问题</td><td colspan="5">如何制作 traffic rules 主题的思维导图？</td></tr>
<tr><td rowspan="3">任务内容</td><td colspan="2">Vehicle
交通工具</td><td colspan="2">Traffic lights
交通灯</td><td>Traffic signs
交通标志</td></tr>
<tr><td colspan="2">Traffic rules
交通规则</td><td colspan="2">Same rules between China and England
中英相同交通规则</td><td>Different rules between China and England
中英不同交通规则</td></tr>
<tr><td colspan="5">List out the countries people drive, ride or walk on the right or left side of the road. Especially introduce Hong Kong. Because of the special history the traffic rules are different from other cites in China. 罗列人们在左行道或右行道开车、骑自行车、走路的国家。特别要介绍中国香港的交通规则，因为历史原因，它的交通规则与中国其他城市不一样</td></tr>
<tr><td rowspan="2">合作方式</td><td>小组</td><td colspan="2">聚合小组，讨论给出方案</td><td colspan="2" rowspan="3">展示层面
☑班级 □学校
□网络 □社区</td></tr>
<tr><td>个人</td><td colspan="2">积极参与任务、活动的过程</td></tr>
<tr><td>需要资源</td><td colspan="3">课本、电脑、有关书籍、绘图相关材料</td></tr>
</table>

3. 开展主题研究。

本案例选择了 PEP 教材六年级上册第二单元“Ways to go to school”作为此次导图设计的实施单元，旨在培养学生的互相合作和分析能力，并且拓展他们的视野，使他们了解语言背后的文化内涵。在整个单元学习过程中，每课时都会分成课前、课中、课后三个阶段，在每个实施阶段，教师都引导学生按照每课时的学习任务进行小组活动，并实时为学生答疑解惑。学生使用各种资源和多媒体完成指定的学习任务，单元学习结束后利用课本中已有的以及课外拓展内容对信息加以提炼和整合。各小组共同探讨，如单元主题中哪些内容值得思维可视？以怎样的形式呈现思维导图？思维导图的语言支架功能如何更好地体现，它承载怎样的语用平台？组员间达成这样的共识：由中国交通规则出发去关联其他各国交通规则的异同，然后从大到小说说嵊泗最新的交通法规“People on E-bike must wear the helmets. / People in car couldn't make phone calls. / Cars to the zebra crossing must let the people go first...”。各小组在讨论制作过程中，有共通点，也有自己不同的想法和主张，因为单元思维导图任务的存在，由此倒逼组内的每一位学生在每个阶段主动参与学习和讨论，学习目标达成，为思维导图制作做足准备。

4. 思维导图作品展示。

在所有学习任务中，学生对本次套图设计有较大兴趣，因为这些主题情境关乎学生的真实生活，正确掌握有助于他们文明出行，可最大限度地减少去英国、澳大利亚、新西兰、日本、中国香港等地可能会产生的尴尬，具有很强的实用性。学生在思维导图设计中加入了自己的理解和主张，他们认为不同国家不同的交通规则形成国家地域文化差异，由此可以用丰富多样的图形和简洁的文字形成思维导图，呈现各自的自我认知，随后学生在分享交流中利用思维导图表达自己对不同交通规则的认知。小组思维导图作品如图 7-25 所示。

图 7-25 单元主题下的思维导图设计

5. 思维导图成果评估。

学生在单元学习过程中的思维导图设计需要一份多元化评价表来评估其在完成学习任务过程中的学习情况和收获，这份评价表贯穿课前预习、课堂交流、思维导图制作展示三个阶段，以此鞭策激励每一位学生成为学习的主人。本设计活动采用形成性评价和总结性评价相结合的方式，采用1～5颗星的计分方式，首先是学生进行自评，然后是组内互评、组间互评，最后是教师对表现突出的小组进行评价(见表7-3)。

表7-3 思维导图任务评价表

任务评价表				
评价形式	评价目标	评价内容	个人评价	组内评价
组内互评	情感态度	能积极认真参与思维导图设计，并对小组有贡献	☆☆☆☆☆	☆☆☆☆☆
		能与组员相互合作，并在组员有困难的时候提供帮助	☆☆☆☆☆	☆☆☆☆☆
	学习策略	能运用多媒体和网络，对所需资料进行收集、筛选，并在组内讨论、整合	☆☆☆☆☆	☆☆☆☆☆
		能参与组内的各项合作活动，并参与完成组内的作品和成果	☆☆☆☆☆	☆☆☆☆☆
组间互评	语言运用	能用英语介绍中国的交通规则	☆☆☆☆☆	☆☆☆☆☆
		能用英语表达中英两国的交通规则异同	☆☆☆☆☆	☆☆☆☆☆
	作品呈现	制作本单元思维导图	☆☆☆☆☆	☆☆☆☆☆
		拍摄交通出行实况并用英语做出正确判断、提供建议。能根据真实场景写一篇小短文(说说正确的交通规则及对违规行为或什么场合该怎么做的建议)	☆☆☆☆☆	☆☆☆☆☆

(本案例由嵊泗县黄龙小学徐迪熙老师提供)

(四)思维导图在美术教学中的运用

1. 运用思维导图激发学生的学习兴趣

兴趣是学生学习的动力源泉,兴趣是提高学生学习美术积极性的基础,小学生的美术学习特点是以具体的直观的形象为主,缺乏抽象的思维,所以教师在设计思维导图时如果能配以有趣的、直观的、生动的元素(包括色彩和图画)给学生以良好的美感,则可提高他们的学习积极性。

案例 7-7 "百草集"板书呈美激趣中的思维导图设计

在五年级上册"百草集"教学中我教学生进行植物写生,主题为"草药",在设计思维导图时,我将板书以盆栽植物生长的形式进行呈现,并巧妙安排(见图 7-26)。板书生动、视觉直观又贴合主题,这就在一定程度上把学生的注意力吸引过来,有利于激发学生对美术绘画知识学习的兴趣和积极性,为他们学好本课知识打下了很好的基础。

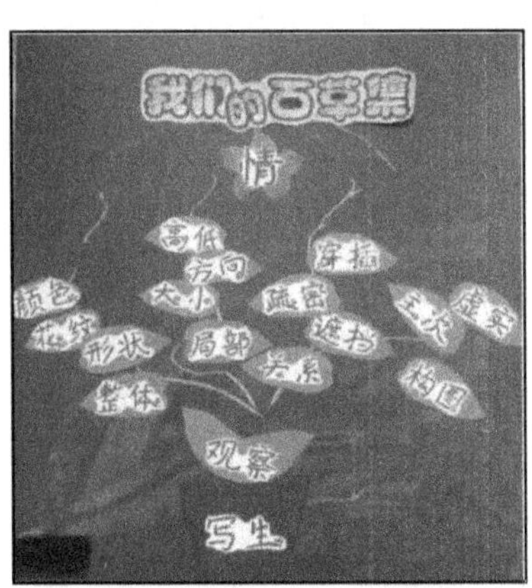

图 7-26 "百草集"思维导图板书

2. 运用思维导图培养学生的美术思维能力

思维导图的有效运用不仅可以激发学生的学习兴趣,它在启迪学生的美术思维方面也起到了一定的作用。思维导图本身具有发散性思维的特点,能使学生的思维摆脱传统的模式并转化为"网状思维",帮助学生在学习的过程中形成有效探索。这就极大提高了学生思考能力、美术思维能力。

案例 7-8 "虫虫大聚会"合作探究学习中的思维导图设计

以小学美术四年级下册"虫虫大聚会"为例，考虑到这一课的内容是让学生学习一些立体纸工的制作方法，相对简单，我要求学生以小组为单位合作制作思维导图，并根据自己制作的思维导图进行自主学习(见图 7-27)。有的小组探讨"这节课要掌握的内容：学习立体昆虫的制作方法、不同的表现技法"。我设计的思维导图要增加一个小板块"立体昆虫的制作小诀窍"，这样在学习昆虫制作的时候就可以一目了然；有的小组探讨认为"思维导图要围绕教学重点，这节课的重点内容是学习立体昆虫的制作方法、不同的表现技法，制作纸的昆虫。在设计时要围绕这些，组里的某某同学设计的内容有些繁杂了，可以进行适当简化"。学生们都很积极地进行小组合作探讨，设计符合他们学习情况的思维导图并进行自主手工制作。我又提出相对应的要求："能根据思维导图的提示来展示一下你们小组的制作过程吗?"学生们通过小组合作探讨，有的用圆柱制作昆虫，有的用方形制作昆虫，有的用图形组合制作昆虫，作品种类丰富多样。在设计美术思维导图的过程中，学生把所学的知识进行归纳总结，在小组合作运用思维导图作品展示过程中，学生的小组合作能力、交流能力以及美术思维能力都得到了很好的提升和发展。

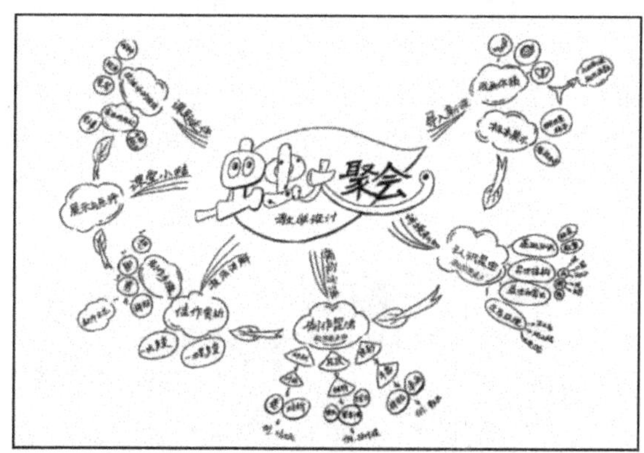

图 7-27 "虫虫大聚会"思维导图设计

3. 运用思维导图提高学生学习美术知识的效率

(1)课上：帮助学生整理知识要点。

一节课的时间仅有 40 分钟，是十分有限的。要在一节课的时间内就消化掉所有的重难点，掌握该课要掌握的美术技巧，对于美术学习能力强的学生来说比较容易，但对于美术学习能力相对较差的学生来说存在一定的难度。以往的教学模式都是教师根据自己的备课情况按部就班上课:介绍“这节课要掌握的内容有……技巧有……要掌握的重难点是……”,以及采用“教师示范—学生练习—教师指导—学生再练习”的模式去完成教学任务。存在的弊端是一方面比较费时费力,另一方面不利于学生的技巧的掌握。对于技巧性较多的美术内容更甚。思维导图的有效运用可以有效解决美术课学习效率低下的问题。一方面改善学生的信息处理及记忆方式,另一方面教师可以根据教学内容及教学重难点再结合学生的实际情况设计思维导图,帮助学生整理知识要点,提高学习效率。简单地说,思维导图可以把整节课的要点综合起来,形成系统化的知识网络。

案例 7-9　“飞天”“彩墨游戏”知识要点梳理中的思维导图设计

以小学美术五年级上册“飞天”这一课为例,我在设计思维导图时,就设计了以下几个板块:学生要掌握的教学重点、学生要掌握的教学难点、学生要学会的技巧、学生要掌握的知识、学生的学习心得、学生的思考。然后根据思维导图引导学生开展欣赏评述活动,在思维导图的引导下学生一目了然,了解本课要掌握的知识要点,包括飞天艺术的造型特点、飞天背后的文化理解(见图 7-28)。这就在很大程度上节约了教师的教学时间和学生的学习时间,也有效提高了学生学习美术知识的效率。再以小学美术三年级“彩墨游戏”为例,学生在学习彩墨画的调色技巧时配以多媒体技术、教师的讲解以及思维导图,很快就能掌握彩墨画的调色技巧,不需要教师花费过多的时间去示范、指导,学生在思维导图的帮助下也多了很多时间自主摸索、自主探索、自主体会、自主掌握其中的学习技巧,从而提高学习的效率。因此,思维导图在美术教学过程中的有效应用,可以帮助学生提高学习美术知识的效率。

图 7-28　“飞天”思维导图设计

(2)课后:提高学生的练习效率。

美术是一门操作性强的学科,技巧的巩固离不开平日的练习。及时的练习是巩固所学知识的有效途径。

案例 7-10 “汉字的创意与设计”练习巩固中的思维导图设计

以往的“汉字的创意与设计”教学中一提到练习,教师通常只会简单地布置任务:“今晚回去练习这节课学过的知识技巧,并模仿老师,交一个作品上来。”有一些学生对于课堂学过的知识技巧马上就遗忘了,不知道怎么画,不知道怎么剪。有一些学生对于课堂的知识还没完全消化,这就极大地影响了练习的效率。思维导图可以把课堂中学习的重难点及相关的知识要点进行梳理总结,学生在思维导图的引导下再“练习”一次课堂所学的技巧知识,此外思维导图利于保存,当学生下次要进行练习时可以拿来看,回顾所学知识内容,提高练习的效率(见图 7-29)。

图 7-29 课后归纳型思维导图设计

(本案例由嵊泗县黄龙小学周书宇老师提供)

综合上述,思维导图不光在语文、数学等主流学科的教学中有重要的作用,它在美术教学中也起到重要的作用。它的有效应用,不管是在教师的教还是在学生的学方面都起到了很好的作用。一方面它减轻了教师的教学负担,另一方面它可以突出教学重难点,帮助学生梳理美术知识要点,形成系统的知识网络体系,引导学生有效记忆,它不仅可以激发学生的学习兴趣,也可以提高学生的美术思维能力，还可以提高学生在课堂上的学习效率和练习效率，可以说它是小学美术课堂上不可缺少的“教学工具”。

全面实施“思维导图”这一教学技术，可以把隐藏在知识后面的思维路径、思维结构呈现出来。学科思维导图已渐渐融入每一位教师的学习和生活中。学生学习用思维导图、教师教学研教用思维导图、校园活动用思维导图，每班所在楼层展示着师生的思维导图作品，一幅幅形式各异的思维导图形成了一道独特的校园文化风景线。利用学科思维导图，系统归纳思维。在学习过程中，教师引导学生通过“独立思考”或“思维共振”的方式来归纳一课、一单元、一学期的内容，把零乱的知识进行巧妙梳理，学生按自己的方式进行逻辑生成、整理建构，形成学科知识网络。学生还用思维导图画出分析思路、解题思维步骤，生成问题解决策略模型。利用学科思维导图，实施个体教学。学生通过“小组（或班级）分享”展示个性的思维方式，取长补短。教师指导学生运用思维导图进行反思学习，明确知识之间的联系，加深对知识的深度把握。教师可以通过学生思维导图，及时发现每个学生的知识结构、学习进展和内心思维活动的情况，更好地关注各层次学生的成长。“思维可视化”教学策略实现了“记忆图像化”“知识结构化”“解题模型化”，能很好地抓住教学重难点，提升学生的学习力。

第二节　数据诊断助力思维教学精准化

21 世纪以来，教育信息化潮流势不可当，科技领域的重大突破正在深刻影响着人类的生产、生活和学习方式。教育信息化的发展带来了教育形式和学习方式的重大变革。基于《教育信息化 2.0 行动计划》《浙江省教育信息化“十四五”发展规划》等文件精神要求，学校开展以大数据和人工智能技术为主的信息技术与课堂教学实践的深度融合和创新研究，正成为提升教育质量的新增长点。

2021 年 7 月，国务院颁发了《关于进一步减轻义务教育阶段学生作业负担和校外培训负担的意见》，其中一个关键任务是全面压减作业总量和时长，减轻学生过重作业负担。因此“双减”政策下，如何赋能教师减负提质，成为一个重要课题。面对日新月异、浩瀚无边的知识，哪些该教，哪些不用教？有用的、核心的知识又该如何教？如何举一反三实现知识的迁移？有了教育信息化的加持之后，如何基于教学实际、基于数据，重构课堂教学结构、重构教学组织形式？学校探索信息技术支撑下的“以学生为主体”的智慧课堂学习样态已经迫在眉睫。

一、基于大数据平台的教学诊断

2017 年《浙江省教育事业发展“十三五”规划》就提出了“技术支撑和引领教

育现代化”“促进信息技术与教育教学的深度融合，推动教育变革和创新”的理念和行动。嵊泗县从 2017 年至 2021 年相继引进“全通学业评估诊断系统”、科大讯飞的“智学网”和北京四中的“爱学云”平台，已经完全具备了开展基于数据的精准教学实践的硬件保障。在当前推进“深度学习”以及县域“学在思维”品牌建设的背景下，以初中学校为试点进行“大数据精准教学实践”，开展技术赋能的智慧课堂的相关教学实践研究。

大数据平台是一套基础教育学业采集与学情跟踪反馈系统，可以采集教师教与学生学的全过程数据，包括课堂、作业、考试等。在大数据平台中通过数学统计、机器学习、数据精挖掘等手段，可以对每次测试进行数据统计分析，对教师的日常数据进行处理，并对学生的学情进行跟踪，能够高效准确地诊断学生的知识漏洞，自动生成学生的成绩报表，全面细致地分析学生的知识水平、学业状况及存在的问题，形成班级整体性和学生个体化的过程评价。根据大数据平台反馈的学生学习规律、特点以及知识掌握结果等方面的数据，立足于学生个性化学习特点和学习过程中出现的各种问题，为学科教师提供精准的诊断和分析，针对性地采取相应的干预措施，不断优化后续的教学活动；同时也能根据学生的学习特点，为学科教师实施精准教学、个性化教学，为学生推送最合适的学习资源与学习路径，让学生进行有针对性的学习，减少无效的学习与做题时间，提升学习效率，实现个性学习。基于大数据的学业诊断功能，有望突破中小学学科质量壁垒。

二、基于数据诊断的精准教学

(一)确立基于数据诊断的教改维度

1. 数据改进教学

教师利用大数据平台进行真实全面的数据采集、精准科学的数据分析，重视过关分析，强化记录，快速获得每个学生的过关情况，各学科进行“大数据下教学分析诊断评价与矫正”课例研究，以“研题导学”的方式提升试卷分析课的诊断纠正效能，为教师精准施教和反思课堂提供有力的保障。

2. 实现精准推送

教师通过精准研究考试各项数据，紧扣课程标准，进行精准的试题问题诊断，形成个性化错题集，设计分层作业，实现精准推送，契合学生个性化差异和多样化需求。从大数据中收集学生的群体性和个体性错误，根据学生的不同问题进行统计分析，紧密结合学生分层要求，依据项目评价要求，探索数据驱动下的试卷分析课范式。

3. 变革学教方式

教师利用大数据平台，将互联网与学科教学有机融合，提升教师信息化教学素养，建构试卷分析课的精准教学范式，变革教与学的方式。各教研组紧紧围绕大数据精准教学开展研讨，将“课前预测，课中实测，课后再测”的落实作为主题进行研讨，基于学科特点确定三测的内容和形式，对学生的学习情况进行有效预估，适时调整教学过程，利于精准施策、科学提质，特别是测试后的反馈的利用分析，课堂上的时间分配、学生移动终端的操作以及学生的分层等，最后形成本学科的精准教学范式。

4. 开展实证教研

结合各类测试考试数据分析，各教研组开展基于数据的课例研究，基于前测的问题研究方法结合课堂教学的要求进行教学设计和课堂教学展示，并进行基于多维度的观课研讨，大数据课例，为各学科试卷分析课教学设计提供了全新的分层思路，针对不同的学生层次设计精准的复习内容，并实施精准训练，为学科组提供了经验，让教师们对“大数据下的精准试卷分析课”有了准确的认识，并形成试卷分析课的教学范式。

（二）开展基于数据的教学设计

教学设计是根据课程标准的要求和教学对象的特点，将教学中的各个要素有序排列，确定合适教学方案的设想和计划。一般包括教学目标、教学重难点、教学方法、教学步骤与时间分配等。在以往的教学设计中，教师更多的是从经验出发，重难点以及教学时间一般是根据课程要求进行安排的，很少考虑学生的实际需求，这显然是不妥的。

教学只有聚焦学生的原有认识以及学生亟待解决的问题，才是有效的，才能实现知识的建构。随着技术的发展，我们可以采用技术手段很方便地进行数据的采集，可以通过课前的大数据分析，或者通过对已学内容的数据反馈，确定精准的教学目标。课堂中任务的开展，紧紧围绕学生存在的问题解决需求设置教学任务，并思考教学任务的设置是否能解决学生已有的问题？

（三）实施基于数据诊断的精准教学

现行的课堂教学基本是建立在教师经验基础上的。教师经验主要来自教师自己的教学经历，以及其他教师的教学案例。教师基于经验对教学进行预设，进而在课堂上付诸实践。而真正高效的学习是需要满足学生学习需求的，只有在课堂上聚焦学生的问题，才能给学生带来最大的获得感，才能真正实现轻负高质。

如何才能精准地了解学生在学习中出现的问题,并将问题转化为课堂教学资源?在现有的技术背景下,可以采用多种形式进行。如在课堂教学之前,可以采用各类调查系统以及各层次的课前检测,收集所需的各类数据进行分析,服务于课堂教学;在课堂教学中,可以采用视频录制、图像识别、即时反馈系统等获取课堂教学中学生学习的数据信息,精准地反馈学生在学习中的问题,及时分析并解决问题。在这样的背景下,课堂教学管理和教学策略就悄然发生了变化,教师的教学行为、评价方式,学生的学习方式也将发生变化。

依据智学网大数据分析,促进教师对试卷分析课的课型进行研究。我们将试卷分析课与专题复习课进行有机整合,充分利用大数据平台的学生的问题数据、试卷分析课的重点流程和专题复习课的"一课一得",建立了大数据下试卷分析课的课堂教学模型(见图 7-30)。

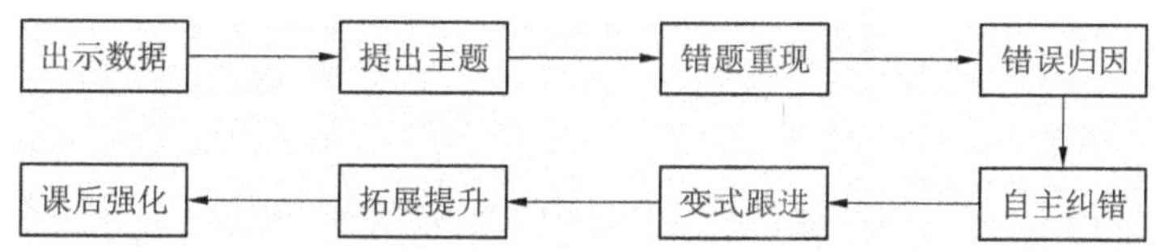

图 7-30 大数据下试卷分析课的课堂教学模型

在此基础上,将试卷分析课教学根据不同的知识板块进行不同要求的设计,形成行之有效的大数据下试卷分析课的各类型课堂教学设计模型:

1. 单元专题式试卷分析课

单元专题式试卷分析课设计要体现对试题进行知识归纳,利用变式进行知识补缺,利用知识拓展进行问题深化,章节分析要归、变、拓。对于章节测试的试卷分析课,在大数据平台的数据分析支持下,还原试卷分析课的试题分析流程,以错题重现、错误归因、自主纠错、变式跟进、拓展提升的五步分析法进行问题重组。

案例 7-11 基于前测的单元专题式试卷分析课的教学设计

1. 错题呈现,数据分析。

定义:$\triangle ABC$ 的三个内角 $\angle A$,$\angle B$,$\angle C$($\angle A<\angle B<\angle C$)若满足 $\angle C-\angle B=\angle B-\angle A$,则称该三角形为"角等差三角形"。

(1)若 $\angle A=40^\circ$,$\angle B=50^\circ$,请判断并说明 $\triangle ABC$ 是否为"角等差三角形"。

(2)在"角等差三角形"ABC 中,$\angle A<\angle B<\angle C$,求 $\angle B$ 的度数。

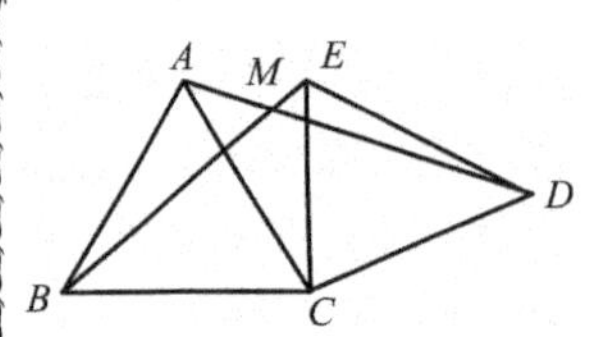

图 7-31 △ABC、△CDE 和 △ABM 图示

(3)如图 7-31 所示，$\triangle ABC$ 与 $\triangle CDE$ 都是等边三角形，连接 AD,BE，记交点为 M。

求证：$\triangle ABM$ 是“角等差三角形”。

分析：本题是本学期初二数学“全等三角形”复习前测的最后一题。在本次测试中，我所教的两个班级的三个小题的得分情况见表 7-4、表 7-5。

表 7-4 题目得分率

题号	分值	得分率
5	10 分	56.79%
5(1)	3 分	89.29%
5(2)	3 分	61.90%
5(3)	4 分	28.57%

表 7-5 第三小题各得分人数及占比

类别	人数	占比
得 4 分	6 人	10.91%
得 3 分	5 人	9.10%
得 2 分	3 人	5.44%
得 1 分	1 人	1.82%
得 0 分	40 人	72.73%
总计	55 人	100%

通过以上数据发现，对于第三小题问题中关于旋转全等的问题，学生的错误率很高，有 72.73% 的学生没有思路，只有 10.91% 的学生完全掌握；结合平时的作业、过关训练和单元检测，发现对于三角形全等的模型化的问题，学生也只是停留在具体三角形全等问题的规范证明上，远没有掌握归类与模型建设。

2. 归因分析，初现模型。

教师：请同学们认真观察图形，本题的图形有什么典型且重要的特征？

学生观察、思考：两个具有公共顶点的相同的多边形，在绕着公共顶点旋转的过程中，产生伴随的全等三角形，这样的图形称作共点旋转模型；也可以形象地称为“手拉手”模型。

教师就下列图形特征分析共点旋转模型，让学生了解共点旋转图形。

尝试：如图 7-32 所示，$\triangle ABC$ 与 $\triangle CDE$ 是等边三角形，点 B,C,D 在同一直线上，BE 与 AC 交于 M，AD 与 EC 交于 N.

(1)证明：$\triangle BCE \cong \triangle ACD$；

(2)图中的全等三角形还有？

(3)若点 B,C,D 不在同一直线上，请画出相应的图形。

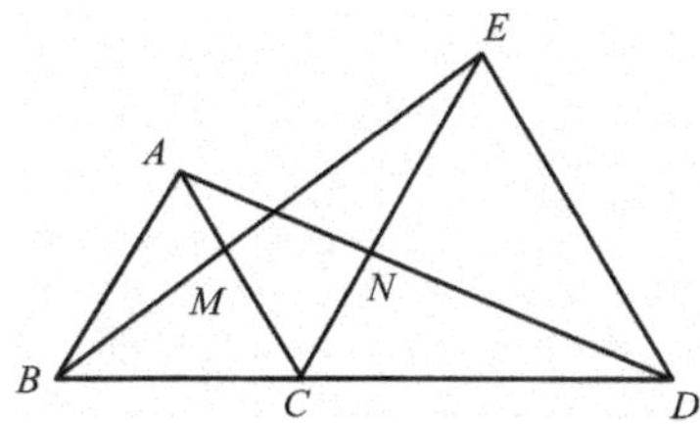

图7-32 △ABC、△CDE、△BCE、△ACD 图示

学生根据(1)得到的全等三角形推理得出两组三角形全等的条件并进行证明。并说明证明依据是(ASA)。然后教师巡视，发现大部分学生已经完成，最后让学生利用实物投影进行展示分析，加深学生对共点旋转全等的图形的认识。

3. 发现特征，归纳方法。

【迁移】小明研究一道数学题：如图 7-33 所示，等边$\triangle ABC$ 内有一点 D，将 CD 绕着点 C 逆时针旋转 60°而得到 CE，连接 AE、AD、DE、DB。

(1) $\triangle CDE$ 是____________三角形. 若 $BD=6$，$AD=8$，$CD=10$，$\triangle AED$ 是____________三角形。

(2)小明又将等边三角形改为等腰直角三角形，重新探究这道题：

如图 7-34 所示，$\triangle ABC$ 中，$\angle ACB=90°$，$AC=BC$，点 D 在$\triangle ABC$ 内部，将 CD 绕着点 C 逆时针旋转 90°，得到 CE，连接 AE、AD、DE、DB。

若 $CD=a$，$BD=b$，$AD=$____________，那么$\angle AED=90°$。

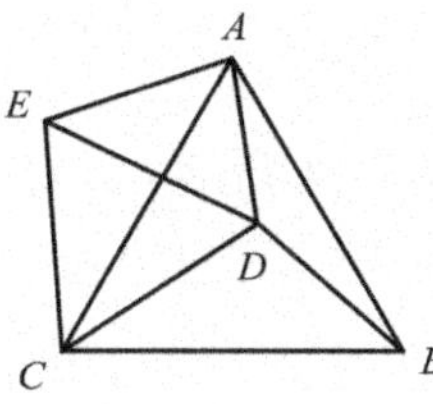

图 7-33 △ABC 为等边三角形

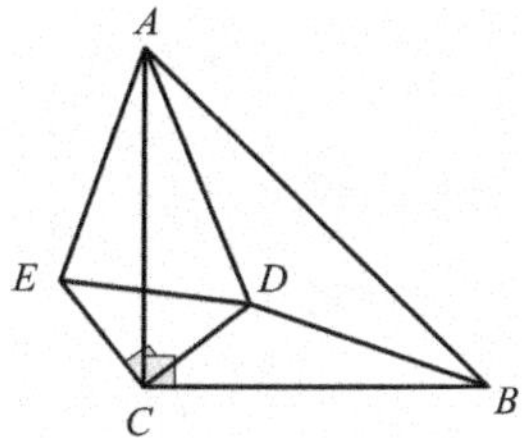

图 7-34 △ABC 为等腰直角三角形

教师和学生一起完成第(2)小题，教师进行归纳，如何发现几何问题是共点旋转全等模型?

图形必须满足以下三个条件中的两个:(1)图形中存在一个或两个相同的图形(如都是等边三角形、等腰直角三角形、正方形或其他形状相同的图形);(2)从两个图形的公共顶点进行旋转;(3)产生一对共顶点的全等三角形。

遇到这样的几何图形，就可以用共点旋转全等模型进行问题解决。

4. 创造模型，拓展提升。

教师出示下列问题，请同学进行思考。

【应用】已知在四边形 $ABCD$ 中，点 E、F 分别是 BC、CD 边上的一点。

(1)如图 7-35 所示，当四边形 $ABCD$ 是正方形，且 $\angle EAF=45°$，则 EF、BE、DF 满足的数量关系是__________________，请说明理由;

(2)如图 7-36 所示，当 $AB=AD$，$\angle B=\angle D=90°$，$\angle EAF$ 是 $\angle BAD$ 的一半，问:(1)中的数量关系是否还存在?

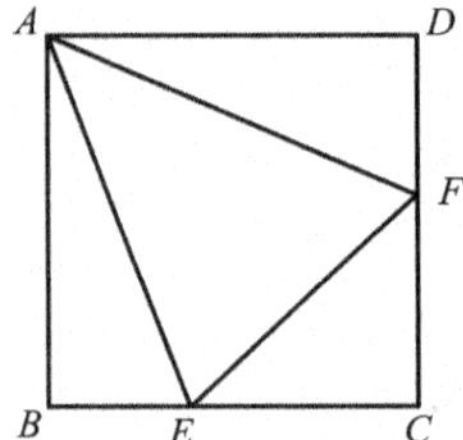

图 7-35　第(1)小题图示

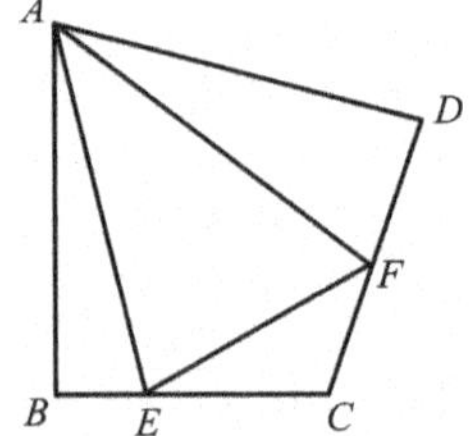

图 7-36　第(2)小题图示

学生看图思考、再审题，教师巡视指导后，进行课堂教学展示。

然后教师指导学生根据上一小题对问题(2)进行操作，创建共点旋转全等模型解决问题。而后进行方法的指导归纳:当图形中出现有公共端点的相等线段，可考虑将含有相等线段的图形绕公共端点旋转两相等线段的夹角后与另一相等线段重合。

5. 课后拓展，完善模型。

课后思考题:如图 7-37 所示，已知点 P 是等边三角形 $\triangle ABC$ 内一点，$PA=1$，$PB=2$，$PC=\sqrt{3}$，求 $\angle APB$ 的度数。

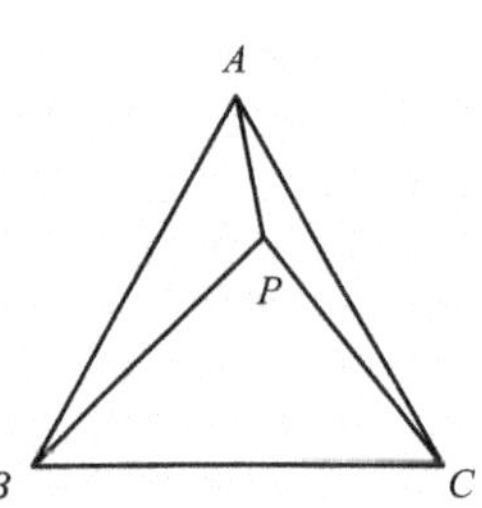

图 7-37　课后思考题图示

基于前测的数学专题复习课，我认为，要真正把握学生的认知缺陷或学习漏洞，需要搭建好暴露学生真实问题的展台，教师敏锐地捕捉到数学模型问题这一学生新的学习起点，有效精准地实施教学。学生的错误是一种难得的教学资源，其中可能蕴含着合理的成分或成功的起点，若草草否定或搁置重来，一是无视学生的劳动，挫伤学生的学习积极性；二是可能错失教学时机，浪费教学资源。

（本案例由嵊泗县海星中学孙燕芳老师提供）

2.阶段性诊断试卷分析课

此类试卷分析课重点突出知识错误，运用数学之间的知识联系来进行问题链的重组，利用变形进行强化巩固。其阶段性分析要突、联、变。在大数据平台的数据分析支持下，同样要还原试卷分析课的试题分析流程，但由于知识内容较多，故要突出重点知识错误，运用数学之间的知识联系来进行问题链的重组。基于大数据分析学业诊断的新试题分析方法和传统试题分析方法完全不同，它通过将传统课堂的定性浅知向新型课堂教学的定性深度转变，使教师能够更全面地分析学生具体面临的问题，而学生也能够更明确地认识自身的实际学情。

案例 7-12 基于大数据学业诊断的试卷分析与教学改进

一、分析数据，确定主题

运用大数据平台智学网对初一数学期中试卷进行阅卷，并通过智学网阅完的试卷诊断分析出期中考试班级的各项数据情况。

如图 7-38 所示，从平均分、优秀率、合格率、班级排名等维度，分析班级学生在本次考试中体现的学情总览。

如图 7-39 所示，通过智学网数据对试卷的难度、难度比例、合格率和区分度进行深度分析，并对班级学生在本次测验中表现的知识能力进行由表及里、由浅入深的分析。

年级平均分 69.4分	平均分	72.5分
	最高分	96分
	优秀率	33.3%
年级最高分 99分	合格率	79.2%
	班级排名	1/5

图 7-38 班级学情总览图

试卷共25题，主观题15道，分值占比70%，客观题10道，分值占30%；学科总分100分	难度	0.69
	难度比例	0∶4.6∶5.4
	合格率	79.2%
	区分度	0.51

图 7-39 试卷难易度总览

如图 7-40 所示，通过智学网高频错题的数据分析，发现第 18 题“数轴与无理数问题”和第 25 题“数轴上点的运动问题”的得分率很低，学生这方面的重点知识的掌握上存在较大疏漏。据此，备课组结合初一数学“数轴”的教学重点，确立了本节专题试卷分析课为“数轴上的动点移动问题”。

题号	题型	班级得分率	与年级差值
第 18 题	主观题	38.89%	6.85%
第 25 题	主观题	37.5%	-1.52%

图 7-40 高频错题

二、组织讨论，优化设计

通过数据分析研究和备课组的集体讨论，提出以“数轴上的动点移动问题”为主题，以数轴为问题背景，以数轴上的点的运动为问题变化，以帮助学生搭建问题解决的“思维脚手架”为教学方法，进行教学设计。我们确立如下的课堂教学设计：

(一)错题呈现，数据分析。

课堂重现错题：25. 如图(见图 7-41)，在数轴上 A 点表示数 a，B 点表示数 b，AB 表示 A 点和 B 点之间的距离，且 a、b 满足 $|a+60|+(b+2a)^2=0$

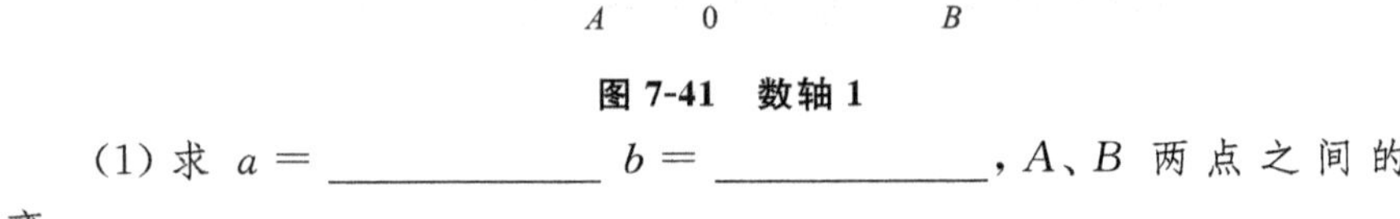

图 7-41 数轴 1

(1) 求 $a=$ ________ $b=$ ________，A、B 两点之间的距离________；

(2)现有一只电子蚂蚁 P 从点 A 出发，以每秒 3 个单位长度的速度向右运动，同时另一只电子蚂蚁 Q 从点 B 出发，以每秒 2 个单位长度的速度向左运动。

①设两只电子蚂蚁在数轴上的点 C 处相遇，求点 C 对应的数。

②经过多长时间，两只电子蚂蚁在数轴上相距 20 个单位长度。

教学目标：让学生发现自己的知识问题，让学生发现问题的严重性，引起学生对问题的重视，激发学生的学习动机。

(二)归因分析，问题拆解。

数轴架起了数与形之间的桥梁，将数形结合融入初一数学教学中，让学生感受数形结合。

问题1：点移动后的表示。

(1)数轴上将表示−2的点向右平移两个单位得到的数是多少？

(2)数轴上将表示−3的点平移两个单位得到的数是多少？

教学目标：教师通过让学生独立思考，师生交流学生对问题的解答，归纳总结点的移动问题的方法和移动的公式。

(3)在数轴上A表示的数为−2，现将A点以每秒2个单位长度向右平移，时间为t，回答下列问题：①当A点移动2秒时，A点移动________个单位长度，此时A点表示的数是________；②当A点向右移动t秒时，A点移动________个单位长度，此时A点表示的数是________。

教学说明：教师通过让学生独立思考，师生交流学生对问题的解答，归纳出点移动的长度就是路程、每秒移动的单位长度就是速度(v)，以及它们和时间(t)的基本关系。

问题2：点的距离公式。

(1)如图7-42所示，A点(　)与B点(　)的距离$AB=$________；A点与C(　)点的距离$AC=$________；

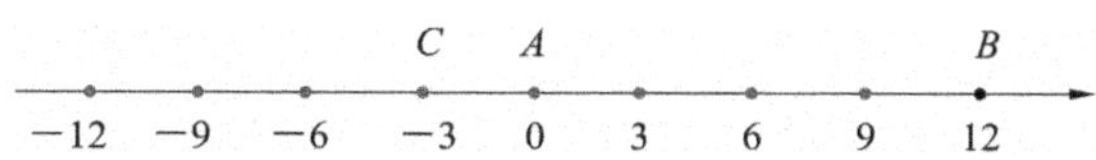

图7-42　数轴2

(2)设点A在数轴上表示的数为a，点B在数轴上表示的数为b，则A点与B点的距离是$AB=$________。

教学说明：通过学生独立思考、师生互动交流，共同努力总结归纳，得到距离公式：$AB=|a-b|$。

教师帮助学生搭起一个又一个“思维脚手架”。

(三)错题重现，自主纠错。

本环节教学目标：让学生重新审题、思考，利用已经搭起的“思维脚手架”，让答题错误的学生顺利完成自主纠错，引导学生将点移动后的距离与两点之间的距离的表示进行知识与方法的衔接；并让掌握程度较好的学生利用方程解决问题。

（四）变式跟进，拓展延伸。

本环节教师利用变式，将相遇问题变为追击问题，让学生进行课堂操练，提高知识的巩固程度。

变式1：如图7-43所示，A，B二点在数轴上，A表示的数是a，B表示的数是b，且$|a-12|+|b+6|=0$。

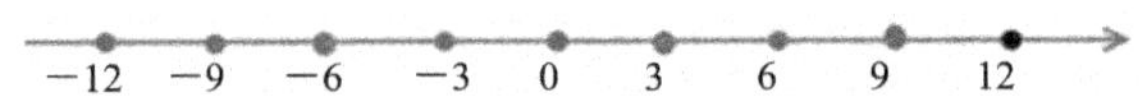

图7-43　数轴3

（1）求a，b的值并在数轴上标出A，B两点；

（2）A以每秒3个单位长度，B以每秒1个单位长度同时向左运动，求A追上B时C点表示的数。

（3）A以每秒3个单位长度，B以每秒1个单位长度同时向左运动，求什么时候A，B两点的距离为2？

教学目标：本题课堂表现主要是学生展示。在展示过程中，教师应关注学生，及时进行归纳补充。

拓展延伸：如图7-44所示，已知数轴上A在原点左边，到原点的距离为8个单位长度，B在原点右边，从A到B要经过20个单位长度。

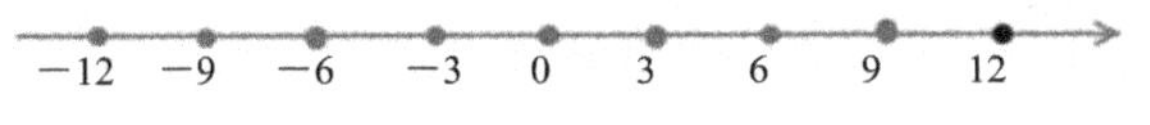

图7-44　数轴4

（1）求A，B两点对应的数；

（2）若$AC=BC$，求C对应的数；

（3）已知M从A点出发，速度为每秒1个单位长度，同时N从B向右出发，速度为每秒2个单位长度，若$NP=OP$，求$PO-AM$的值。

教学目标：在这个环节，教师将数轴中线段的中点问题和线段的加减渗透到课堂中，用算术方法和代数方法进行问题解决。这样，既可以对学生的思维进行提升，又为后续学生的学习打下一定的基础，将拓展和延伸做到一致。

教师结合试卷分析课这一合适的时机，在学生的问题情境中，帮助学生解决迫切的、急于解决的问题，使得搭建的“思维脚手架”实现了教师预设的效果。在学生百思不得其解又苦于找不到有效方法解决问题时，教师“该出手时就出手”。此时，学生会有一种如获至宝的感受，从而使得“思维脚手架”发挥真正的作用。

（本案例由嵊泗县海星中学王辉老师提供）

另外，还有如初三的综合性试卷分析课，此类试卷分析课在大数据平台的数据分析支持下，还原试卷分析课的试题分析流程，设计要点、联、拓，体现“一课一得”的思想，即对一个知识点进行展开，进行专题性的试卷分析，力争在复习阶段提高针对性的试卷分析效率；再比如对不同层次的学生进行不同的试卷分析课的设计，如学优生的“一课一得”专题试卷分析课、学困生“提分举措”式试卷分析课等。

大数据学业诊断初中数学试卷分析教学的改进，需要经过不断的实验，需要依据学生的反馈信息来加以论证，然后确认试题解析教学的实效性，从而确定更接近学生学情、符合本校思维课堂的新教学方法，最后完成测后学生反馈模式的定型，并以此推动本校的教育教学稳步前进。

（四）基于大数据的个性化作业推送

在数据化学习环境下，教师的作业设计将由经验型转向精准型，可以基于学生的预学习表现来设计内容，从而实现因学定教；教学方式也将从群体教学转向差异化教学以及个性化教学。而学生的学也将从集体授课转向个性化学习，基于数据分析挖掘学生个性优势，从而实现学生的多元智能发展。通过挖掘分析海量的学生群体数据及个体数据，教师既可以发现隐藏在教学背后的群体规律，还可以精准识别每位学生的学习需求与学习特征，从而实现全面而有个性的评价。

课前学生通过大数据平台学习完成对应的练习，数据库收集个体学习轨迹，分析数据功能，利用各种大数据技术形成可视化报告，通过数据分析诊断，教师评估学生的学习过程，发现学生在学习过程中存在的问题，引导学生对学习内容进行适应性修正，为学生初步建立基于考点的专题精准复习学案库、基于章节的课后精准训练题库，初步建立各层次的高频知识点的个性化的精准训练推送题库。

案例 7-13　基于数据分析的初中英语任务型阅读作业设计

任务型阅读是阅读理解题的一部分，它主要考查学生综合应用英语的能力，是一种读写结合题。结合近年来中考出题方式，题目主要包括还原短文型、表格梳理型和问题型（开放和半开放型），此类题主要考查学生推理判断、归纳、整合信息的能力。

通过对初一学生学习的跟踪以及对平板数据的分析，我发现还原短文型对学生的能力要求最高，也是学生失分最多的题型。以下是教师运用大数据平台对初一英语单元测试卷进行阅卷，并通过大数据试卷诊断分析出此题的得分情况，得分率呈现如图 7-45 所示。

题号	4-1	4-2	4-3	4-4	4-5
得分率	50%	42.31%	69.23%	61.54%	61.54%

图 7-45　初一英语单元测试卷得分情况

通过以上数据分析，我们发现此题的整体得分率很低，只有 2.8 分，究其原因，主要是学生缺少对篇章的整体理解能力，无法厘清句子间的逻辑关系，以及理解句意有困难。对于这类题，教师很有必要从起始阶段对学生进行解题策略的指导，同时教师应选择符合学生生活实际、内容生动且富有趣味的文本让学生不断进行操练。这也对教师的试题命制能力提出了更高的要求。在新课改形势下，初中英语中考坚持以考查学生的学科核心素养为目标，考查学生能否综合运用相关学科知识，在真实情境中提出问题、分析问题和解决问题。为实现上述目标，教师应明确命题理念，从知识立意、能力立意走向素养立意，同时关注学生思维生成。结合历年中考对语篇主题的选定，可以发现任务型阅读更倾向于"人与自我"主题，以下是我对此类试题改编的设计理念。

原题呈现：

Complete the following passage with the words or phrases in the box. Each can only be used once.

A. Results	B. outgoing	C. recently	D. take part in	E. wild
F. choices	G. go abroad	H. gently	I. offer	

Do you want to know what students think about the holidays in China? A newspaper ____________ did a survey among a group of students. In the survey, 68 percent of the students said that their parents were at work in the school holidays. 73 percent said that they were bored during the school holidays and 35 percent said they were happy to go back to school! The ____________ of the survey show that not everybody wants to have many holidays.

If you don't want to stay at home and get bored, go out and ____________ some interesting activities. A lot of schools organize various trips during the holidays, especially when they have a long holiday. You have many to make ____________.

Many schools take groups of students to some training centres. There, students can learn a lot from ____________ outdoor activities. For example, students learn how to make a camp in the forest. They also learn more about animals and plants. At the same time, they are taught how to find their way back to the centre.

In most town, some other centres ____________ students different courses, such as computer game design, film making and painting. Students can also ____________ for school trips. They can practice their foreign languages and experience everyday life in different cultures.

这个语篇的主题是人与自我——多彩、安全、有意义的学校生活。本篇开篇通过描写中国学生对于假期的看法引出话题，文本所传达的主题意义是鼓励学生在假期让自己的生活变得充实、有意义，可以选择研学旅行，在旅行的过程中学会生存技能，学会与人交往。文章结构清晰，为总分结构，第一段引出主题，2～4 段提供了不同的假期生活参考方案。研学旅行一直是近年来较为热门的话题，同时语篇主题意义积极向上，能激发学生学习的热情。教师可以通过研学旅行这个情境来引出话题，让学生更有代入感，同时提升教学的有效性。教师对语篇题目进行改编，以此符合中考试题命制要求，如下所示：

Read the passage and finish the exercise.

Do you want to know what students think about the holidays in China? (1)____________ In the survey, 68 percent of the students said that their parents were at work in the school holidays. 73 percent said that they were bored during the school holidays and 35 percent said they were happy to go back to school! The results of the survey show that not everybody wants to have many holidays.

If you don't want to stay at home and get bored, go out and take part in some interesting activities. A lot of schools organize various trips during the holidays, especially when they have a long holiday. You have many choices to make.

Many schools take groups of students to some training centres. (2) ____________ For example, students learn how to make a camp in the forest. They also learn more about animals and plants. At the same time, they are taught how to find their way back to the centre.

In most town, some other centres offer students different courses, such as computer game design, film making and painting. (3) ____________ They can practice their foreign languages and experience everyday life in different cultures.

Complete the passage with the proper sentences in the box.

A. What they can do as students is to communicate.
B. There, students can learn a lot from outdoor activities.
C. Students can also go to other countries for school trips.
D. A newspaper recently did a survey among a group of students.

假设你对学校组织的研学活动感兴趣，请在 www. HaixingStudy-tour. cn 的网页上留言，向 Henry 询问今年暑假研学的相关信息(如举办时间、地点或活动内容等)。请咨询一个问题，完成第 5 小题。

Henry, I'd like to enter your Study Tour. (2 分) ____________ (不超过 10 个单词)

1. Why did you open up a Study Tour?
2. When does the Study Tour start?
3. What will we do in the tour?
4. Where will the tour hold this summer?
5. Could you tell me when will it start?
6. Please tell me the price for this year.

设计理念：对于还原短文题型，教师应更多地关注学生对语篇的整体理解能力，引导学生对段落进行整体分析，厘清篇章结构，注重上下文的衔接以及语义连贯，同时培养学生的逻辑分析能力。半开放题型主要考查学生对篇章的归纳、概括、分析和评价的能力，开放题型更注重学生创造性思维的生成，需要学生在理解篇章主题意义的基础上，理论联系实际，将文本所传达的核心理念迁移到实际生活中，有助于学生形成迁移、创新的高阶思维能力。

(本案例由嵊泗县海星中学韩小丽老师提供)

同时，大数据平台还为学科教研提供了学校、班级、学生个体的多维度、发展性的评价分析数据，助推教师的教学由经验重复向数据实证的教研转型，打通校本教研的新路径。基于大数据下的个性化诊断，各教研组经过反复实践，基本形成了符合学校学情的大型考试的研训活动的基本流程(见图 7-46)：

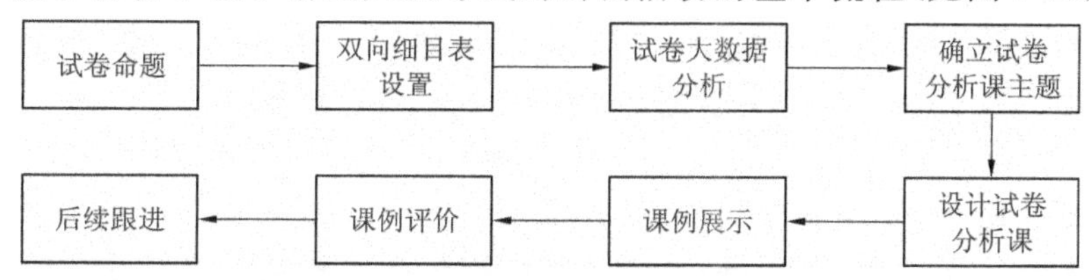

图 7-46　大型考试的研训活动的基本流程

(五)基于大数据平台的精准评价

我们结合"教学评一致性"的理念，还进行了大数据下精准教学的评价研究。利用智学网等系统对学生进行学习全过程动态、实时的诊断评价和反馈，对教师的评价也从传统的注重结果评价转变为动态过程评价，从主观评价转向数字化客观评价。学科教研组分别从数据精准研究、强化矫正目标、优化学法策略、教学环节设计四个维度，制订"基于精准教学的试卷讲评课观课表"，并将它运用于课堂评价中(见表 7-6)。

表 7-6　基于精准教学的试卷讲评课观课表

评价项目	评价指标	评析
数据精准研究(30 分)	数据采集精准，信息归类准确清晰	
	学情数据精准，激发学生的学习积极性	
	把握精准数据，有效调整教学重难点	
强化矫正目标(30 分)	(前测)练习设计基本关联本节课教学要点	
	问题跟进有效改善前测学情的设计	
	类比变式练习，有效提升学生掌握的设计效果	
	在原有基础上拓展练习的设计效果	
优化学法策略(30 分)	基于群体性错误的教学策略实施设计	
	基于个体错误的教学策略实施设计	
	生成性问题的预设	
教学环节设计(10 分)	体现精准数据分析的教学环节	
	体现试卷讲评课的基本教学环节	
评语：		

精准教学是大数据背景下教育领域的一大发展趋势，“基于数据诊断的精准教学”是嵊泗县深化义务教育课程改革行动研究重点项目之一，它在信息技术与教育教学的深度融合下，探索实施大数据背景下的精准教学与管理，致力研究大数据与试卷分析课及个性化作业的有效整合，利用大数据分析，为教师诊断教学提供依据，对学生的学习情况进行科学分析、诊断和评价，帮助师生在“双减”背景下实现因材施教与个性化学习，以此进行有效矫正。

“基于数据诊断的精准教学”是一个系统工程，不仅需要教育理念的转变、教学资源的构建、管理制度的变革，还需要教师、学生、家长的有效配合。通过大数据平台的分析报告，教师及时反馈，挖掘数据隐藏的教育价值，适时调整，最大限度地利用大数据进行精准教学，提高课堂效率，为学生选择最优的学习方法，更好地为学生的学习服务，让每一个学生都能学有所得，教师的教学管理向智能化、个性化转变，使课堂教学和学生学习轻松愉悦变成现实，真正实现精准教学。大数据在改变世界，也在改变教师的教学和管理。大数据的使用，帮助教师从经验教学走向精准教学，帮助学生从模糊学习走向精确定制，帮助学校从粗放管理走向高效管理。

第三节　多元交互助力思维课堂实证化

互联网、大数据正在引发教育的新革命，信息技术指导下的教育变革要求教师积极将新技术纳入课堂，课堂学习方式、评价方式也随之发生改变。课堂评价在大数据时代逐步转型，从口头反思性评价走向信息数字化精准评价，从基于经验的评价走向基于标准的评价，从单向研究性评价走向多元交互式评价。

我们一直在积极探索并充分发挥“互联网＋教育”在教育、教学中的重要作用，把信息化纳入学校未来发展的整体战略中，不断提升广大教师应用信息技术的意识和能力，逐步完成学校由数字校园到智慧校园的转变。近年来，引进南京师范大学数字化教育评价研究中心研发的“多元交互式”课堂观察平台，并在数学学科率先启动“多元交互式”课堂观察平台试点应用。从定量和定性两方面对小学数学课堂提问的相关信息进行统计、分析、诊断，查找主要问题，评估课堂提问行为的效果，进而提出针对性的改进策略。这种新的听评课形式，可以进行科学有效的课堂诊断，实现课堂教学质量评价多元化、精准化，能更有效地帮助教师矫正课堂教学的偏差行为，推进教、学、研、评一体化，促进教师专业成长，提升教师教学研究能力，从而提高教育教学质量。

一、基于“多元交互式”课堂观察的教学评价

(一)“多元交互式”课堂教学评价的内涵

“多元交互式”课堂教学评价是一个研究共同体开展有目的、有组织、有依据的评估活动,根据角色的差异,评估方式有所侧重,如专家诊断性评估、同行研究性评估、执教者反思性评估、学生习得性评估,从而形成多元主体相互协作、交互的良好氛围。它包括学生在内的观察者与执教者,依据标准与教学观察,对教与学的过程及成效进行交互共建的结构化价值判断系统。其中,“多元”指评价主体、目标、内容、方式是多样的;“交互”指评价者与评价对象、过程与结果、教与学之间的互动交往。其核心观点是“教—学—评”一体化,认为评价是镶嵌于教学体系中不可分割的部分,是多元主体之间相互学习、彼此促进、共同建构的过程。“多元交互式”教学评价的内涵如图 7-47 所示。

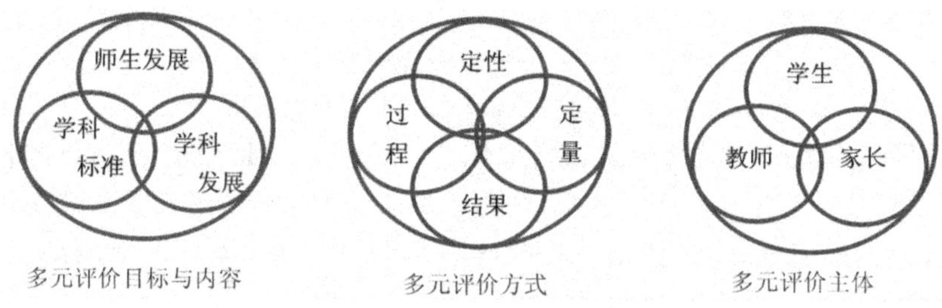

图 7-47 “多元交互式”教学评价的内涵

我们可以认为,教学评价实践活动就是围绕三大子系统而开展的多元化互动交往的过程,这是一个发展的过程,也是一个科学与人文相融的过程。

(二)“多元交互式”课堂观察的内容

1.评价体系

教师的课堂教学行为,既包含完成教学活动所必需的普适性的教师职业行为,还包括区别于其他学科的专业化的表达行为。从专业表达、媒体应用、课堂评价、课堂组织四大维度将课堂教学行为系统搭建成一个框架,如图 7-48 所示。

2.评价工具

“多元交互式”课堂观察平台是由南京师范大学朱雪梅教授团队设计的一个互联网工具,是指在“互联网+教育”的大背景下,依循“互联网+数据思维+课堂观察=科学的课堂教学评估”的理念,通过把互联网、云计算、数据分析等技术与教学评价结合起来,用具有说服力的数据实证评价代替传统印象评价的

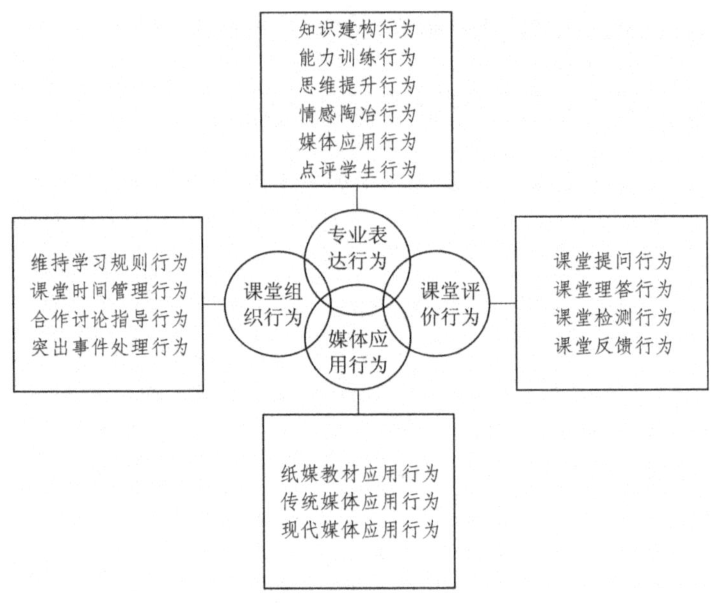

图 7-48 课堂观察教学行为评价体系构成

方式,使课堂教学观察更加数字化、标准化、专业化。可预设、可调节的各类特定化观察量表,利用移动终端在听课过程中采集“教”与“学”的表现性数据信息,通过后台处理后,为评估结论提供客观的量化证据,实现科学的课堂诊断,以达到校正偏差性教学行为的目的。

3. 功能维度

目前,“多元交互式”课堂观察从几个维度进行,主要是“师生交往行为、课堂提问行为、专业表达行为、媒体应用行为”,用教师的教学行为提升课堂效率,其框架如图 7-49 所示。

教师教学行为观察:实现媒体应用行为、师生交往行为、课堂提问行为和各学科的专业表达行为的观察。每一种行为的观察,都有一套标准体系与之对应。每一类观察项目均利用 Echart 图表组件将获取的观察信息处理为可视化图形。

教学过程实录:用文字记录课堂教学的真实过程与观察者的基本意见,可以提供图片、课件等附件支持。

学生学习行为观察:可以根据学生座位组织形式的不同,分为“秧田形”和“围桌形”,由多名观察者分组观察每个学生个体的学习行为,然后由后台进行数据分析合成整个班级的观察结果;也可以从学习情感、学习思维、学习能力、学习方式、学习效果五个维度对全班学习质量进行综合性评价。

交互研讨论坛:通过网络社区实现在线讨论交流,使课堂评价的空间得到延伸。

执教者反思:执教者提交课后的反思心得,并做出自我定量化判断。

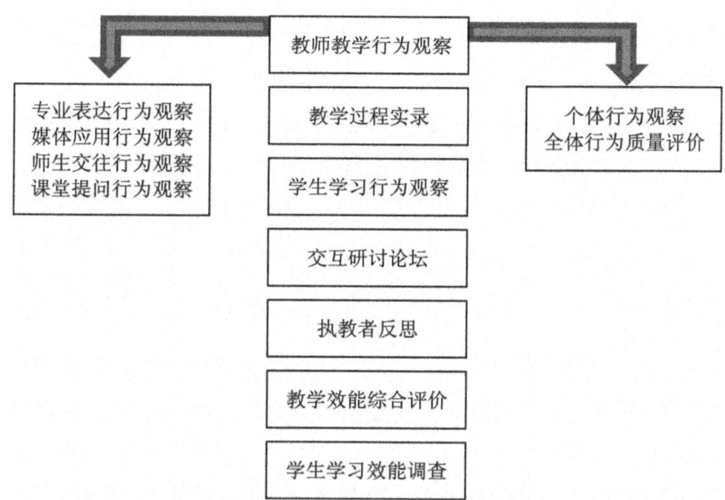

图 7-49 “多元交互式”课堂观察功能维度

教学效能综合评价：预设教师教学、学生学习的双主体量化分值评价指标及标准，汇总生成综合评分与评估报告。

学生学习效能调查：系统可以注册学生信息，可以在现场或课后参与“学生参与评价的学习效能调查表”任务，对教学效果进行调研。

4. 平台特点

(1)移动终端操作替代传统纸笔操作。

“多元交互式”课堂观察引领每一位听课教师带着任务进课堂，带着问题去观课，教师们从最初的纸笔听课转变为使用移动终端，只要携带一部下载了课堂观察 App 的手机即可。从传统、主观、经验式的听评课模式，转化为数字化、标准化、可测量的课堂观察模式，教师们对教学行为指标的解读逐渐清晰，并记录到真实有效的数据。

(2)内置各维度行为标准观察量表。

“多元交互式”课堂观察平台关注的课堂教学评价指标相对更加全面、更加精细、更加专业化，有多个一级指标，每个一级指标下又有多个二级指标、三级指标或观察点，同时对每个观察点有具体的指标含义及界定标准。

(3)自动分析收录数据生成统计图表。

在听课过程中，参与听课教师根据指标对授课教师的教学行为及学生的课堂表现及时进行数据收录，进行定性和定量的评价，然后提交保存后大数据后台根据采纳的数据及时生成图表。

(4)诊断、评价课堂教学行为。

对课堂的观察不只是为了获得数据，更重要的是探讨数据、解释数据，解释这些数据对教师专业成长和学生学习的意义。运用这些数据发现教学的不足和学生学习过程中存在的问题，剖析问题根源，从而改进教师的教学行为。

5. 应用价值

(1)通过课堂观察 App，教师尝试改变课堂提问的方式，明确实施有效课堂提问的策略，激发学生学习的动力，促进师生之间的有效互动。

(2)通过平台数据分析教师的教学行为，进行科学有效的课堂诊断，实现课堂教学质量评价多元化、精准化，能更有效地帮助教师矫正课堂教学的偏差行为，推进教、学、研、评一体化，促进教师专业成长，提升教师教学研究能力，从而提高教育教学质量。

(3)通过运用交互式课堂观察平台，推动教师对课堂教学行为的评价逐步从质性分析向质性分析与量化分析相结合的方向转变，并能及时对课堂教学进行持续性的改进。

(4)通过运用交互式课堂观察平台，促进教师更新教学理念，提高教材处理的能力和信息技术应用水平，提升课堂教学的执教能力，优化课堂结构，从而提高课堂效率。

案例 7-14　人教版四年级上册“平均数”

1. 课前确定观察任务。

在应用“多元交互式”课堂观察平台之前，先由两个教研组组长确定观课维度、分配观察任务，并登录系统平台做好相应的任务设置(见图 7-50)。执教教师提前一天把相关材料发给每一位观课教师，便于观课教师熟悉教学内容、教学流程等，充分做好观课前期的准备。

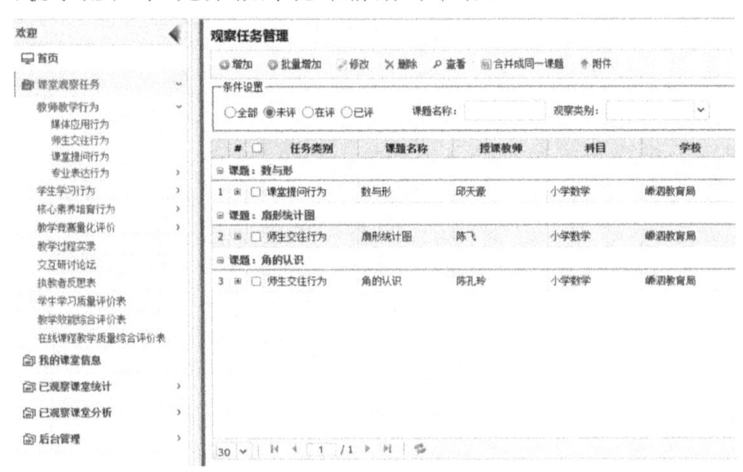

图 7-50　平台任务设置

2. 开展课例观察。

观课教师根据量表中的各项指标认真听课、及时记录，主要记录各级指标的行为次数、突出行为，然后对执教教师的行为效果做出等级评判(A、B、C、D等级)，在提交保存后系统会进行后台计算、图形化处理，自动生成观察项总体评价效果柱状图、观察项次数比重饼状图等图表。观课量表、柱状图、饼状图的三合一数据呈现模式，为评课、析课提供了客观量化数据，观课教师从定性、定量两方面进行客观、准确的课堂评价，撰写观课结论。开展课例观察路径如图7-51所示。

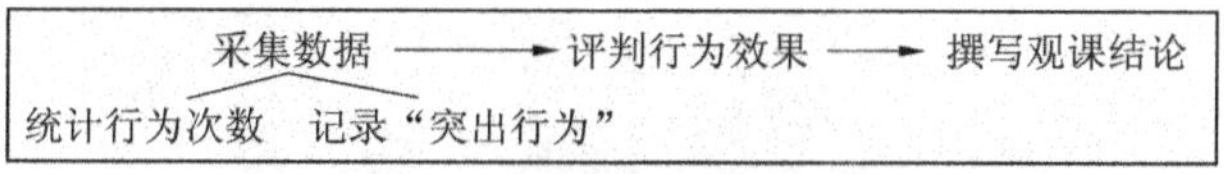

采集数据 ——→ 评判行为效果 ——→ 撰写观课结论

统计行为次数　记录“突出行为”

图 7-51　开展课例观察路径

3. 多角度分析数据，评价课堂教学行为。

我们运用这些数据发现教学的不足和学生学习过程中存在的问题，找出教学问题产生的主要原因，剖析问题根源，制订切实可行的实施性建议方案，从而改进教师的教学行为。以人教版数学四年级上册“平均数”为例，采用录课诊断的方式，以“多元交互式”课堂观察为手段，从定量和定性两个维度入手分析教师专业行为表达的现状，查找教学中存在的偏差行为，进行归因分析，提出矫正措施。“平均数”观察项总体评价效果柱状图和“平均数”观察项从数比重饼状图分别如图7-52、图7-53所示。

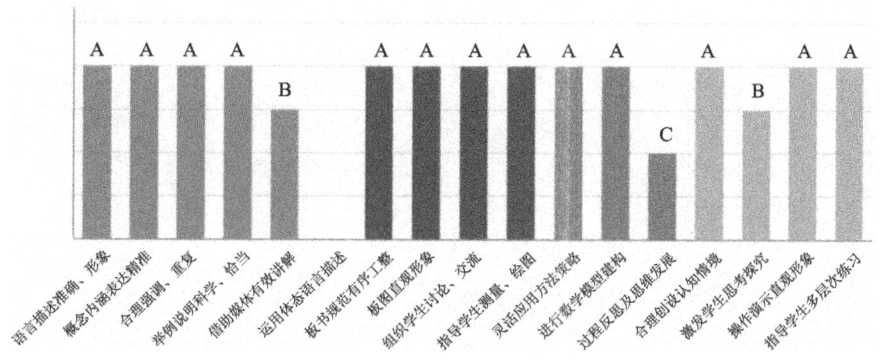

图 7-52　“平均数”观察项总体评价效果柱状图

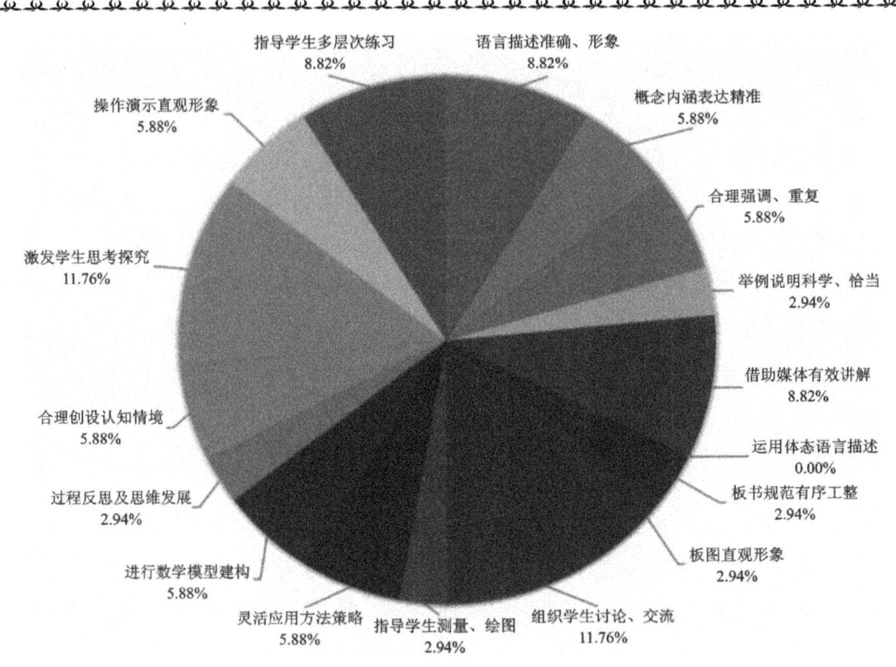

图 7-53 “平均数”观察项从数比重饼状图

4. 教师进行自主诊断与改进。

科学的数据分析是教学改进的有力驱动，美国著名教育评价学者斯皮尔伯格曾说:“评价不是为了证明，而是为了改进。”观课教师根据平台生成的数据进行科学的分析、诊断、建议，从而达到矫正观察对象偏差性教学行为的目的，引导观察对象朝着良性方向发展。

课堂观察信息的采集为教师的专业表达行为的评价提供了数据支撑，每一个观察项目将获得的数据信息处理为可视化图表，为课堂教学诊断提供定量的科学论据，包括主要优点分析、主要偏差分析及改进策略。

主要优点分析：

①关注核心问题，数学原理讲解清晰。图表显示，从平均行为次数来看，数学原理讲解的平均次数大多超过“1”，其中“语言描述准确、形象”“概念内涵表达精准”“合理强调、重复”“举例说明科学、恰当”和“借助媒体有效讲解”次数较多，说明授课教师重视数学概念的讲解。数学原理讲解所占比重较大，占比 32.34%。讲解语言准确、清晰，能用生动且富有启发性的语言和问题激发学生的思维活动。“借助媒体有效讲解”共 3 次，指标占比 27.27%，增强了教学的直观性、形象性和生动性，促进学生知识建构。

②基于学生立场，实施自主建构。本节课安排了4次学生讨论、交流，指标占比57.14%，等级为A。“激发学生思考探究”指标占比36.36%。学生在教师的指导下自主学习，教师由简单的口头讲授转变为引发学生的内在学习动机，学生由过去的被动式学习转变为体验性、发现性、合作性学习。学生激发彼此积极思维，构建新的认知结构，提高学习质量，提升核心素养。

③亲历数学活动，建构数学模型。本节课数学思维建构占比14.7%，其中“进行数学模型建构”指标占比较大，为40%。数据表明，教师注重数学思想方法的培养和数学模型的建构。教师积极创设“投篮情境”，精心设计特殊数据组，激发学生兴趣，促使学生将生活问题抽象成数学问题，感知数学模型的存在。

主要偏差分析及改进策略：

①数学讲解层次不够丰富。本课例中，数学原理体态语言讲解的运用成为漏缺。教师专业行为表达中“运用体态语言描述”统计数据为0，说明教师忽略体态语言的重要性，讲解技能过于单一。教师讲解过程中可借助手势、身体姿势、表情等体态讲解知识点，有助于学生理解平均数的本质及性质，深化概念。

②数学教学缺乏学生反思能力的培养。本课“过程反思及思维发展”指标占比较少，为20%，等级为C。统计数据表明，课堂观察的行为次数仅为1，缺乏引导学生自主思维归纳提炼。在问题解决后，教师要引导学生从多个角度进行反思，而不是一手包办。在建立平均数概念后，在学生尝试计算解答的基础上，教师要积极引导学生把求平均数的方法总结出来。规律由学生自己发现、归纳，看似不起眼，却提升了学生的深度思维，体现了学生自主学习的真正内涵。

③问题设计碎片化。本课“激发学生思考探究”指标占比36.36%，等级为B。统计数据表明教师通过问题引领努力激发学生积极思考，但方法不恰当，提问碎片化，缺乏针对性，教学行为有偏差。

（本案例由嵊泗县菜园镇第三小学俞澜老师提供）

二、数据支撑的课例诊断与教研改进案例

有好的教师才有好的教育。好教师的专业成长离不开高品质教研。特别是在新时代，落实立德树人根本任务，发展学生核心素养，培养能够担当民族伟大复兴重任的建设者和接班人，需要更多“四有”好教师，迫切呼唤教研方式的转型和教研生态的重建。随着大数据技术、移动终端的发展，技术支持的精准

教研模式已经成为教育现代化的重要组成部分。数据支撑的课例诊断与教研是“互联网+”背景下的新型教研形态，它以教师专业发展为愿景，通过数据赋能促进课堂教学持续改进。

(一)基于“多元交互式”课堂观察之提问行为的实证研究

“多元交互式”课堂观察按照“主题—观察—现象—归因—对策”的基本程序研究课堂教学。“多元交互式”课堂观察的起点和归宿都指向课堂教学的改进，针对指标所反映的问题，实施有针对性的改进策略，帮助教师实现专业成长，这是数字化课堂观察的目的。在课例观察活动中，我们根据对指标数据的解读和诊断推论，提出改进策略。教研组选择“课堂提问行为”为观察维度，具体从“教师提问、学生应答、教师理答”三个观察点，依据平台生成的数据阐述如何评价课堂提问行为的有效性。数学教研组通过同课异构教学片段，对两节课中核心问题设计的不同策略进行课堂观察。

案例 7-15 “百分数意义”的研讨活动

环节一：观摩课例聚焦提问的数量和质量。

观课组从问题类型和问题水平层次这两个方面对“百分数意义”课堂提问进行数据分析(见表 7-7、表 7-8)。

表 7-7 第一次课堂实践问题数量和质量

问题类型	描述性问题	判断性问题	论证性问题	归纳性问题	操作性问题	平均每分钟提问
问题个数	20	35	0	1	4	1.5
问题水平	机械水平	记忆水平	解释水平	推理水平	分析综合	批判创造
出现次数	6	6	3	1	0	0

表 7-8 第二次课堂实践问题数量和质量

问题类型	描述性问题	判断性问题	论证性问题	归纳性问题	操作性问题	平均每分钟提问
问题个数	8	25	1	3	11	1.2
问题水平	机械水平	记忆水平	解释水平	推理水平	分析综合	批判创造
出现次数	0	7	10	2	6	2

环节二：主题研讨反思两节课中的问题设计。

观摩两节课后，教研组成员围绕“教师提问、学生应答、教师理答”进行了思维碰撞。教师提问组认为，教师提问指向的清晰性由第一次的76%递增为89%，教师基本都是针对“百分数”这个核心概念提出一些题意明确的数学问题，积极诱发学生思考。而且从问题类型来看，由原来单一性走向多样性，不仅有描述性问题、判断性问题，还有论证性问题、归纳性问题、操作性问题；同时判断性问题形式上也发生变化，由原先简单的“是不是”“对不对”改为让学生借助具体例子或计算结果来判断，这些让学生在回答问题中思维清晰可见。

学生应答组认为，问题应答形式由集体回答转向以个体回答为主，还注重让学生合作交流，根据统计，34个学生，有36人次的单独互动，生均互动超过一次。在第二次试教中，教师还根据生成的问题组织学生进行小组交流，让学生上台展示研究成果，引导学生提出问题，尝试生生之间相互质疑，不断调整解决问题的策略。教师理答组认为，由原先教师直接评判转向组织生生评议，教师提问后，对于学生回答错误，提醒指引的处理方式由92%缩减为50%，留给学生互相评议答案是否合理，以及学生自己表达自己纠正的机会多了。对于学生生成问题的追问或补问，也有一定针对性，多数是层层深入，引导学生探究知识的本源。

环节三：归纳总结提炼有效问题设计的策略。

1. 关注核心概念，设计问题链。即围绕核心问题展开学习活动中的一系列相关联问题的设计，有助于学生在问题链的引导下进行思维。

2. 优化问题的逻辑结构。根据教学内容和学生水平，教师设置多样化问题，提升学生思维层级。课堂上不仅要运用描述性和判断性问题引导学生识记与理解，还应增加论证性问题、归纳性问题和操作性问题。

3. 丰富理答方式，挖掘思维深度。教师的理答方式很大程度决定了学生学习效果。追问、补问、质疑等方式是挖掘思维深度的有效途径，需要教师对课堂生成性教学资源进行捕捉，课前尽可能考虑和预计学生学习活动的各种可能性，根据不同学生的水平和具体情况，对教学目标和教材进行改编和重组，做好适合学生的课堂预设。教师有备而来，顺势而导，才能有真正的“生成”。

“多元交互式”课堂观察通过现象的获得、原因的分析和对策的制订，促使教师不断反思自己的课堂教学，调整教学行为，“多元交互式”课堂观察使教学评价逐步走上从“感性课堂”向“理性课堂”、从“经验”向“实证”转型的路径，这种数字化、标准化、可测量的课堂教学观察模式需要教师有专业的思维、切实关注学习、倡导基于数据的分析，无疑提升了教研文化建设的高度。

（本案例由嵊泗县菜园镇第三小学毛红芬老师提供）

(二)基于“数字化”聚焦“提问行为”的实证式教研

“问题”是数学的心脏，思维是问题的开始。课堂中有效提问可以有效激发学生的兴趣，深化、提升学生的思维，进而培养学生的问题意识和创造力。在听评课活动中，教师作为观察者往往以自身的经验及主观看法为判断依据，对授课教师教学过程中所提的“问题”进行分析，缺乏评价的标准，基于“数字化”的“提问行为”观察，不只是为了获得一种结论，更是为了更精准地促进教师课堂提问的改变，提高提问的效益。

案例 7-16　“掷一掷”的研讨活动

环节一：确定观课维度，认知先行。

从内容上来说，本次研究使用的“课堂提问行为”观察量表是数字化观察评价系统“教师行为”的子量表（见表 7-9）。

表 7-9　“课堂提问行为”观察量表

教师提问								候答时间（秒）	学生作答											教师理答					
提问内容	问题指向		问题类型						学生回答	获得答案途径			应答形式				应答水平			教师评析	理答方式				
	明确	模糊	描述性问题	判断性问题	论证性问题	归纳性问题	操作性问题			读书	思考	讨论	无应答	集体应答	个人应答	合作交流	错误	基本正确	正确、有逻辑		打断或代答	不理睬批评	追问或补问	直接评判	组织评议

教师提问内容须如实记录教师所提问题，为降低及时记录的难度，我们将教学环节中纲领性的“大问题”于观察之前就在平台中填写完毕，其他细化的“小问题”以及教师随堂生成的问题当场记录。

环节二：开展课例观察，诊断问题。

以下是该课例执教教师在各个教学环节中所提的问题（见表7-10）。

表7-10 “掷一掷”课堂教学活动

教学环节	教师活动	学生活动
学习引入	要求学生回答掷一个骰子决定谁获胜的规则制订方法	掷骰子活动；回答教师的问题，发表自己的看法
活动一：掷两个骰子，探究数值之和的可能性大小背后的原因	探究掷两个骰子，两数相加，它们和的可能情况；用正方形格子表探究两个骰子点数之和在5、6、7、8、9居多的道理	同桌掷骰子实验；填写正方形格子表；思考、归纳；小组反馈讨论结果（学生板书）
活动二：探究怎样设计公平的两颗骰子的游戏规则	要求学生利用统计表小组合作研究；要求学生上讲台展示交流看法	学生个人探究、组内交流；学生列举公平的游戏规则
实践运用	营造现实情境，学生解答；反馈学生的想法	学生独立解决问题；陈述选择方案的理由
总结反思	教师总体反馈学生课堂表现；总结提升	学生发表所获

根据“课堂提问行为”统计结果，参与研训的教师们把各自对本节课教师“提问行为”的定性分析与平台定量分析进行了对比：问题指向清晰达100%，即教师提出的问题学生一听就知道应该回答什么内容。在师生课堂互动过程中，学生根据实验结果论述见解的发言较多，对应的描述性问题占比为39%；其次为论证性问题占比30%，有利于培养学生的综合思维。从学生应答水平情况可看出，正确且有逻辑的占比79%，基本正确的占比21%，错误的占比为0，说明执教教师设计的问题符合学生的最近发展区，且问题设计有梯度。课堂观察定性与定量分析结果相吻合。

环节三：进行课例反思，总结经验。

通过数字化观课平台的定量与定性两方面的信息反馈，这样的问题链设计不仅五种问题类型都具备，更利于“情境、问题、审辩”三个维度立体呈现，让学生的思维往纵深发展。参与研训的教师在思维碰撞后充分认识到：

1. 课堂观察平台的使用便于授课教师依据统计得出的具体数据信息，了解自己这堂课的主要优点、存在的问题及解决对策，对进一步提升教学的时效性、改进自己的教学行为有非常重要的意义。也利于观课者对优质的“提问行为”形成更清楚的认识，在观评课过程中能够取他人之长，思个人教学之不足。

2. 从教学实践角度评价，“多元交互式”课堂评价考量教师对课标、教材的理解与把握能力、对学生的研究深度、对学生学习的了解程度；也牵涉教师个人的课堂教学能力、总结反思水平等。课堂观察框架从 4 个维度、20 个视角、68 个观察点对课堂进行全面观察。

（本案例由嵊泗县菜园镇第三小学李斌霞老师提供）

三、“多元交互式”课堂观察应用成效

“多元交互式”课堂观察沿着“主题—观察—现象—归因—对策”的基本程序去研究课堂教学，有现象的获得，有原因的分析，还有对策的制订，促使教师不断反思自己的课堂教学，调整教学行为，从而使教师的专业成长有明确的方向。

1. 提高教师课堂提问设计水平

课堂提问行为是促进学生语言能力发展和思维品质提升的重要手段。“多元交互式”课堂观察平台的运用，能从教师的教和学生的学两个层面对课堂提问行为进行精准量化分析，对诊断和矫正教学行为更具现实指导意义。课堂提问行为维度包括教师提问、学生应答、候答时间、教师理答四项，其下面又有多个观察点，如问题指向、问题类型、获得答案途径、应答形式、教师理答方式等。通过课堂观察 App，教师尝试改变课堂提问的体系，明确实施有效课堂提问的策略，激发学生学习的动力，促进师生之间的有效互动。

2. 促进教师专业成长

对于任何一名教师而言，专业成长都是成为优秀教师的必由之路。“多元交互式”平台适用于对教师进行不断循环式跟踪听课。听课教师用手机登录操作，采集课堂中教与学的行为数据，帮助执教教师改进教学行为。而执教教师则通过数字化的课堂观察平台获取各项反馈指标，对数据进行分析处理，从而矫正偏差性教学行为。并且教师可以查看自己的每一次评课记录，找出自己在教学中存在的共性问题，并及时做出调整。这样循环跟进可使教师的课堂结构日趋完善，使课堂师生行为日趋优化，使课堂评价语言日趋美好。

3.聚焦主题,目标更明确

与传统的听评课相比,课堂观察聚焦某一主题,将听课目标更细致化,更明确化。课堂观察通过分工合作,分清各小组听课目标,在此基础上更明确地把握听课重点,依据观课主题采集数据,为更加客观、科学地评估课堂提供数据支撑。它促使教师通过观察他人课堂而反思自己的教育理念、教学行为,感悟和提升自己的教育教学能力。

4.提升教研文化建设高度

“多元交互式”课堂观察发挥“互联网+数据思维+课堂观察=科学的课堂教学评估”的优势,使教学评价逐步走上从“感性课堂”向“理性课堂”、从“经验”向“实证”转型的路径。这种数字化、标准化、可测量的课堂教学观察模式,促进了学校教研活动方式的多样化,使教师借助信息化平台进行教学研讨,提升了课堂分析能力。随着活动的开展,各教研组的教师们明显感受到“多元交互式”课堂观察平台的优势,它不仅能促进执教者的教学反思,矫正偏差性教学行为,还能培养观课者的数据思维能力和评价素养。观课者自己也能依据观察量表中的指标来完善自己的教学。

参考文献

[1]朱雪梅.“多元交互式”教学评价[M].北京:北京师范大学出版社,2019.

[2]赵国金,孙杰明.有效课堂教学评价应然模式的建构[J].教学与管理(中学版),2011(9):6-8.

[3]杨东.课堂观察的类型与方法[J].教学与管理(小学版),2014(11):1-3.

[4]李可,董利亚.基于数字化平台观察的课堂教学行为评价研究——以“不等式的性质”为课例[J].中国教育信息化·基础教育,2018(11):73-77.

[5]杨清.学校课堂教学评价:价值的判断、挖掘与提升[J].教育科学研究,2021(11):61-65,71.

[6]周跃佳.基于数字化课堂观察的提问行为改进研究[J].课程教材教学研究(教育研究),2019(Z4):33-38.

[7]李萍,杨卫平.以数字化课堂观察平台促进教师教学能力提升的探索[J].教师教育论坛,2021,34(4):39-41.

[8]陈仕润.数字化观察改良小学语文教师课堂提问行为的研究报告——以统编版语文二年级下册《大象的耳朵》为例[J].小学教学研究,2021(12):56-58.

[9]高研.基于数字化课堂观察的高中英语学生学习行为反思[J].英语画刊(高中版),2021(21):92-93.

[10]邵建军,沈志雄,姚迎春.课堂有效提问的循环改进研究——以《百分比的应用》教学设计为例[J].上海教育科研,2017(2):68-73.

后　记

进入 21 世纪，基础教育课程改革的全面推进，基于学生主体的先学后教、以学定教的教育理念逐渐明晰，自主、合作、探究的学习方式在课堂实践中逐步实现。嵊泗县一直在追寻、探索课堂改革的实践路径，探究从知识习得走向思维发展、从知识本位学习走向多维探究、从单向输入走向教学共生的未来课堂，以整体提升区域教育质量。2020 年，立足于区域课程改革深化与学教方式变革，提出“学在思维，打造有深度的课堂教学”研究方向。自此，全县中小学全学科、全学段投入其中，开始了历时 2 年多的探索与实践。

2020 年秋，县教育局出台《关于促进核心素养背景下的深度学习》新一轮课程改革实施方案，启动嵊泗县“学在思维”教育品牌孵化工程，构建区域孵化机制，实行“1＋N＋1”品牌孵化推进模式，落实品牌孵化体系架构、项目过程管理、预期成果评估、科研经费保障等机制。同步启动“学在思维”教学改革，引进思维型教学理论以指导区域课程改革，国家教材委员会专家委员、义务教育科学新课程标准修订专家组组长、陕西师范大学教授、博士生导师胡卫平先生领衔的专家团队介入思维课堂的研究，并与现代教学技术教育部重点实验室签订“思维型教学”合作研究框架协议。建立区域总课题—学校团体课题—学科教研课题三级研究系列，确定《推进基于学科本质的思维课堂实践研究》区域重点课题和《基于深度学习的学教评一致性行动研究》等 10 个学校重点课题。每年，委托第三方开展基于思维型教学理论引领下的区域基础教育综合质量监测，以评估“学在思维”教育品牌孵化实施效果，评估中小学生思维能力与核心素养发展水平，以微观数据查找证据，开展实证研究与校本教研。随后加入全国中小学思维课堂教学研究联盟，组建以基地学校，学科核心成员为主的研究实践团队，每月开展以课堂切片分析、理论研究、规律提炼、方向纠正明晰为主题的研讨活动，逐步构建“基于学科思维的学习评价目标”，探索如何实施“发展思维能力的课堂环节”，设计“形成思维品质的关键要素”，开发“让思维轨迹可视的技术工具”等。从模式到变式、从生长到生成、从能力到素养，让我们更加接近学科本质，更清楚课堂教学思维的构成要素及其影响因素，从而让思维在课堂学习中真实发生。

2022 年，在胡卫平教授的指导下，“学在思维”教育品牌孵化项目组积极总结反思，以此书整体呈现“学在思维”课堂教学研究成果，从理论框架、范式提炼、变式应用、学科要素、学习样态、综合教学、技术支撑等方面阐述实践过程，希望为全国中小学教师同仁实践“思维课堂”提供区域经验和样本，修正优化学科教学方法，践行深度学习。

本书由刘建军担任主编并修改定稿，嵊泗县教育科学规划办副主任欧方力担任执行主编。各章的编写人员分别为：第一章，欧方力；第二章，秦相斌、陈孔玲、邱晓炯；第三章，孙雪君、刘芬；第四章，邱晓炯、方芳；第五章，徐迪熙、苏峰；第六章，俞澜、戴绍晖；第七章，徐迪熙、王辉、裴燕。嵊泗县中小学教师、学科核心骨干团队、学科教研员全程参与研究实践，嵊泗县教育局教育科科长陈淑君等行政管理团队成员负责从区域层面着力推进“学在思维”教育品牌孵化工作，为本课题实施提供了大量的课堂案例和研究素材。浙江海洋大学教授宋秋前先生应邀对书稿进行审阅并提出了许多宝贵意见，嵊泗县教育局党委书记、局长邱存安做了最后的学术指导。

“学在思维”教育品牌孵化这一成果的形成得到了许多领导、专家的指导支持。浙江省教育科学研究院副院长程江平先生、舟山教育科研规划办主任戴建明先生等给本课题的研究以大量的指导。陕西师范大学教授胡卫平先生全程参与理论培训、教学实践和著作指导，并为此书作序。中国科学院院士、吉林大学教授、博士生导师滕吉文先生感动于嵊泗教师团队对海岛教育的坚守与执着，改革与创新，于 2022 年秋写下“人因有思维而区别于万物，而思维特别是超前思维，它要比提出思维的人更长久，且可传播无限的空间”的勉励话语。

在此，谨一并表示衷心感谢。限于水平有限，本书还有许多不足之处，敬请批评指正。课堂教学研究是一项长期的任务，我们还将继续努力，不断深化改革，为嵊泗县走海岛县高质量发展共同富裕特色之路提供教育最佳实践案例。

刘建军

2022 年 12 月 4 日于浙江嵊泗